医学生导学

主编　董卫国　朱俊勇

WUHAN UNIVERSITY PRESS
武汉大学出版社

图书在版编目(CIP)数据

医学生导学/董卫国,朱俊勇主编．—武汉:武汉大学出版社,2019.12
ISBN 978-7-307-21371-5

Ⅰ.医…　Ⅱ.①董…　②朱…　Ⅲ. 医学院校—大学生—学习方法—研究　Ⅳ.G642.46

中国版本图书馆 CIP 数据核字(2019)第 290772 号

责任编辑:胡　艳　　　责任校对:汪欣怡　　　版式设计:马　佳

出版发行:**武汉大学出版社**　(430072　武昌　珞珈山)
(电子邮箱:cbs22@ whu.edu.cn 网址:www.wdp.com.cn)
印刷:湖北省荆州市今印印务有限公司
开本:787×1092　1/16　印张:11.25　字数:267 千字　插页:2
版次:2019 年 12 月第 1 版　　2019 年 12 月第 1 次印刷
ISBN 978-7-307-21371-5　　定价:42.00 元

《医学生导学》编委会

主　　编　董卫国　朱俊勇

副 主 编　李晓霞　何小华　吴清明　叶　青

编　　委　王红杰（河北大学）
王　渊（西安交通大学）
王　璐（延安大学）
王　璐（武汉大学）
叶　青（武汉大学）
孙　军（武汉大学）
朱俊勇（武汉大学）
李晓霞（天津医科大学）
李　源（武汉大学）
杨　芒（武汉大学）
杨　劲（武汉大学）
吴清明（武汉科技大学）
何小华（武汉大学）
张吉翔（武汉大学）
柳　舟（武汉大学）
唐　甜（武汉大学）
董卫国（武汉大学）
韩　莉（武汉大学）
雷宏博（武汉大学）
魏大巧（昆明理工大学）

学术秘书　李　源（武汉大学）

前言

习近平总书记在全国教育大会上指出，教育是国之大计、党之大计。教育的根本任务是培养社会主义建设者和接班人。要在增长知识见识上下功夫，教育引导学生珍惜学习时光，心无旁骛求知问学，增长见识，丰富学识，沿着“求真理、悟道理、明事理”的方向前进。要在增强综合素质上下功夫，教育引导学生培养综合能力，培养创新思维……教育部召开的新时代全国高等学校本科教育工作会议及随后印发的《关于加快建设高水平本科教育 全面提高人才培养能力的意见》也指出，要推进“四个回归”，把人才培养的质量和效果作为检验一切工作的根本标准。强调要围绕学生刻苦读书来办教育，围绕激发学生学习兴趣和潜能来深化教学改革，改革教学管理制度，推动课堂教学革命，加强学习过程管理，加大过程考核，完善学生学习过程监测、评估与反馈机制，积极引导学生求真学问、练真本领，引导学生自我管理、主动学习、刻苦学习。激发学生的学习动力和专业志趣，真正把内涵建设、质量提升体现在每一个学生的学习成果上。

从中学学习到大学学习是学生学习生活的重要转折点。在这个十字路口，很多大学生徘徊、困惑，有的甚至迷失了方向。究其原因，有社会的、家庭的、学校的、自身的，还有生理的、心理的以及其他各方面的因素，但是其中有一个重要原因是大学生对大学学习的学习目标、学习规律、学习原则、学习过程、学习内容、学习方法和学习技巧等有关学习的理论与实践问题缺乏了解、认识和掌握。尤其是医学专业的学习，有其特殊性，无论从社会的要求及医生的职业性质和特点，还是从医学教育人才培养的规律来看，高等医学教育从本质上讲是精英教育，也必须是精英教育。因此，医学人才的培养质量高于一切、重于一切；医学教育，即医学院校基本教育、毕业后医学教育和继续医学教育，是一个贯穿医学生终身学习的连续统一体。高等医学教育是医学教育连续统一体的最重要组成部分，医学本科教育是连续统一体的第一阶段教育，是基础、是关键，必须追求卓越；医学教育是复杂的多学科人才成长教育。医学是涉及自然科学、技术科学、人文科学和社会科学的综合性学科。学科体系庞大、知识量巨大，与其他类型的学科专业相比，医学教育过程更为复杂。医学教育过程是在大学的自然科学教育和人文科学教育基础上的专业教育和训练，它要求从事医学职业的人员具有卓越的知识、技能和优秀的人文素养，尤其强调以人为本，对职业素养、职业能力的要求特别高。正是由于医学专业学习的这些特殊性，医学生的学习更加需要引导。《医学生导学》正是在这方面为每一位医学生的学习提供指导、解惑排忧。

通过阅读本书，医学生可以了解大学学习的规律和特点，尽快转变角色，顺利投入大学学习；掌握大学特别是医学专业学习的规律与特点、资源与平台、方法与技能，以及医学专业具体的的学习目标、学习过程、学习方法、学习资源、学习效果的评价以及教学管理等知识，促进医学生合理进行学习规划、学习管理、学习调控；使医学生乐学、会学，主动、高效地学习，为终身学习打下良好的基础。本书是在总结武汉大学“早期接触临床”“大学生职业生涯规划”等课程多年教学经验的基础上编写而成的，适合刚刚入校的大学生特别是医学生阅读。

书中借鉴了很多专家、学者的著作及研究成果，在这里我们表示诚挚的谢意，并希望广大读者对书中存在的问题提出宝贵的意见。

董卫国　朱俊勇

2019 年 9 月，于珞珈山

目　录

第一章　大学学习与生活

第一节　什么是大学

一、大学的概念

早在2500年前，人类最早的大学便已出现。中国可追溯至先秦时期，西方则可追溯至古希腊、古罗马时期。人类探索大学理念及其办学规律的先河由东西方共同开创，包括由中国先秦时期著作《大学》中倡导的思想“大学之道”，以及由西方哲学家柏拉图、亚里士多德等倡导的理念“哲人治国”“自由教育”。1088年于意大利建立的波隆尼亚大学是西方最早的近、现代大学。随后，西方近现代大学经历了一个不断地文化觉醒和理念创新的过程，最早由英国纽曼提出“崇尚人文，注重理性”的大学理想，随后德国洪堡提出“教学与研究相统一”的崭新理念，接着美国提出“融入社会，多元开放”的创新理念，再往后，联合国教科文组织提出“着眼未来，引领社会”的全新理念。

大学(university)，是一种具有独特功能的文化机构，是对高深学术进行传承、研究、融合和创新的高等学府，它与社会的经济和政治机构有着既相互关联又鼎足而立的复杂关系。大学是人类文化发展到一定阶段的产物，它有着长期办学实践的基础，经历了历史积淀、自身努力和外部环境影响，逐步形成独具特色的大学文化。

二、大学的历史沿革

大学作为一种具有高等教育职能的机构，我国最早出现在文献记载中的是五帝时期的成均和上庠。董仲舒曾言：“五帝名大学曰成均，则虞痒近是也。”虞舜时成立“上庠”，即“高等学校”，正如郑玄曾言：“上庠为大学，在王城西郊。”其后，不同朝代都有在京师设立最高学府，如夏朝的东序、商朝的瞽宗、周朝的辟雍等。

汉朝在中央设立的最高学府为太学，同时也开创性地为地方同龄学生设立了郡学、州学、府学、县学，这些地方官办高等学校相当于不同阶级的公立大学，低阶大学中学业出色的学生可以进入高阶大学学习。隋唐以后，太学改为国子监。唐朝以后开始设立书院。书院可官办，可私立，也可私办官助，可以分为大学部、小学部，也有些书院并未严格区分。我国著名书院的代表有白鹭书院、嵩阳书院、应天府书院、白鹿洞书院、茅山书院、石鼓书院等。我国传统的学校偏重儒学人文教育，为公共政治服务培养了不少官员仕人，也为文化教育培养了许多文人。

此外，我国历史上也有设立专门学科部或专科性的高等教育机构。如南朝宋时设立儒学馆、文学馆、史学馆、玄学馆，后来合并分为儒、道、文、史、阴阳五部学。唐朝在国子监设立律学馆、算学馆、书学馆。明朝为专门培养外交翻译人才设立四夷馆。此外，我国历史上还设立专门性的科研及应用服务机构，这些机构同时兼具人才培养功能，如天文历法领域的钦天监或司天监、医学领域的太医馆等。综合性的学术研究机构也出现过，如南朝之宋朝设立的相当于后来中央研究院的华林学省。

何子渊、丘逢甲等人，作为辛亥革命元老、中国现代教育奠基人，在19世纪末战胜顽固守旧势力，成功将西学(美式教育)引入我国，创办新式学校，令清朝朝廷开始注重平民教育。迫于形势压力，清政府对教育革新网开一面，于1905年末废除科举制并颁布新学制，将新式学堂在全国范围内推广，学校教育的主要形式逐渐转变为西学。新学制中，学校被划分为几个等级：小学堂、中学堂、高等学堂以及大学堂，其中高等学堂和大学堂属于高等教育。地方科举考试在宣统元年(1909年)真正停止，此后中国的现代高等教育得到迅速发展。

1895年，中国近代史上第一所大学北洋西学学堂(今天津大学)成立。1912年，中华民国成立，开始效法美国的大学制度并延续至今。“大学”“学院”等在民国以后成为正式称谓。中华人民共和国成立初期，苏联的高等教育模式被全面引入。1978年改革开放以后，我国主要的借鉴模式转变为欧美西方大学教育模式。

“universe”来源于拉丁文“universus”，后者的字面意思是“沿着一个特定的方向”，由“unus”(一)和“versus”(沿着某一特定的方向)两部分构成。“universus”的中性单数形式是“universum”，派生词“universitas”意为“一些个人的联合体，社团”。拉丁文在中世纪被用于政府、宗教和教育、医学等领域，如出现在萨勒诺、巴黎和牛津的这种联合体即为现今大学的最初形式。“university”一词追溯到拉丁文，大概在公元1300年首次被记录下来，当时即用来指代这种联合体。公元前387年，希腊哲学家柏拉图在雅典附近的Academos建立“academy”，用以教授哲学、数学、体育，被公认为欧洲大学的先驱。欧洲中世纪，教会办的师徒结合的行会性质学校逐渐发展为大学。11世纪，“大学”和“行会”都被用来形容行业公会。

欧洲的大学主要有以下三种形式：①教会大学，在校长领导下学生和教师形成一种密切配合的团体，如巴黎、剑桥、牛津等大学；②公立大学，由学生选举出校长并总揽校务，如波伦亚大学、帕多瓦大学等；③国立大学，征得教皇认可后由帝王所建立，如由西西里腓特烈二世建立的那不勒斯大学、由卡斯蒂拉斐迪南三世建立的萨拉曼卡大学等。

1088年，欧洲第一所大学——波隆那大学建立于意大利博洛尼亚(Bologna)。巴黎大学被誉为“欧洲大学之母”，它先是由教师组织起来，随后再招收学生。1810年，柏林大学由威廉·冯·洪堡建立，它开创性地将研究和教学结合起来，被认为是现代大学的开端。这种模式最早被美国约翰斯·霍普金斯大学效仿，后来被世界各地的大学广泛采用。

近代中西方交流以来，西方的大学(英语：university，德语：universit，法语：université)在早期被译作“书院”等，后来统一改称“大学”。

三、大学精神

大学精神有着丰富的内涵，是大学发展的理想、信念、追求和动力的源泉，对大学的生存与发展起着至关重要的作用。世界上任何一所知名大学都有自己独特的大学精神，它不仅是一笔宝贵的财富，也是大学的魅力之所在。早在20世纪20年代，时任北京大学校长的蔡元培先生倡导“兼容并包、学术独立、思想自由”。前清华大学校长梅贻琦说过，“所谓大学者，非谓有大楼之谓也，有大师之谓也”。现代学者们对于大学精神的具体认识和理解存在着一定的不同，有学者认为，大学精神是“大学人”共同创造的在大学办学历史中长期积淀，并在大学的人才培养、科学研究以及社会服务等活动中体现出来的精神特质和面貌。在我国现代大学的办学历程中，逐渐形成了具有我国特色的现代大学文化精神，总的来说，主要包括爱国主义精神、自由与民主精神、科学精神、创新精神和批判精神等。

(一)爱国主义精神

尽管中国现代大学的办学理念和方式借鉴了西方，但中华民族自强不息的民族精神和五千多年的传统文化却始终在教育中传承和发扬，在吸收西方人文精神的同时，也很好地继承了儒家文化对理想人格的要求，相互融合，相互发展。尽管各高校在办学过程中形成了各具特色的大学精神和文化，但是爱国主义精神和民族精神始终是大学精神的核心，为中华民族培养了一代又一代的国家脊梁和优秀人才。

(二)自由与民主精神

自由与民主是大学精神的基本内涵。大学的自由主要是指思想自由、学术自由和言论自由。大学为学生提供学术研究和表达观念的平台，从而不断促进、培养学生的独立思想，形成独立思考的能力。民主管理和民主施教是大学民主的主要体现。民主管理的实施有赖于教育观念的更新、教育体制的改革、公平竞争环境与机制的建立以及规范化、法制化管理模式的建立，同时也要鼓励多样化。民主施教的核心要点是以学生发展为中心，要把学生看作朋友，教学相长，要在充分倾听学生对学校的意见和建议的基础上，不断对教学内容和方法进行改革。“教授治校”“学术为重”“人人平等”等理念对大学的发展有着重要的意义。

(三)科学精神

大学的主要任务是人才培养，大学的使命就是通过科学知识的传授培养人才，一切大学的活动都应该建立在科学的基础上。科学精神是尊重规律、实事求是、勇于探索、敢于创新、坚持真理、修正错误、实证实干和独立的精神。在大学里，要鼓励学生进行科学研究，鼓励冒尖，允许失败。通过科学研究的实践，逐步培养学生的科学观念、科学精神、科学方法和科研能力，让学生能够用科学知识和科学思维方法处理和解决社会及个人问题。

(四)创新精神

创新精神是一个国家和民族发展的不竭动力。我国历来把科学技术的创新摆在国家发展的重要位置。作为人才培养的摇篮，大学精神的灵魂在于善于创新。在包括教育理念、办学思想、培养模式以及教学管理等方面，大学必须不断创新，紧跟社会发展。大学教育要让学生学会将已有的知识、信息、技能和方法综合运用，并进一步拥有提出新方法、新观点的思维能力以及拥有足够的意志、信心、勇气和智慧去进行发明创造、改革和革新，只有这样，才能为社会源源不断地输送适应社会发展的优秀人才。

(五)批判精神

大学是知识的聚集地，也是科技创新和学术交流的重要场所，不断有新的思想和理念产生，充满了思想碰撞的火花，因此，大学精神也包含着批判精神。批判不是彻底地否定，大学的批判不带有任何功利性的色彩，是建立在人类基本价值观念上的批判，是在学术上有理有据的、不惧怕其他外在压力的一种学术批判。大学的批判精神不仅要求学生学会对社会现实的理性反思和价值构建，也要求大学教师在教学和科研过程中能够以科学的态度对待传统与现实，否定非科学的内容，破除迷信与保守主义，建立科学的知识体系，从而更好地传授给学生。

第二节　大学学习与生活的变化

一、学习变化

在大学，与高中比较，学习有很大的不同。高中学习的方式主要是课堂学习，以应试为主，老师是知识的讲授者，学生主要以课本知识学习为主。而进入大学后，学习方式有了巨大的变化，老师不再只是单纯地讲授知识，在课堂上，老师讲课一般只讲重点，点到为止，更多的是启发式教学，引导学生进行思考，并且很多内容在教材上是没有的，需要学生在课后花时间去查阅很多文献和参考书。因此，学习方式逐渐从课堂学习转变为自主学习。

此外，大学每日的课程远比高中要少，不再像高中时那样安排得满满当当，并且大学课后一般也不会有繁重的作业。学生因此有了许多自主安排学习的时间，在大学里称为“自习”。老师的辅导和监督减少了，学生必须自觉地、独立地、有针对性地根据自己的兴趣和爱好进行学习。在大学里，图书馆和教室是自习的两大主要场所，而图书馆中因图书资源和电子期刊资源丰富，经常会“一座难求”。

在大学中，除了需要学习好基础知识和专业知识，更重要的是学会如何学习，不断提高自身的学习能力。联合国科教文组织国际教育发展委员会编著的《学会生存》中指出：“大学期间，最重要的任务不在于掌握了多少现成的知识，而在于学会学习；不在于学问有多深，而在于掌握做学问的方法。只有学会了学习的技能，才能面对新知识、遇到新情况而心不虚，从容应对。”大学的学习资源丰富、学习时间充裕，且实践机会较多，因此，大学除了向老师学、向书本学，还要学会向同学学、在实践中学、在社会中学，真正地学会学以致用。

二、生活变化

比起高中“三点一线”的生活方式，大学生活更加丰富多彩，主要有娱乐生活、个人活动。

大学的生活主要以集体生活为主，一般4~6人组成一个宿舍集体，20~30人组成一个小的班级集体。在高中阶段，长期相处的同学大多是本地学生，进入大学后，同学来自天南地北、各个省份，有时候也会有港澳台地区的学生和国际交流学生，因此大家的生活习惯、个人兴趣爱好、风俗习惯存在着比较大的差异。因此，进入大学后要逐渐摆正心态，转变观念，珍惜同学们从天南地北聚在一起学习生活的这4年甚至更长的时间，珍惜这种缘分，和同学们建立可靠而牢固的友谊。

目前的大学生以独生子女居多，他们很少离开父母独自在外求学或者生活，长期在父母和长辈的呵护之中，独立生活能力可能相对比较缺乏。进入大学后，生活费的支配、生活用品的购置、生活事务安排事无巨细，都得自己费心和操持，很多看似简单、平常的小事，对于那些缺乏自理能力的学生来说，可能就像横亘在他们面前的一座难以逾越的大山，阻碍他们的大学生活，因此需要大学生自己逐渐适应。此外，在一个班级或者宿舍中，家庭条件的差异也会导致同学们的消费观念不一样、生活方式差异大，因此同学们要树立平常心态、平等的观念。尤其是家庭条件相对较差的同学，不要有自卑心理，要懂得大学是学习知识、自我奋斗的地方，而不是名利的攀比场。

三、管理变化

大学与高中相比，管理变化主要体现在教学管理、公共管理和学生管理等方面。在教学管理上，大学普遍实行学分制，学生需要在规定学制内按照人才培养方案修满所有规定学分，达到毕业要求，才能取得毕业证书。因此，学生可以提前修满学分毕业，也可以在规定学制内延长学习时间。在公共管理上，在高中，主要是老师对学生进行管理；而在大学，则更多地强调学生的自我管理、自我教育、自我服务和自我约束。在学习管理上，在高中，主要是班主任和任课老师直接管理；而在大学，则更多是学校和各职能部门直接参与管理，比如学生管理部门进行思想教育管理，教务管理部门进行学籍、教务管理，后勤部门进行宿舍、公共场所管理，团委指导学生组织和社团管理等。

四、情感变化

大学阶段是青年成长中情感波动较大的时期，学生除了有对父母思念的亲情，和同学朝夕相处的友情，还有着大学校园生活永远新鲜的话题——爱情。这是每一个大学生特别要正确对待的情感。正确处理好恋爱和其他方面的关系，克服功利、欲望和放纵，是人生健康成长的重要部分。要正确认识谈恋爱和学习并不冲突，如果能正确处理好学业和爱情的关系，还会给自己将来的事业和婚姻打下良好的基础。培养健康的恋爱观必须做到以下几点：

(1)注重“三观”相容。即双方的人生观、世界观和价值观要基本相似。同时，能包容对方和自己的差异性存在。既然选择爱一个人，就要学会爱他(她)的全部，包括优点和缺点。

(2)正确处理好爱情和学业的关系。大学是人生中的黄金时期，也是学习知识和人格全面发展的重要时期。爱情是人生很重要的组成部分，但它并不是人生价值的全部体现。大学期间的首要任务仍然是学习。大学期间真正健康的爱情首先应该是男女双方在学习上相互支持、相互促进、共同进步。

(3)要有责任感。爱是一种道德义务，一旦确立了恋爱关系，就有了共同承担这一关系的各种义务。要明白爱是一种奉献，是一种给予，蕴含着对恋爱对象强烈的责任感和义务感，它要求双方的所作所为都必须对对方负责。

第三节　充分认识医学

一、医学的定义

医学是一门与人类密切相关的古老学科，似乎我们人人对它都很熟悉，然而真要给它下一个确切的定义，却绝非易事。古今中外，许多专家、学者各抒己见、众说纷纭。

阿维森纳(Avicenna)是中世纪杰出的阿拉伯医学家，他在著作《医典》中这样为医学下定义：医学是科学，我们从中学到在健康和不健康时人体的各种状态，健康是怎样易于丧失，丧失健康时通过什么方式使健康恢复。换言之，医学就是一门如何维护健康以及健康丧失时使健康恢复的技艺。我国明朝的王绍隆在著作《医灯续焰》中提出“医乃仁术”。苏联医学史家彼得罗夫在《医学史》中指出，“医学是一种实践活动，同时也是人们在各种条件下保持健康、预防和治疗疾病的一个科学知识体系”。我国的《科学技术辞典》对医学的定义是，“医学是旨在保护和加强人类健康、预防和治疗疾病的科学知识体系和实践活动”。美国学者 Wartofsky 认为，“医学是一个独特的异质综合体。多门学科和多种实践在医学这门综合学科中交叉，自然科学、数学、工程学、社会科学和行为科学，以理论的方式或应用的方式组成医学的各个方面”。我国大连医科大学杜治政教授把医学定义为，“以生命科学及其他有关科学为基础，同时又是集防病治病的经验、技术和组织管理工程为一体的学科体系(或知识体系)和事业”。

上述定义从多个角度阐述了医学广博的内涵。综合前人的研究成果，我们认为，要深刻理解医学的含义，可以从以下六个方面进行认识。

(一)医学的基础是生命科学

医学要实现维护和促进健康的目的，就必须了解生物，尤其是人体的各种细胞、组织、器官的结构和功能，了解生命运动的规律，了解疾病发生、发展和转归的规律和机制。因此，医学必然有其科学基础，其基础就是生物学、人体解剖学、人体组织胚胎学、生理学、生物化学、病理学、病理生理学和微生物学等生命科学。

(二)医学技术是医学的重要组成部分

人类预防疾病，追求健康，靠的绝不仅仅是医学科学，还有医学技术。医学技术就是指医学领域里使用的，旨在消除疾病、增进人体健康的各种技术，包括诊断技术、治疗和康复技术、预防技术、基础研究技术和医学工程技术等。就临床医学而言，其主要组成部分就是医学技术。医学的技术特性将随着医学的发展越来越突出，大部分疗效确切的医学技术往往有其科学基础。当然，也有一些医学技术，由于当前人类对生命科学的认知程度有限，尚无法科学解释。对于这些技术，只要其对预防、诊断、治疗某些疾病确实有效，我们也不能将其排除于医学之外。

(三)医学离不开经验

医学中的经验部分，主要是在疾病诊疗的实践中所形成的诊疗规范、思维方法、操作规程与技巧等。它是医生在医学科学理论指导下，利用医学设备及技术手段诊治各种不同的具体病人形成的实践经验总结。有了它，医学科学和技术才能紧密结合，发挥应有的作用；否则，就会大打折扣。所以说，医学离不开经验。当然，医学经验也不能脱离或者背离科学，科学与经验是相互补充，并且在一定条件下可以相互转化的。一般来说，诊治疾病的成功，大多以科学的认知为根据，而许多成功的医学经验，在经过反复实践后，通过实验研究或验证提升为科学。

(四)医学是一种组织管理工程

首先，现代医学已经不仅是调整人的机体功能或是祛除其中的病变，而且可以制造甚至再生某些组织、器官甚至肢体，从而显示出工程的性质。现代医学已经开始逐渐发展成为医院与医院、医院与社会、医学与工程学等多方的结合，形成了种种庞大的组织工程。再者，现代医学已经越来越重视预防，出现了疾病管理的新模式。疾病的预防、诊断、治疗、康复，以及健康的改善，已经成为一个医学科学、技术经验以及组织管理等要素相结合的系统工程。通过运用强大的社会组织与社会干预，转变人们不健康的生活和工作方式，加强高血压、糖尿病、肿瘤等慢性病的管理，成为当前医学发展的方向。

(五)医学是一项社会事业

所谓“事业”，是指人们所从事的具有一定目标、规模和系统的，对社会发展有影响的经常性活动。医学首先是一项社会事业，然后才是一门科学。医学的起源和发展历程证明，医学与人类的生老病死密切相关，与人类的发展和进步休戚与共，在科学真正建立以前，医学作为一项社会活动就早已存在。从本质而言，医学就是借助经验、科学、技术和组织管理这些方法和手段来达到预防和诊断治疗疾病，维护和促进人类健康目的的一种社会活动(或者说社会事业)。正因为医学是一项社会事业，对人类的生命健康负责，因此，医学有非常严格的职业道德规范。

（六）医学具有自然科学和社会科学双重属性

在医学界，曾有人把医学划归自然科学的范畴，这种认识是不全面的。医学不仅是自然科学，而且是社会科学，决定医学社会科学属性的根本因素在于医学活动的研究对象和从事者两个方面：一方面，医学面对和研究的主要对象是人的疾病与健康，而人既具有自然属性，又具有社会属性；另一方面，从事医学活动的医护人员也是具有自然和社会双重属性的人。因此，医学活动的主体和客体的双重属性，决定了医学必然具有自然科学和社会科学双重属性。

二、医学模式

医学模式（medical model）是指一定时期人们对健康和疾病的总体观，是指人们用什么样的观点和方法研究和处理健康和疾病问题。其核心是医学观，包括健康观、疾病观、诊断观和治疗观等。它集中反映了一定时期医学研究的对象、方法、范围以及指导实践的基本准则，包括医学认知模式和医学行为模式，前者是指一定历史时期人们对医学自身的认识，即医学认识论；后者是指一定历史时期人们医药实践活动的行为范式。医学模式是在医学实践和医学科学发展过程中逐步形成的；而它一经形成，便成为医学实践的指导，影响着某一时期整个医学工作的思维及行为方式。

医学模式是一种动态的、渐进式发展的观念形态，其渐进规律与医学的发展和社会文明的进程是一致的。医学模式的转变是一个由量变到质变，不断飞跃、升华的过程，其动力是社会生产力的不断进步、政治文化的变迁以及哲学思想和科技水平的发展，医学模式的发展与变革推动着医学的进步与发展。在医学发展的历史长河中，医学模式的发展经历了以下几种形式：

（一）神灵主义医学模式

神灵主义医学模式是原始医学实践过程中形成的产物。在人类社会早期，人们对健康和疾病的认识还处于原始阶段，人们不能合理地解释风雨雷电、日月星辰等自然现象和生老病死等生命现象，受到梦境的启发，揣测这种现象是由自然界中某种超能量来控制的，健康意味着是神的恩赐，生病则意味着鬼进入体内，是得罪了神灵而遭到的报应。因此，疾病的治疗更多寄托于对神灵的祷告和占卜，以此来祈求神灵的宽恕，达到祛除病痛的目的，乃至形成了一个专门的职业——巫医。这种原始的医学知识和宗教迷信思想，在历史上各文明中心均有存在，这种巫医混杂的模式被称作神灵医学模式。现如今在某些偏远落后地区，或是在一些特殊人群中，这种原始的医学模式依然有一定的影响力。

（二）自然哲学医学模式

自然哲学医学模式是人类在科学发展过程中逐渐摆脱宗教迷信的束缚，对自然界有了较为理性客观的认识，对健康和疾病的状态有了初步的思考和探索时形成的一种较为朴素、辩证的医学观。在这一历史时期中，人类对于自身的解剖、生理知识和诊疗方面的经验有了一定的积累，有意识地把疾病和自然、社会环境联系起来，是一种有着浓厚哲学思想的自然医学观点，其中最具代表性的是古希腊“医学之父”希波克拉底提出的“四体液学说”和中医学的“阴阳五行学说”。

虽然这种医学模式是人类对疾病认识和诊疗经验的积累，但是它不能从人体的结构和功能上对健康和疾病进行认识，更谈不上认识人的社会属性对健康状况的影响。因此，这种医学模式因其历史局限性，必然会被先进的医学观念所取代。

（三）机械论医学模式

14—16 世纪的文艺复兴运动推动了社会变革和生产力的发展，机器生产代替了手工生产，人们逐渐摆脱了宗教神学的束缚，转而信奉机械决定论。医学也不例外，开启了以机械决定论为主导的实验哲学思想，机械论医学模式逐步形成，代表人物是法国的哲学家、科学家笛卡尔（R. Searles，1596—1650）和法国医生拉美特里（Mettrie，1709—1751）。笛卡尔认为，动物和人可以看作一台精密的仪器，其生理功能是物质微粒的运动和心脏的热运动，心脏是制热机，肺脏是冷却机，神经、肌肉的运动是引擎和发条。拉美特里则是出版了图书《人是机器》，书中讲道：“人体是被自己发动的机器，疾病是机器某部分机械失灵，需要修补完善。”从此，人类对医学的研究步入实验论和机械论的时代。机械论医学模式从解剖等微观角度揭示了健康和疾病的关系，促进了解剖学、病理解剖学的发展，对现代医学的发展起到了重要的启蒙作用。但是它忽视了生命过程中复杂的运动过程，过于简单和机械化，没有认识到生命的社会属性。

（四）生物医学模式

18 世纪下半叶到 19 世纪，自然科学发展迅猛。尤其是进化论、细胞学说和能量守恒与转化定律这三项被恩格斯称为 19 世纪自然科学的三大发现，极大地动摇了机械唯物主义的根基。与此同时，微生物学、免疫学、组织学、细胞学等基础医学学科逐步形成，一个比较完整的生物医学体系逐步建立，人类对生命现象的认识越来越深入，各种疾病的病因和发病机制越来越多地被揭示出来，生物医学取得突飞猛进的发展，生物医学模式逐步形成。生物医学模式的最大贡献是对疾病的预防和控制。在外科手术中利用灭菌术，避免造成感染的同时，使用麻醉药，减少了术中疼痛；抗生素等化学药物的发明，极大地控制了感染性疾病的发生。正是由于生物医学模式对于临床实践的正确指引，人类才能取得第一次卫生革命的胜利。随着生物医学的深入研究，人类的感染性疾病得到了有效的控制，死亡人数锐减。近半个世纪以来，世界人口的平均寿命从 30~40 岁上升到 60~70 岁。生物医学的分科逐渐增多，研究方向不仅向纵深全方位发展，并且在横向上相互联系，形成了一个庞大的医学学科体系，在阐明疾病的发病机制和丰富诊疗手段上取得了惊人的成就，缩短了医学发展的漫长历程，为医学的发展揭开了新篇章。尽管生物医学模式在医学发展中起到了举足轻重的作用，但是随着社会的发展、人类认识的进步，这种模式的缺点渐渐显露出来：一味强调患者机体上的生物学变化；用生理的、生化的和基因的语言以及仪器检验数据来解释生命现象；过度注重局部，而忽视整体；人体疾病被肢解成器官疾病，患者所处的社会环境和心理因素的影响则被忽视。这些局限性导致医务人员只能孤立地、片面地、静止地去思考问题，而不能从伦理上去关怀和理解病人，从而导致医患关系疏远乃至紧张。

(五)生物-心理-社会医学模式

20世纪以来，生物医学模式渐渐无法解释某些疾病的发病原因和机制，它的局限性逐渐被暴露出来。例如癌症、心脑血管意外、高血压等疾病，临床检查无法找到微生物等病原体。此外，目前人类疾病谱和死因谱传达了一个重要信息：传染病、流行病和寄生虫病已经不再是危害人类的重要疾病，反而是与心理社会因素相关的疾病占了较大比例。现代医学研究结果表明，长期不良的心理和社会因素的刺激对人的心理健康会带来严重的不利影响，并且会导致各种精神或躯体疾病。

早在1948年，世界卫生组织(WHO)就提出："健康乃是一种身体上、心理上和社会上的完美状态，而不仅仅是没有疾病和虚弱的状况。"1977年，美国科学家恩格尔基于现代医学的发展状况，在《科学》杂志上发表了论文《需要一个新的医学模式——生物医学面临的挑战》，首先提出了生物-心理-社会医学模式，并由此引起业界学者的广泛研究和讨论，该模式成为20世纪80年代医学理论研究的一个焦点问题。恩格尔指出，传统生物医学模式诊治疾病的重要手段是患者的体格检查和各项化验参数偏离正常值与否，心理和社会因素对这些参数的影响往往被忽略。他批评传统的医学模式把疾病过程看作人体是机器，疾病是机器故障的结果，医生的任务就是"修理机器"，行为因素、心理因素和社会因素等对疾病产生和转化的影响却被忽视。恩格尔同时指出，随着医学的发展，生物医学必然会逐渐向生物-心理-社会医学演变。因此，生物-心理-社会医学模式综合运用多学科的基本理论与方法，揭示和解决疾病与健康相关问题的模式逐渐形成。其医学观点仍然是以人的生物学属性为基础，但同时也考虑心理和社会因素对人的健康和疾病的影响。这一模式的确立，使人们对疾病的认识不仅仅停留在生物因素，还关注心理因素和社会因素对疾病的影响，在疾病的诊疗上，除了保留传统意义中的生物学属性方法之外，还从人的心理和社会学属性上进行考量。

三、医学目的

医学目的是一个具有多层次、多侧面的理论概念，作为一种观念形态，可表述为特定的人类群体在一定历史条件下对医学科学的发展和医学应实现目标的认同与期盼。

医学目的具有以下特征：一是源于医学实践，并接受医学实践的检验，因此，它具有实践性；二是由于人类对于医学目的的认识取决于一定的历史时期内生产力发展水平和科学技术的发展状况，以及人们对医学科学的认识水平，因此，它具有历史性和阶段性；三是随着历史的演变和人们对医学认识的日益深入，医学目的的认识过程也是一个循环往复、逐步提高的过程，因此，它具有发展性；四是医学目的还具有客观真理性，其客观性存在于不同历史阶段的医学发展水平以及与之密切相关的经济、文化、政治等社会因素；五是出于人类对生命和健康的美好愿望、奋斗和追求，医学目的还具有主观对于客观反映的启示性。因此，科学的医学目的应该是主观性与客观性的完美统一，它能激励人们不断地追求医学科学的真理，正确利用医学资源，界定医学实践活动的领域和范围，引导医学向健康的方向发展。

(一)传统医学目的

“治愈疾病，阻止死亡”是传统医学目的的写照。为了治疗疾病，医务人员努力挖掘更先进的医疗手段，患者的生存质量往往被忽视，与此同时，间接导致了医疗资源的分配不均和浪费等。长期以来，人们把降低死亡率和延长人均寿命作为医疗卫生服务的主要目标，并据此来判断卫生服务的优劣与成败。可以肯定地说，降低死亡率和延长寿命确实是反映医疗卫生服务工作成效的重要方面，并且推动着医疗卫生服务工作取得了显著的成绩。但是，随着社会的发展，这一传统的医学目标逐渐陷入了困境，无法适应人民群众日益增长的健康服务需求。

传统医学目的主要面临以下几个方面的困境：

(1)高新医学技术的滥用导致医疗危机的产生。现代科技的发展促进了高新医学技术的发展，巨额资金被投入研究医疗新设备、新技术。成本高昂的医疗新设备和新技术的滥用，导致医疗费用大幅度的增长，同时也使医疗服务面变窄，导致了新的医疗危机的产生。

(2)过分强调生命神圣观念，忽视了生命质量。传统医学观念里生命是最神圣的，医学目的就是阻止死亡和治疗疾病，这样的医学观使医学陷入了无底的黑洞。按照自然规律，人的死亡是不可避免的，人类可以延长寿命，但不能战胜死亡，同样也免不了疾病的发生。因此，在有限的生命周期中，保证和提高生命质量远比阻止死亡更为现实和重要。

(3)不能公正合理地分配卫生资源，与人人享有健康的目标冲突。医疗市场的运营主要是针对个人需要，很少考虑社会公益。而个人需求和社会需求之间存在不一致性，利益驱动的效率与公正原则往往相反，市场更倾向于为某些特权阶层人士提供高质量的健康保健，而不是为贫穷阶层提供急需的、基本的医疗保障。

(4)老年保健方针不当，使医学处于困境。一些证据表明，老龄化社会的到来并不一定会引起医疗费用的显著增长。但如果保健方针不当，对老年人的医疗和保健服务进行过分和不必要的强化，则必然会导致医疗费用的高涨，且对改善老年人健康和生活质量并无太大的效果。

(5)医学和公共卫生的结合程度不够。对于病毒性肝炎、天花和小儿麻疹等疾病的成功预防，证实了联合医学和公共卫生可以对医疗危机的缓解提供帮助，对生命质量进行提高。现阶段依然有许多迫切需要解决的问题和挑战，如艾滋病的防治问题、日益增多的毒品滥用和嗜烟嗜酒问题、包括食品安全在内的公共卫生管理问题、卫生保健标准在农村和城市之间差别过大问题等，上述问题亟待医学和公共卫生领域的联合干预，以及医学伦理学和公共卫生伦理学的共同关注。

(6)医学的合法领域和合理的医疗边界有待划分。传统医学目的是解除疼痛和疾苦，但许多非主流医学，如医学整形美容、性别鉴定、借腹生子甚至变性手术等，也成了某些医院谋取利益的行当甚至主流业务。

(7)外力作用对医学的影响逐渐增大。一方面医学取得了巨大的进步，另一方面人们越来越渴求健康，医学现已是国家经济的重要支柱，在巨额医疗费用超出了个人财力的承受能力时，政府在医疗卫生和健康保健等方面的重要作用愈发突显。针对现阶段传统医学目的面临的困境，医学应该结合当今的社会目的、社会价值和社会文化背景，寻找存在于医学目的和社会目的之间的结合点，并以此确定新的医学目的，从而解决医疗卫生、健康保健中出现的各种问题。

(二)现代医学目的

20世纪90年代，随着传统医学目的困境的出现，医学目的的问题被重新提出，并且演变为波及全球的大讨论，讨论的发起人是美国哈斯廷中心主任丹尼尔·卡拉汉。在此之前，由卡拉汉领导的哈斯廷中心针对医学的发展及其相关的问题从哲学的高度进行了长期考察，并得出如下结论：医学目的，而并非医学手段，才是导致医疗体系危机的根源。现代医学错误把首要目标设定为治愈疾病和阻止死亡，是酿成这场严重危机的首要原因。因此，经过这次全球的大讨论之后，医学界内基本达成了共识，现代医学目的的着眼点应该是：防病治病、提高生命质量、维护身心健康和减少死亡，其主要内容包括以下四个方面：

(1)预防疾病和损伤，促进和维持健康。预防疾病和损伤，是医学的基本目的。要在重视做好传染病防控的同时，注意加强心脑血管病等慢性病、退行性疾病的预防。要加强健康宣教，倡导良好的行为习惯，戒除吸烟饮酒等不良行为，达到预防的目的。促进和维持健康，是对传统医学目的的发展，是对医学的更高层次的要求，它不只是对个体而言，更重要的是将促进和提高群体的健康状况作为主要目标。要达到这一目标，医学必须与公共卫生、社会其他福利性工作及政府的工作结合起来。

(2)解除由疾病造成的疼痛和痛苦。最古老也最传统的医学目的是解除病痛，在特定历史条件下，它是对医学的最原始最低级的要求，也是医学能存在至今的价值所在。现代医学在解决病人躯体病痛的同时，也应关注其精神及心理疾苦，并采取有效的办法给予抚慰和关怀。

(3)照料和治疗有病者，关心和照料无法治愈者。把照料和治疗放到医学实践过程中的同等地位，是现代医学目的较之传统医学目的更科学的发展。医学实践一再证明：并不是所有疾病都可以被治愈。包括慢性病、老年病在内的许多疾病，几乎很难有大的疗效，这些病人只能“带病延年”。医学最普遍也最直接的目的就是照料。对医学工作者来说，最大的任务就是管理疾病，使病人能够适应有限制的生活，拥有较高的生命质量。因此，建立起医学照料的服务和社会保障体系，是现代医学发展的重要方向。

(4)避免早死，追求安详死亡。将避免早死和追求安详死亡作为现代医学目的的内容之一，是传统医学目的的最大突破。传统医学目的之一是与死亡作斗争，要求不惜一切代价延长寿命。但用宝贵的卫生资源来维系不可避免的死亡是没有意义的，医学和死亡之间应当保持一种矛盾平衡的关系，“医学必须维持它与死亡作斗争，和接受死亡作为人类不可避免的命运两者之间的张力”。同时，对生老病死更理智更科学的认识和选择，对医学的发展、社会的进步和人类本身的繁衍生息都有着不可估量的意义。现代医学应该遵循以下原则：高尚、谨慎、有节制、供得起、经济方面可持续、尊重人的选择和尊严、公平公正。通过调整医学目的，医学会和社会共同进步，更好地服务人民。

四、现代医学的特点

在与疾病和伤害的长期斗争中，人类取得了许多成果，现代医学就是其中之一，有如下特点：

(1)经过漫长、曲折的发展过程，世界医学取得了辉煌的成就。在西医引进我国之前，中医是我国人民健康的保障，现阶段发挥的作用依然不可小觑。西医体系在近代逐渐成形，在医疗卫生界的作用日臻显著。随着各种积极的手段被用来探索生命未知的领域，疾病的发生、发展机理被深入揭示并有效干预，人类生命的长度和质量都得到了显著提高。

(2)在生命科学体系中，医学是重要组成部分。根据现有研究证据，其他物种的兴衰与人类的生存往往有关，基因决定了不同物种之间的寿命差异，由于细胞染色体端粒的缩短，老化等多种老年病也随之发生。同时，遗传、环境变化和不良生活习性密切影响着疾病的发生。医学的发展有赖于其他多项生命科学成果，同时也反馈于生命科学。例如，蚊子传播疟原虫被发现是疟疾的病因，使得生物学家对此进行深入研究，为消除该种疾病的威胁提供了理论基础。因此，医学是生命科学体系的重要组成部分，不应被孤立地看待。

(3)医学的发展也受到其他学科成就的推动。例如，意大利画家达·芬奇进行尸体解剖，从而否定了一些当时医学上的错误观点。现代医疗设备和技术的使用，提高了医务人员对疾病的认识，促进了诊疗的进步。同时，分子生物学、基因工程等学科正在蓬勃发展，使得人类对自身有了更加深入的认识和改变。同时，医学领域取得的成就也推动着其他学科的进步。

(4)医学自身发生了巨大的变化。仅是西医临床医学方面，就向着更深、更细、更广的领域分化：①研究深度，如今几乎全身所有的组织和器官都可以被探查，包括曾经困扰的中枢神经、大血管等。此外，干细胞和基因诊疗技术已经被应用于临床；②专业细化，为满足需要，对传统的专业分类进行了细化，如普外科现已分出肝胆、脾脏、胰腺、胃肠、血管、乳腺、甲状腺等专业，微创观念促成了显微、腔镜、介入等学科的发展；③学科交叉，如曾经冠心病徘徊于药物保守治疗领域，现外科可进行搭桥手术，内科也可借助血管支架、球囊等进行介入手术；④合作趋势增强，如在多科室的协作下，现已可进行心、肺、肝、肾、胰腺、小肠、骨髓等的移植术；全科医学、重症监护学、老年病学、康复医学等也是在多科室协作下促成的。此外，诊治手段的进步也会造成传统科室的萎缩，如幽门螺旋杆菌的发现，在提高了消化道溃疡治愈率的同时，也降低了相关科室的住院率。

现今，人类活动的范围和强度得到了大幅度提升，许多特种医学应运而生，包括高原医学，运动医学，航海、航天、航空医学，军事医学，等等。20世纪50年代建设进藏公路过程中，由于高原病等死因减员3000人；而修建青藏铁路时，对数万工作人员加强防护，无一人死于高原病。另外，在外层空间、深海等区域，汇聚了医学研究成果的生命维持和保护装备尤为重要。

(5)医学为人类服务，同时具有生物性和社会性。当代医学的作用范围得到了极大的拓展，预测后代健康、检查并修复胎儿缺陷、改造人体等均可达成，同时在社会领域的研究也有较大进展。人类的进化过程、生前死后等都和医学息息相关，医学为人类的生存和发展提供了重要保障。医药卫生体系的完善和发达有利于维护国家稳定、促进社会进步。

(6)医学仍有未能克服的缺陷。首先，医学不能完全满足人类的需求，还不是成熟的科学。医学是人类投入很大的对抗生存风险的手段之一，但死亡是无法避免的，从这种意义上来说，医学最终归于失败。人类和传染病抗争已久，迄今只有天花被消灭，埃博拉出血热、艾滋病等依然是令人困扰的难题，且新型传染病依然在不断出现。对恶性肿瘤、糖尿病、类风湿性关节炎等疾病的疗效也仅是差强人意。究其根本，还是因为人们对各种致病因素的认识不足，所以很难采取有效的手段去控制疾病、减少伤害。《西塞尔内科学》一书中记载的疾病多达上万种，但大部分疾病的病因或病理不详。在目前的医学环境，特别是临床医学中，占据主导地位的依然是概率化经验。在预防、治疗疾病方面，不同的时间、环境、人种都会有巨大的差异，医务人员很难全面掌握。医务人员同样难以把握不同人群对同样的药品和剂量出现的不同反应，有些人有效，有些人无效，少部分人甚至会出现严重的毒副反应，酿出悲剧的例子也并不罕见。其次，只有通过患者的身体，医疗活动才能发挥作用。通过长期进化，人体形成了较完善的生长、繁殖、免疫、修复等系统。人体自身的抗损伤和修复潜能如果利用得当，往往会取得事半功倍的效果，例如只需注意休息、避免受凉、多喝热水，普通感冒大多即可自愈；反之，也可能导致悲剧性后果，如早期简易呼吸机的使用使得患者自主呼吸被抑制，从而导致呼吸衰竭，而管道漏气竟使得一些患者意外存活。采用医疗手段维持人体严重受损甚至丧失的某项功能，其代价十分昂贵，如尿毒症患者透析等。许多医疗活动可能造成创伤，不合格的药品和器械会带来更严重的并发症，甚至造成伤亡。有些疗法伴随着难以完全避免的风险，如透析过程中丢失大量血浆、化疗后骨髓抑制继发败血症等。现阶段已有减轻危害的一些措施，但无法保证总是有效。

最有利于身体康复同时，也有较大风险的手段，只有在医患关系和谐时才能被医患双方共同选择，若是成功，皆大欢喜，若是失败，也能坦然面对。然而，现在的医患关系形势仍然十分紧张，这进一步束缚了医学的发展。

只有医学不断进步，层出不穷的新挑战才能得到解决。医学的进步有时也需要运气以及深入思索，爱德华·琴纳偶然观察到挤牛奶女工很少得天花，后经实验证实接种牛痘可预防天花；青霉素的诞生佐证了科学家对偶然现象进行研究可能对某些领域带来巨大的进步，甚至造成质的飞跃。

随着临床分科的细化，专科医师的视野也变得狭窄，经常导致一些错误。因此，在较高的基础上进行有效整合，是困扰医学界的难题之一。抗生素的滥用导致细菌感染扩散。如今安乐死、器官移植、胚胎研究等对传统伦理道德提出了挑战，生物武器尚在发展，其对种族灭绝和人类毁灭的潜在危害应当引起警惕。

(7)漫长而艰辛的过程是医务人员成长的必经之路。医学专业有学制长、课程多、书本厚等特点。医学知识更新的速度很快，医务人员从业后仍需坚持学习，外出进修也是必要的，精力和经济方面都得付出很多；临床救治工作十分紧张，些许差池即会酿成悲剧。由于工作时间长、强度大，以及社会偏见的存在，医务人员身心承担着巨大的压力；工作中接触大量的病原体，感染疾病的概率也大大增加。如“非典”期间，许多参与救治的医务人员因感染而牺牲，很多存活者也因大量使用激素造成股骨头坏死而落下残疾。

总之，巨大的生存危机依然是人类面临的难题之一。作为抵抗风险的重要手段，医学尚存在许多局限，医学生应该充分认识、理性分析医学，同时纠正普通群众对医学的错误认识，从而为促进医患和谐发挥积极作用。

第四节　尽快适应大学生活

一、调整心态，尽快实现角色转变

进入大学，意味着进入一种新的生活方式，面对新的生活、新的学习方式和新的环境，大学生需要积极调整心态，快速实现角色转变。一是要学会客观地认识自我。大学里聚集的都是原来中学的佼佼者，来到大学，你会发现“天外有天，人外有人”，比自己优秀的人比比皆是，自己不再是老师、同学关注的对象，心里难免会产生失落感，因此，要充分认识自己的优势和劣势，准确定位自己，既不能好高骛远，也不能妄自菲薄；尤其是遇到挫折的时候，要积极调整心态，沉着冷静，理清思路。二是要学会适时地表现自我。大学是卧虎藏龙的地方，不能一味地等待机会，而要学会抓住机会表现自我，展现自己的优点；要积极地投身到集体活动中去，培养和开发自己的兴趣爱好，开扩自己的视野；学会尊重他人，尊重人与人之间的性格差异，尽快地融入集体，融入大学生活。

如果在短时间内无法较好地进行自我调节或者很难适应大学生活的变化，可以求助于学校的心理指导中心、学生辅导员和班级导师，请求他们给予正确的帮助和指导。要有正确的心态，认识到不适应大学生活并不是心理缺陷或者能力缺陷，只是个人对环境转变后适应的快慢程度有所不同，要以平和的心态去和老师、同学们沟通、交流、学习。

二、尽快熟悉校园环境，了解并遵守校纪校规

进入大学后的第一件事，就是到校园到处逛逛，尽快熟悉校园环境，包括宿舍环境、学院环境、食堂环境，以及图书馆、教室、各职能部门的位置，校园交通等和自己学习、生活密切相关的各种环境。一般来说，各个大学都会以学院或者班级为单位组织参观校园，来帮助新生尽快熟悉校园环境。此外，还要到学校的网页上了解自己学校的发展概况，了解学校历史、文化传承和师资队伍、教学资源等情况，了解自己专业的发展前景、就业状况、课程安排等。

步入大学后，作为业已成年的新生，要了解并遵守大学校纪校规的重要性。高校制定各类规章制度是为了保障学生正常的学习和生活秩序，保护学生的人身安全，更是为了让学生培养一种优良的学习和生活习惯。尤其是消防和人身安全，历来都是高校管理的重中之重，学生违规使用大功率电器造成宿舍火灾的案例时有发生，学生违反校纪校规造成的生命惨剧令人痛心疾首。因此，要从一开始就养成遵守纪律的良性循环习惯，不能抱有侥幸心理。

三、培养良好的自我管理能力

俗话说“君子修身，贵在慎独”。进入大学后，老师和父母的约束少了，大学的自主

时间变得相对宽裕，学生也有了一定的经济支配能力。许多学生认为刚摆脱高中的枯燥学习和生活，进入大学后的第一年应该好好“享受”，从而浪费了很多时间，同时也养成了一些不良的行为习惯，比如沉迷游戏不能自拔，养成熬夜、抽烟、酗酒等不良生活习惯。因此，大学生必须培养良好的自我约束、自我管理的能力，主要是学会合理地利用网络资源，不要沉迷于游戏；培养良好的生活习惯，劳逸结合；合理地规划日常消费，不攀比，不跟风，减少不必要的消费，将主要精力放在学习上。

四、尽早地做好大学规划

凡事预则立，不预则废。对于成功的人生来说，大学仅仅是一个新的起点，只是万里长征迈出的第一步。因此，每一个医学生，从进入大学之日起，就必须认真思考自己今后人生的发展和走向，认真做好大学 5 年的医学学业规划及今后的职业规划。应该把大学的学业规划和个人的职业规划结合起来，尽快地了解和熟悉医学专业的特点以及与医学专业对口的职业。在制订规划时，要明确自己的人生目标或事业目标是什么，然后围绕这一目标开始制订阶段性计划，在每一个阶段中又应该针对阶段性目标制订更加细致的计划。值得注意的是，在大学中，尤其是即将毕业的时候，会面临着许多抉择，比如是去公司(单位)工作、自己创业，还是继续深造，是读研，还是出国？遇到这类问题时，要时刻铭记自己的初心，多听取周围人的意见，学会适时调整自己的规划。一个明确的目标将有助于医学生科学地做好规划，应该明白“前进的方向比前进的速度更重要”。

第二章　学习准备

第一节　学习概述

什么叫学习？仅心理学界说法就很多，比如，学习是“由经验引起的比较持久的行为变化”，“学习即联结”，“学习就是暂时神经联系的形成”，“学习是认知结构（一种心理结构）的组织与重新组织”，等等。学习的定义有广义和狭义之分。广义的学习既包括群体的学习活动，也包括个体的学习活动，它是动物和人所共有的心理现象。人和动物的行为可被分为本能行为和习得行为两大类。本能行为是被世代遗传的种族经验，是与生俱来的，如鸭子会游泳、婴儿会吸奶等；习得行为是在后天环境中通过学习而获得的个体经验，如狮子滚绣球、熊猫骑自行车等。与动物的学习相比，人类的学习不仅在量上有巨大差别，而且在质上也有很大差别。人类的学习是在生活实践中与其他人交往时通过语言的中介作用进行的。学生的学习是一种狭义的学习，它是指在学校的特定环境中，在教师按照教育目标的要求进行指导下，有组织、有计划、有目的地开展的一种特殊的认知活动。

林毓琦教授曾经从通俗、实用角度定义学习：“学习就是通过感知和实践去获得（内化）特定对象（目标）并达到能将其应用（外化）的心身活动。”具体点说，学习是通过观察、阅读、听闻等感觉（触觉、嗅觉、特异功能态中的特异感知等等）和实践去获得（内化）信息、知识、观念、技能、方法、品格等，并达到能将其加以应用（外化）的心身活动。

一、学习的特征

人类学习的重要组成部分之一就是学生学习。但是，大学生的学习和广泛意义上的人类学习并不完全相同，它具有如下特征：

（一）计划性

大学生的学习有其独特的高等教育情境，高等教育即有目的、有计划地培养人才。大学生学习需要按照人才培养目标的要求，借助教师的指导，根据一定教育计划的具体要求来进行。因此，大学生的学习安排有严密的计划性。

（二）间接性

人的认识包括直接和间接认识两大类。人们亲自参加变革现实的实践活动，在活动中直接获取的认识，为直接认识，它不经过任何中间环节；人们未曾亲自参加实践活动，但借助一些中间环节(书刊、讲授、传闻等)，获取有关变革现实的认识，为间接认识。高等学校教育的特点是在有限的时间内使大学生掌握最基本、最主要的知识、技能和技巧，所以大学生的学习活动主要是学习间接知识，不可能也没必要时时事事都亲自参与实践。虽然大学生也有在学习过程中发明创造的可能，但还是以学习、继承前人积累的间接经验为主。

(三)高效性

教师在学生的学习过程中起着主导作用，教师指导着大学生开展学习活动。高校教师是经过教育和训练的专职教育工作者，他们按照一定的教育目的和要求，根据既定的教学计划，有系统、有组织地进行教育工作，这样就使大学生的学习比在日常生活中的学习有效得多。教师的指导和传授，可以使大学生的学习少走弯路，在较短的时间内取得更有效的学习效果。

二、学习的功能

学习是人类赖以生存和发展的基本手段。在某种意义上，一部人类的发展史，即是一部人类的学习史。人只有通过学习，才能成为全面发展的新人。

(一)获取知识

人类几千年的文明史积累了大量的自然科学、人文社会科学和工程技术知识，书籍等载体使这些知识得以流传。为了获得知识，人们需要通过一定时间和形式的学习活动，学习人类千百年来积累下来的最基本、最主要的知识，逐步把前人积累的经验转化为自己的，完成“自然人”到“社会人”的转变，成为有知识的人。纵观古今中外历史，著名的科学家、文学家、政治家无一例外都和学习渊源颇深，在勤奋学习中不断获取知识。

随着现代科学技术的发展，人类积累的知识越来越多，增长的速度越来越快，当今是一个知识爆炸的时代，大学生更加需要通过勤奋学习来获取现代科学技术发展的新成果。在获取知识方面，学习的功能显得更加明显、必要和突出。

(二)发展智能

通过学习，大学生不仅获取了知识，也发展了自己的智能。学习过程中渗透了各种智力因素，特别是智力的核心要素——思维，学习活动的过程即是思维活动的过程，二者是密不可分的。在学习过程中，不仅思维能力得到锻炼，观察、注意、记忆、想象、实验、实际操作等能力也得到相应发展。以大学生参加科学实验为例，在实验过程中，学生要观察发生的变化，发展了观察能力；还要亲自动手，手脑并用，锻炼了实际操作能力；同时注意力也得到了发展。总之，学习过程中各种智力因素都会得到不同程度的发展。

(三)提高素质

在全面提高人的思想道德、文化、专业、身体心理素质等方面，学习也发挥着重要作用。学习是提高思想道德修养的前提条件。道德品质的形成要经历由知到行的转化过程，在这一过程中知、情、意、行等方面得到培养和提高。知是情、意、行的前提和基础。没有知，行为就会盲目。两千年前荀子曾言："礼乐则不修，分义则不明，举措则不时。"意思是说，如果不在道德方面进行学习，就不能明辨是非，更不能做出合乎时宜的实际行动，即是说，只有通过学习掌握正确的道德准则，才会产生规范的道德行为。

对人类而言，学习是精神文化生活的重要组成部分。要想更好地生活，仅仅获得物质上的满足是不够的，还要追求精神上的愉悦。一个人单有物质上的满足而缺乏有效的精神食粮将是可悲的，由于缺乏有效的精神食粮导致的精神上的空虚是最大的痛苦。为了弥补精神空虚，使头脑得到充实，就要努力学习科学文化知识，获取有益的精神食粮。

对于精神世界的许多消极因素，学习也能帮助克服。英国哲学家罗素曾在书中说道："我并不是生来就幸福的。青年时代我厌恶生活，几近自杀的边缘。不过，我学习的欲望克服了自杀的念头。现在的情况已经完全相反了，我热爱生活，简直可以说，每过一年我对生活就更多一层爱恋。"学习让罗素获得了生活的勇气和希望，这一点值得每一位大学生借鉴。人生路漫漫，总会遇到各式的烦恼、困惑、忧愁和不幸，借助学习来调节心境，有助于保持心态平和，保持对生活的希望。

三、学习的基本规律

基于学习活动诸要素以及学习各阶段之间的本质联系和必然趋势，总结了以下学习活动的基本规律：

(一)记忆遗忘规律

学习和记忆密不可分，记忆是一切学习活动的开端。失去记忆，人类面临的将是一个陌生的世界。正因为有了好的记忆力，人类才建立起现代的文明社会。记忆是人脑积累知识经验的一种功能，是对过去经验的保持和提取。19世纪末，德国学者H. 艾宾浩斯在对记忆的实验研究中发现了保持和遗忘的一般规律：遗忘的发展并不均衡，它呈现出"先快后慢"的规律，识记的最初遗忘速度很快，后来逐渐减慢，经过一段时间后几乎不再遗忘。根据规律，在学习之后急速发生遗忘，为了减少和防止遗忘，尽早复习是必要的。除了时间因素，其他因素也制约着记忆。针对识记材料的性质，熟练的动作一般遗忘最慢，熟记的形象材料也容易长久保持。对于有意义的文字材料，特别是诗歌，其识记速度比无意义的材料快得多，遗忘速度也较慢。针对识记材料的数量，其数量越大，识记后遗忘得越多。实验表明，识记5个、10个、100个材料的保持率分别为100%、70%、25%。当有意义材料的识记数量增加到一定程度时，其遗忘率会增加至接近无意义材料。就识记材料的意义而言，凡不引起被试兴趣、不符合被试需要、在被试生活中不占有重要地位的材料，往往遗忘得快，而有意义的材料就遗忘得慢。就识记方式而言，多种类型的协同记忆和多种感官的协同识记，其效果优于单一类型或单一感觉的识记。有人做过一个实验，让第一组被试只看某一识记材料，第二组被试只听同一内容，第三组被试既看又听。结果发现，视觉识记组可记住内容的70%，听觉识记组记住60%，视听组可记住80.3%。

学习程度也影响着遗忘。一般而言，遗忘随着学习程度的增高而减少。过度学习达到150%时，识记有最佳的保持效果。过度学习即是指学习的巩固程度超过刚能背诵的程度。

比如，学习一个材料，达到恰能一次正确无误地背诵需20遍，则20遍的学习程度为100%，此时若继续再学10遍，即为过度学习，其程度为150%。又如，学一个材料30分钟后恰能一次正确背诵，再用15分钟进行过度学习，其学习程度为150%。实验表明，33%的学习程度，遗忘率为57.3%；100%的学习程度，遗忘率为35.2%；150%的学习程度，遗忘率为18.1%。无论学习程度低于或超过150%，其记忆的效果都将下降。

（二）序进累积规律

序包括纵、横两个方面，它是指任何知识结构都必须有的层次序列。就知识而言，知识的发展和深化即称为纵，知识的相互联系、相互渗透即称为横。只有按照固有的层次序列去学习知识，才能学有长进。同时，人类认识世界经历了由简单到复杂、由现象到本质的渐进过程，思维发展也经历了从形象思维到抽象思维、从低级到高级的过程。为了符合学习的认识规律和思维发展规律，必须按照知识的逻辑系统有序地学习。

学习绝不是一蹴而就的，它是一个循序渐进，不断积累知识的过程。人类的所有知识都来源于不断积累。学习过程也是不断积累知识经验、从量变到质变的过程。积累知识经验到一定程度时，学习主体的智力即会发生质变(飞跃)，向新的层次跃进，然后在新的层次上再积累，并再发生新的质变。所有发明创造、科研成果、好著作、好思想都是这种质变(飞跃)的结果。没有量的积累就不会发生质变。但知识的积累应该有所选择、有所侧重，并有先进的方法作指导，这样才能产生较好的效果。

（三）学思结合规律

在认知知识、信息后，还需进一步理解、编码、贮存和加工，以期升华所获得的知识，从而改善原有的智能结构或形成新的智能结构，即学思结合规律。

所谓学，是指输入信息，学习新知识、新技能以及社会行为规范等；所谓思，是指处理、加工信息。学与思是辩证统一的矛盾关系。明末清初的思想家王夫之曾说道：“致知之途有二：曰学，曰思。学则不恃己之聪明，而一唯先觉之是效；思则不循古人之陈迹，而任吾警悟之灵。学非有碍于思，而学愈博则思愈远；思正有功于学，而思之困则学必勤。”这段话的意思是说，人们有学和思两种求知途径。学的时候，不要仰仗自己的聪明才能，只有努力向先知者学习才能有所收获；思的时候，则不要一味地遵循古人的想法，要靠自己的深思熟虑。学不但不会妨碍思，而且学习越广博，思虑就能越深远；思也对学有所帮助，思虑时有了困难会促使学习更加勤奋。孔子也曾提出：“学而不思则罔，思而不学则殆。”再次佐证了学与思不可分离的观点，否则就会学之“罔”或思之“殆”，学习不会有所长进。以上观点充分论证了学与思之间的辩证关系，阐释了学思结合规律的内涵，只有学思紧密结合，学习效率才能提高。

科学史上的巨人们在观察事物时不会选择浅尝辄止，停留在表面的感性认识阶段，他们往往善于思索、勤于琢磨，力求由现象发现本质，捕捉事物的内在联系，从而有所发现、发明和创造，这也正是他们比同时代其他人站得更高、看得更远的原因。着眼古今中外，卓有贡献的科学家们在进行学习和科研工作时都十分强调思考的重要作用。牛顿曾说，如果说我对世界有些贡献，那不是因为别的，都只是源于我辛勤耐久的思索；普朗克曾说，思考架起一座让我们通向新知识的桥梁；爱因斯坦曾说，学习知识要善于思考、思考、再思考，这正是我成为科学家的学习方法。

(四)知行统一规律

学思结合规律解决了信息的输入、贮存与内化问题，揭示了感知、理解、保持等学习环节中的内在关系，但并未阐释学习发展的最终趋势，没有指出改造主客观世界正是学习的实质。而知行统一规律则很好地揭示了这个环节的基本规律。所谓知，即是对知识信息的输入、理解和掌握；所谓行，则是把已掌握的知识信息付诸实际行动，从而产生意识行为效应，以期改造主客观世界。这一规律揭示了学习的本质问题，阐释了学习发展的必然趋势和最终归宿。

知行统一是学习的本质。学习的实践意义已被古今思想家、教育家强调过多次。孔子提出言行一致的主张；荀子作为重行主义者，主张"行之，明也"；朱熹指出："学之之博，未若知之之要；知之之要，未若行之之实。"强调实行比学懂更切实。明代思想家王守仁曾说道："真知即所以为行，不行不足以谓之知。"真正的知识是为实践服务的，如若不能付诸实践，则不足以被称作知识。在谈及学习的本质时，明末清初的王夫之强调，只有在实践的基础上努力学习，才能深刻认识事物；做学问的人从不会离开行去求知。

毛泽东同志说，对于马克思主义的理论，要能够精通它，应用它，精通的目的全在于应用。这也正是以"知行统一"的观点来看待学习的本质。

综上所述，人在学习生活的同时，也在学习实践；不仅为了知而学，更是为了行而学；绝不是为"学"而学，而是为"用"而学，即是说，学习就是在学习实践中获得知识，以期达到知行统一，并对后来的再学习提供指导。知与行是学习过程中的一对矛盾，"行可兼知，而知不可兼行"，就是说，行可以包括知，而知不完全包括行。人们的学习不只是为了单纯获知，而更重要的是落实到行上，落实到改造世界的实践中，因为学习的目的全在于应用。

(五)环境制约规律

环境对学习有明显的制约作用。大学生作为学习的主体，其学习也必然受到来自自然和社会两个不同环境的制约。但是良好的学习环境要靠人去争取、创建。顺境可以使人学习成才，但如果身处顺境却不勤奋、不进取，也会成为庸碌之辈。而身处逆境奋斗不息、追求不止，终成大业伟才者也举不胜举，哥白尼、布鲁诺、诺贝尔、贝多芬、马克思等都是杰出的范例。作为自然的人，大学生首先必须主动学习适应环境、利用环境来促进学习。其次，学习还要受遗传因素和大脑构成等生理因素的制约。遗传学研究表明，染色体异常病变患者同正常人之间的智力差距十分明显，学习的困难程度也显而易见。大脑组织的损失更对学习者有直接的影响。再次，大学生的学习还要受到人的自然属性的制约。适当的睡眠是发展智力的重要条件，睡眠不足或过量，都会影响体内蛋白质、脂肪和糖的新陈代谢，影响大脑重新组合、整理摄入信息的功能，会使学习效果不同。

大学生作为学习主体，还受制于他所处的社会环境。安定的社会生活、良好的社会风气、稳定的经济秩序，都会增强大学生心理上的安全感和荣誉感。来自外界的干扰减少，就会促进学习的发展。困窘的经济生活、恶劣的人际关系会对大学生的学习生活产生负面影响。此外，社会为大学生提供的师资力量、教学及实验手段、娱乐设施、校园环境等条件也会对学习效果造成直接影响。

第二节　树立正确的学习观

学习观存在于每个人的头脑之中，它就是人们对学习的看法。大学生在校期间乃至其终生，学习观都会涉及学什么以及怎么学的问题，也就是说，无论是树立学习态度、选择学习内容，或是改进学习方法，都直接与学习观念的更新密切相关。随着新时代社会和个人的发展，除了要继承人类几千年学习史上形成的被证实有效的学习思想和观念，也要结合新时代经济、社会、科技的发展、个人自身的发展以及社会对高级专门人才的需求，积极大胆地借鉴、吸收世界先进的学习思想和观念，解除思想束缚，勇于创新，以符合新时代发展的学习观指导自己的学习。对新时代的大学生，建立以下四个方面的学习观是必要的。

一、终身学习观

(一)终生学习的含义与特征

1. 终生学习的含义

终身学习是一种国际性教育思想，形成和发展于20世纪六七十年代，最早由欧洲终身学习促进会提出，1994年11月于罗马举办的“首届世界终身学习会议”所采纳的定义是：“终身学习是21世纪生存概念。”终身学习通过不断的支持过程发挥人类的潜能，鼓励人们获取终身所需要的全部知识、技能、价值与理解，并自信、勇敢、愉快地将它们应用于各种情境中，这即是终身学习观念的本义。终身学习被提到“生存概念”的高度，既是人类积极响应知识经济和知识社会，同时也意味着在知识经济时代，学习观念将发生根本性的改变，从单纯接受学校教育的学习中扩展开来，范围上从少数人扩展到所有人，时间上从阶段性扩展到终身，行动上从被动发展为主动，从而使所有人都把学习视作终身性的、自觉的行为习惯。

2. 终身学习的特征

(1)终身性。终身学习最重要的本质特征是终身性，它是纵(时间)的规定。用语义学进行解析，“终身”是中心词“学习”的限定摹状词。限定摹状词有描述的功能，描述对象的特征、属性而获得特定的指称；一旦限定摹状词发生改变，中心词所指称事物的特征、性质也会产生相应的改变。也就是说，只有“终身性”的学习才能被称作“终身学习”。

(2)全民性。终身学习面(空间)的规定是全民性。终身学习要求的对象不是个别人或少数人，个别人或少数人的终身学习早已不同程度地在古代社会出现过。在现代以及未来社会，终身学习要求的对象是普通大众，且普通大众会逐渐自觉要求并履行这份责任，终身学习将成为人们日常生活中不可或缺的有机组成部分。

(3)个别性。终身学习主要以个人为单位进行。终身学习点(具体个体)的规定是个别性。每位学习者都是一个具体的人，都有自己独特的出身和经历，都有自己的个性，随着年龄的增长，这种个性逐渐被生物、生理、社会、经济、文化和职业等因素改造、分化。每个社会人都扮演着各不相同的多重角色，是管理者也是被管理者，是生产者也是消费者，是晚辈也是长辈。各色人又被分为强势方或弱势方、幸运方或不幸方，所有的这些差别都会使得一个人在不同的时间、场合有不同的学习需要。终身学习恰能满足各不相同的多样性、个别性、分散性学习的需要。

(4) 自主性。终身学习更为本质的特征是自主性。终身学习的主体是大学生，大学生是开发自身潜能的能动者和创造者，同时也是以社会和个体相统一为基础的自身价值的设计者和追求者。设定学习目的、动机、目标，选择学习内容，运用学习方法、形式，安排学习时间、步骤等，这些都由大学生自主决定，不受教育机构的安排，也不受教育者的强加。大学生正经历着向教育消费型需求的转变，这也是传统高等教育体系中的学习者和终身学习体系中的学习者在角色身份、地位作用等方面的显著区别。

(二) 树立终身学习观的重要性

1. 终身学习是新时代经济发展的必然要求

学习是经济发展的原动力，经济发展也对终身学习提出必然的要求。改革开放四十年，中国正处于经济高速增长及增长方式转型时期，不断提高学历、智能和更新知识和技术比以往任何时候都紧迫。现在，不仅管理人员要求具有高智能、高学历以及复合型的知识结构，而且许多产业工人和高层次服务人员也在向着高素质目标积极进取，他们擅长英语、熟练操作计算机和懂得管理等。

2. 终身学习是社会发展的必然需求

社会精神文明建设和全民族思想道德素质、科学文化素质的提高密切相关，终身教育不仅可使大学生不断掌握现代科学文化知识，而且可以有效提升大学生的社会主义思想品德、社会责任感以及敬业精神，在为社会经济发展奠定基础的同时，也为社会的发展和进步提供了必备的精神环境。

创新被誉为一个民族发展的灵魂。新时代的思维方式、科学攻关的方法和途径都与以往时代不同。现如今的发明创造是个人钻研的成果，更是群体合作的成果。终身教育呈现出多样化、多层次的形式，有能力造成多种不同组合的群体，使得人们的社会交往和艺术教育扩大，促进良好社会风尚的形成，提供大片良田沃土支持创新型人才脱颖而出，从而推动社会进步。随着老龄化社会的形成，人的生命期任务需要重新分配，每个人的每个年龄段都需要得到充分的规划和发展，这使得终身学习更加必要。

3. 终身学习是个人发展的必然需求

新时代大学生需要不断开发、提高自我，以适应各种新情况，追求和提升自我价值。近年来，我国青年企业家在处于事业发展巅峰的同时，深感所掌握的知识已不足以满足工作之需，纷纷选择到大学“充电”。对于想要开创一番顺应新时代的事业的大学生来说，不断地学习新知识、掌握新技能是必须的。大学期间无论学习了多么“现代化”的专业知识，若干年后相对应用领域的专业知识都会过时，有专家称，一个刚刚迈出校门的大学毕业生，其所学知识的约 40% 已过时。这就意味着，现代社会里知识越来越重要，同时也越来越脆弱，也就是说，知识的折旧率在提高，更新速度在加快。大学阶段获取的知识只占所需量的10%左右，剩下的90%都来自日后工作中的不断学习。这是因为科学正向高度分化与高度综合的趋势发展，社会产业的新陈代谢趋势已向着技术型、知识密集型和智能型转化。职业高度分化，旧职业不断消失，新职业不断涌现，知识和信息成几何级数增长，社会需求日益多元化，这些远非大学所学知识能满足。知识经济时代，绝大多数人的谋生手段将是知识和技能，知识将会是最基本的消费品，知识的占有量将成为富有程度的基本标准，人们的职业和岗位也将频繁变更。自动化技术在过去的15年飞速发展，原有的技术工种消失了8000多个，同时新的技术工种出现了6000多个，这要求大学生不断地为将来的职业工作岗位学习新知识，使在学校学到的线型知识结构层面得到拓宽，了解并掌握新产业需要的技能，从而提高自身的智能水平和生存竞争能力。学习不仅帮助大学生不断完善自我，还为其提供了发展职业、改善生活的机会。大学生学习的能力就是将来生存、发展的能力，终身学习将成为一种回报无限的投资。

4. 大学阶段要为终身学习打下坚实的基础

未来学家阿尔温托夫勒曾说过，未来的文盲不再是不识字的人，而是不会学习的人。因此，在大学阶段，一定要学会学习。学会如何学习是一个时代课题，每个人都需要面对它，它不仅是打开终生学习之门的钥匙，还是进入知识经济新时代的通行证。

学会学习需要更新学习观念，完成从单一的学校学习向终身学习的转变。终身学习不等同于大学学习，大学学习只是终身学习的一个阶段。两者之间相互联系、相互促进，大学学习是终身学习的基础，终身学习是大学学习的最高目标。

学会学习也需要变革学习方式，完成从“学会”向“会学”的转变。知识经济新时代，比起掌握多少现存的知识，是否有能力不断掌握最新知识并进而创造新知识更为重要。传统意义上的“工匠”是“学会”的成果，而新时代的“知识劳动者”则是“会学”的成果。

学会学习还需要创新学习手段，现代信息和传播技术逐渐成为学习的主流手段。信息手段的不同会导致获取信息量和学习模式的不同，直接对学习效率造成影响。

二、全面学习观

新时代第四次工业革命的浪潮促使发达国家和发展中国家积极调整教育培养目标，为适应未来社会造就合格人才。他们对未来社会进行预测、对现行教育制度进行反思，得出了共识：只有全面发展的人，才能称得上是合格人才。故而，大学生需要树立全面学习观，将德与才，通与专，知识、能力与素质，以及全面发展与个性发展等方面的关系正确处理好。

（一）德才兼备是对新时代合格人才的首要要求

德，主要是指人的政治立场、政治观点和道德品质，它是一定社会或一定阶级的政治道德原则、规范在个人身上的体现和凝结，是处理个人与他人、个人与社会关系的一系列行为中所表现出来的比较稳定的特征和倾向。它是由五方面要素构成的综合性范畴，这五方面包括认识、情感、意志、信念和行为。

才，是完成某种活动所必需的知识、能力和素质的综合，主要包括才识、才能和才学。一个人只有具有高尚的德行，方能按正确的方向施展才。着眼古今中外，德才兼备都是培养、鉴别和选拔人才的标准。

因为德育在人才成长中的独特作用，古今中外的教育都十分强调德育的重要性。古希腊教育家苏格拉底曾言，教育的目的是学会应当如何做人，敦促人们专心向善，从而努力成为有德行的人；柏拉图则认为，教育的用处就是造就好的人，所谓好的人，就是指德行高尚的人。德国科学教育奠基人洪堡曾说，使大学生能够在人格上、道德上得到完善，是大学最大的成就。习近平总书记在不同场合多次强调指出，我国高等教育肩负着培养德、智、体、美全面发展的社会主义事业建设者和接班人的重大任务，必须坚持正确政治方向。高校立身之本在于立德树人。人无德不立，育人的根本在于立德。这是人才培养的辩证法。办学就要尊重这个规律，否则就办不好学。立德树人需要被内化到大学建设和管理的各个领域、方面和环节，真正做到以树人为核心，以立德为根本。对提高品德修养更要重视，教导学生培育和践行社会主义核心价值观，踏实修好品德，努力成为有大爱、大德、大情怀的人。立德树人需要被融入思想道德、文化知识、社会实践等教育的各环节，贯穿基础、职业、高等教育各领域，它是学科、教学、教材、管理等体系围绕设计的目标，也是教师教学以及学生学习的目标，不利于实现该目标的做法都需要被坚决改正。立德树人的成效需要被作为检验学校一切工作的根本标准，践行以文化人、以德育人的目标，从而不断提高学生的思想水平、政治觉悟、道德品质以及文化素养，真正做到明大德、守公德、严私德。因此，德才兼备，把德育放在首位，是新时代对合格人才的第一位要求。

(二)“通”“专”结合是对新时代合格人才的基本要求

国际上存在着两种影响较大的培养高级专门人才的基本模式，一种是“通才”模式，以美国为代表，强调基础性、综合性和适应性，培养出的人才基础理论扎实、知识面宽、适应性强；另一种是“专才”模式，以苏联为代表，强调根据具体要求对口培养“现成专家”，对专门知识和技能方面的要求比较严格，但专业面相对较窄。关于“通才”和“专才”之争，本质是如何根据本国国情处理好基础和专业、知识和能力、大学教育和大学后教育的关系，从而为增强本国综合国力和国际竞争能力培养出高级专门人才。

近年来对教育思想有过许多讨论，目前我国培养人才标准的普遍倾向是：“通”与“专”相结合。一方面，“通”为“专”打下基础。缺乏广博的基础，“专”就无法深入，达不到精深的目的。另一方面，“专”又反过来促进“通”。对一门专业知识做到真正精通的同时，往往也会很快掌握相近或相关学科的知识。因此，新时代合格人才不仅要加强“通”的学习，而且要掌握一定的专业知识与技能，不仅要“通”，还要在“通”的基础上有所“专”，掌握一定专门知识的同时，还要做到融会贯通。

我国实际和新时代社会经济、科技发展的需求要求我国高等教育着重加强对“通”的教育和学习；学习会加深对自然、社会、人文等科学的了解，扩充知识面、开阔文化知识视野，认识到不同学科、课程及其知识间的联系，促进形成学科知识体系的整体观念，实现不同学科知识及思维方式的相互迁移。随着现代新科技革命的进行，世界科技与文化、自然科学与人文社会科学达成高度融汇渗透，各国科技发展的共同取向逐渐转向“综合优势”和“博才取胜”。

(三)知识、能力与素质协调发展是新时代合格人才的重要标志

知识是人类在认识和改造主客观世界的实践中获得的认识经验的概括和总结，包括直接经验和间接经验、感性认识和理性认识。每个人的知识都是由多种知识构成的，是复合的，而不是单一的。各种知识的有机组合便形成了知识结构。

能力是指人们顺利完成某种活动所必备的个性心理特征。显然，它是顺利完成某项活动的必要条件。能力可被划分为一般能力和特殊能力两大类。顺利地完成某种复杂的活动，需要多种能力的完备结合，这种结合被称作才能。

素质有多种不同的理解，心理学认为，素质是指人的先天解剖生理特点，主要包括感觉器官和神经系统方面的特点；教育学认为，素质是着重表示人在先天生理的基础上，受后天环境、教育的影响，通过个体自身的认识与社会实践，养成的比较稳定的身心发展的基本品质。上述对素质的两种解释实际上是不可分割的。即是说，人的先天遗传素质，和在此基础上受后天环境、教育等影响并通过自身认识和社会实践而形成的比较稳定的基本身心品质，二者实际上融为一体，共同构成了人的整体素质，同时也是个体进步发展的共同基础。

知识是能力和素质的基础，素质是知识在人心中的内化。知识可以直接传授，能力和素质则不能。知识只有经过充分内化才能形成素质。知识与素质并不等同。能力是人的素质之一，除能力之外，素质还包括品德、审美等方面的修养。大学生为了成为新时代的合格人才，需要将学习知识、培养能力以及提高全面素质三者结合，这是教育思想和教育模式的一大转变和突破。

(四)全面发展与个性发展是新时代合格人才的基本品质

全面发展不但是人才培养的目标，而且是教育改革的指导思想。个性发展则是在人的共性基础上，充分显示人的差别性，从而使每个人都有高度的独立性、创造性和自主性。

全面发展与个性发展呈现出相辅相成的关系。全面发展不意味着平均发展，个性发展也不意味着自由无序。一方面，个性发展是全面发展的前提条件。主体意识的确立、独立人格的培养和创造才能的发挥是个性发展的目的。只有充分发展主体意识、独立人格和创造才能，基本素质才能得到更主动、更自觉、更充分的全面提高，进而使人的发展这一最高目标得到实现。因此，个性发展的最终结果必将促进全面发展，个性若无法健康发展，则高层次的全面发展也无法实现。另一方面，全面发展是个性发展的基础，没有全面发展的基础，也不可能有高层次的个性发展。全面发展不是为了消灭差别、泯灭个性，而是以注重学生各方面素质的全面提高为基础，尽可能培养、鼓励和发展学生的个性。即是说，全面发展的最终结果是不断扩展和丰富个性，个性发展也必然伴随全面发展而不断得到完善和升华。在个体成长的全过程中，全面发展和个性发展互见、互动、互生、互长，二者达到和谐统一。

教育长期追求着发展个性的目标。从人发展的角度看，没有个性，就没有创造，人不成其为人。从社会发展的角度看，个性发展是其真正的动力和源泉。在一个社会里，人的

个性得到充分发展不仅是这个国家或民族富有生气的表征，还是一个社会文明进步的客观要求。在当今的新形势下，科学技术突飞猛进，综合国力的竞争日趋激烈，发展个性、培养创新性人才显得更为重要。正确处理全面发展与个性发展的关系，改革我国长期存在的以教师、课堂、书本为中心的传统教育模式，结合全面发展和个性发展，注重发展个性和开发创造潜能，不仅有利于发挥个人的才智和潜能，而且还能满足未来社会多样化的需求。更重要的是，当一个民族的所有成员都能充分发展个性、充分发挥创造力，那这个民族必将充满生机和活力，并在新时代国际竞争中彰显出强大的实力。

三、自主学习观

总体来说，学习有维持性学习和自主性学习两种方式。维持性学习的功能在于“学会”，即获得已有的知识、经验，从而提高解决当前已经发生的问题的能力。自主性学习的功能在于“会学”，即通过学习使发现、吸收新知识、新信息和提出新问题的能力提高，从而迎接和处理未来社会发生的日新月异的变化。知识经济时代的到来，促使着人们的学习观念从“维持性学习”转向“自主性学习”。

（一）自主学习四要素

自主学习的四要素，即自我识别、自我选择、自我培养、自我控制。

自我识别是自主学习的基础，指大学生对自己现有的观点、道德、技能、知识、智力、能力、思维特点、思维水平、学习品格、志向、爱好、气质、意志等与学习及成长直接有关的诸因素的结构状况和水平高低的识别。

自我选择是自主学习的核心，指大学生根据自己的强项和弱点、志向、国家需要与市场供需情况等几个要素，按照“在全面发展基础上侧重发展”的思想，首先确保完成教学计划规定的基本任务并达到基本要求，与此同时，有选择、有侧重地进一步扩充某些知识以及发展某些能力，甚至辅修一些专业课程或同时学两个专业，为个人的成才方向做出初步选择。以把自己培养成为优秀高级人才为目标的大学生一定要学会“选择”，善于“选择”。

自我培养是自主学习的“船”，指大学生经常研究怎样去实现自己的知识能力素质结构目标，组建自己的基本观点、基本知识、基本能力、基本品格以及专门知识、专门能力；要研究和建立一套学习方法，使之科学、完善又适合于自己；针对自己的情况不断调整并提高课内外的学习质量和效率，科学地利用课外自由支配的时间及课程选修的机动性，有主见地积极培养自己，主动锻炼自己。

自我控制是自主学习的“罗盘”与“舵”，指大学生阶段性地评价和调节自我识别、自我选择、自我培养这三个方面，并修正和完善自我认识、评价，调整自己的成才方向及相应的知识能力结构，不断地充实与完善学习方法，不断调整时间资源的分配，不断提高自制能力、经受困难与挫折的能力以及有关心理素质，及时调整与改善人际关系，等等。

当前，许多大学生还不懂得自主学习，这就无形中使自己随波逐流，而不能按既定目标前进。例如，在自我识别方面，有的大学生不知道要从哪些方面去解剖自己、鉴别自己，也不知道究竟应如何评价自己。在自我选择方面，有的大学生什么也不想，反正“大学几年学什么，学校有教学计划”，“一门课学什么，教师会考虑”；有的大学生则是另一极端，单纯地凭个人的兴趣，不了解社会的状况和国家建设发展向大学生提出了哪些要求，也不了解自己的长处与弱点，一时喜欢什么就学什么，没有自己的学习与成才战略及阶段目标。在自我培养方面，有的大学生只知道学校规定该学什么课程就学什么课程；认为“考分高”就表示“学得好”，课程总平均分数高，就是“该学的都学好了”；不研究大学学习的特点、各门课程的特点及其不同学习方法，等等。在自我控制方面，有的大学生除完成教师具体规定的任务外，无所事事，沉溺游戏，漫无边际地看一些读物，浪费宝贵时间，甚至做一些大学生不该做的事。

自主学习与在学校和教师指导下的学习相辅相成，缺一不可。很多有重大贡献的人，都注重自主学习，并把自主学习作为学习的一条基本原则。比如我国一位著名力学家，在中学阶段时的文科成绩一直比理科成绩好，家人认为他上大学应读文科。考大学时，大学的某系主任也认为他学理科的前途不佳，可是他仍认定自己应读理科。以后的事实证明，他的自我识别和选择是很成功的。又如，我国著名科学家钱学森，他是位高才生，在美国留学时成绩也是顶尖的，仅用四年就获得一个硕士学位、两个博士学位。但那时他发现自己的基础与自己的高目标之间存在着差距，于是他竟用三年时间进一步加强基础，当时的美国同事们对此大感不解。后来，他在力学、火箭、航空、航天、工程控制论等领域的研究均取得很大成就，在美国时他已是处于学术领导地位的第一流火箭专家，被誉为“火箭之父”之一。之后，当他看到横向科学(最高层次的交叉科学)及思维科学、人体科学等对于中华民族的发展和国际地位的提高有着重要意义时，他决定把自己的工作和学习扩大到这些广阔的领域，并做了很多意义重大而且影响深远的工作。这是他再一次的自我选择与自我培养，是一种在高尚社会责任感驱使下的良好的选择与发展。

(二)自主学习的特征

1. 自主性

大学生在学习活动中的自主性有多方面的表现。首先，表现在大学生具有独立的主体意识，学习目标明确，学习态度积极、自觉，在教师的启发、指导下能够独立感知、学习并深入理解教材，能够把书本上的知识变成自己的精神财富并应用于实践。其次，大学生自我定位为教育对象，自我支配、调节和控制各项活动，使自身潜力得到充分发挥，并主动利用内外两方面的积极因素去认识、学习和接受教育影响，积极向老师请教并提出质疑，在相互研讨中达到预期的学习目标。在大学生的自学活动中这一点表现得尤为突出。此外，大学生对学习对象(客体)的选择是自主性的又一体现。大学生的学习过程是一连串的选择活动，无论是学习目标、方式和手段，均是选择的结果。从“学什么”到“怎么学”，也都是选择的过程。大学生在学习过程中并非将任意内容都作为学习的客体来对待，也并非将学习课题的任意方面都作为深入思考的主攻方向，而是会选择自认为最有意义的内容作为学习客体，选择学习客体自认为最具价值的某一方面作为主攻方向；大学生对待外界信息会在过滤、筛选和优化组合后，有选择性地进行接收、加工、整合和改造。

2. 能动性

大学生在学习活动中的能动性表现在以下方面：首先，大学生能够根据社会的需求积极参与教育活动，并将此作为今后学习的努力方向；其次，能够在已有的知识经验、认知结构和情意结构基础上，主动同化外界的教育影响，并对它们进行吸收、改造、加工或加以排斥，重新组合新、旧知识，实现对主体结构的建构与改造。经验知识是影响大学生能动性高低和大小的一大因素，包括在自身实践中获得的直接经验和通过学习获得的间接经验。在教育活动中，经验知识为大学生学习新知识提供了“消化信息”，其深度与广度制约着大学生学习活动的深度与广度，进而对能动性造成影响。此外，需要、动机、兴趣、情感和意志等情意因素也影响着能动性的高低、大小。需要、动机、兴趣可以帮助大学生选择学习内容和信息，控制和调整学习方向，有效激活情感和意志，为学习活动提供运行能力。情感来源于需要、兴趣和动机的驱使，它能激活知识经验系统中信息间的联系，使大脑处于兴奋状态，从而为学习活动提供有利的情绪和心境。同时，学习活动作为一种艰苦的脑力劳动需要坚定的信念和顽强的意志作为支撑，为达到对事物本质和规律的认识指导兴趣指向，有效抵抗有碍于学习活动的消极因素，用其特有的自觉和自制的力量维持整个学习活动。

(三)大学生要建立自主学习观

第一，从大学学习任务的角度看，大学学习的目的在于为培养高级专门人才打基础、做准备。自学、独立工作的能力，以及分析和解决问题的能力，都是高级专门人才所必须具备的，而大学生能够很好地开展自主学习是培养和提高这些能力的前提条件。

第二，从大学学习条件的角度看，大学提供优越的学习条件，包括学识渊博的教师群体、设备先进的实验场所、资源丰富的图书馆等，保证了大学生自主学习的物质条件。

第三，从大学教学管理方式的角度看，大学实行的学分制要求学生根据自身情况，主动地、有计划地选修课程，以获取的知识组建自己的知识结构，跨专业、跨系选修同样被允许，使得单一的知识结构向多样化方向发展。以上要求能否达到，依赖于大学生是否有高度的学习自觉性，是否能主动学习、创新学习。

第四，从大学生身心发展的角度，大学生的普遍年纪在20岁左右，生理水平和智力水平均趋于成熟，辩证思维能力也已达到较高水平并趋向成熟和完善，人生观和世界观正在逐步形成。以上种种为大学生的自主学习打下了良好的身心基础。此外，从智能发展的角度，只有通过自主学习，大学生的智能才能较快发展。智能属于人的个性心理范畴，思维能力和创造能力在本质上都是“独立的”，仅依靠教师传授，不可能培养出较高智能水平的人才。

当然，自主学习并不是要弱化教师的作用。自主学习在本质上不同于学生想学什么就学什么的“自由学习”。大学生要善于因师而学，进而达到无师自通。

四、创新性学习观

新时代需要创新，大学生成才必须创新，大学生能够创新。人的天性就自发要求创新，但是大学生的创新应该由“自发”升华为“自觉”，由简单的思考、想象上升为科学研究、科学创新，必须树立创新性学习观。

创新性学习是把学习看成一种创新性活动，它是指一个人既能认真地学习前人留下来的知识，同时又不受这些知识的约束，敢于另辟蹊径，言之成理，持之有故，有自己的独到之处，在接受知识时，能够如前人创造知识般有所思考和发现；在各种学习实践活动中，能为解决问题提出有创意的或是创新的见解和方法。我国是发展中国家，要赶超发达国家，创新显得尤其重要，主要靠各行各业各种各样的创新、创造，从而在国际创造性竞赛中取得“团体冠军”。在这场竞赛中，高级人才的创新性思维与创造性工作更具有决定性作用。创新，要靠教育，靠人才。这就要求高级人才的“毛坯”——大学生在校学习期间就树立创新的观念，培养创新意识及初步的创新创造能力。大学生在学习活动中的创新性不同于人们一般所言的创新性。从本质上讲，大学生的学习活动是一种特殊的认知过程，它采用简捷、有效的方式去继承人类长期积累的科学文化知识。它既有别于人类历史的总认知，也不同于诸如艺术家、科学家和其他成年人的一般个体认知。它借助教师的引导，把课程教材(间接经验)作为认识客体，采用的具体方式是“掌握”而并非“发现”或“发明”。美国教育心理学家布鲁纳曾说过，大学生的发现并不局限于寻求人类尚未知晓的事物，它包括一切用自己的头脑亲自获得知识的方法。大学生学习的创新性也不限于创造前所未有的新知识、新见解，而是具有诸多内涵：在学习上能做到举一反三，将所学知识灵活运用；想象力丰富，热衷于想出“新点子”解决难题；思维具有发散性，喜爱发表与他人不同的见解；以怀疑的眼光审视一切，不轻易相信书本上现有的结论；不满足于知识间已揭示的联系，试图建立新的知识间结构；善于应用所学知识解决日常生活中的问题，喜欢各种小制作、小发明、小设计等。也就是说，创新性概念不仅和大学生的学习活动及结果密切相关，更重要的是指代大学生主体的品质、特征和属性。美国心理学家马斯洛曾说过，创新性首先强调的不是成就，而是人格，成就是人格放射出来的副现象，对人格来说，成就排在第二位。特别是在信息化知识经济时代，创新正是知识经济的核心所在。创新无法脱离继承，但继承的目的正是为了创新。

“不创新性学习，无创新创造志向”的大学生是大学的“等外品”。很多大学生的实践也已证明，在校期间大学生就能做到创新性学习，并能取得创新性学习的成果，有些大学生甚至做出了为社会所承认的创造性成果，发表学术论文，为发展科学技术和生产做出了一定的贡献。这就是说，创新性学习对于所有大学生来说，不仅在理论上是可能的，而且实践已证明是可以广泛实现的。大学生要牢牢树立创新创造的志向，从进入大学开始做准备并下决心：这辈子一定要取得大的创新创造性成果，为社会做出大的贡献，为人类留下一笔永恒的财富。

(一)创新性学习的基本特征

1. 预期性

所谓预期性，就是强调创新性学习面向未来的特点，强调出发点在于未来的需要，目的在于解决未来事件。预期性是思维态势超前的体现，是积极面对人生，认真识别生存背景各种可能发生的变化。它有五个方面的表现：①能够有目的性地主动安排和规划自己的学习；②能够根据学习要求有效地选取学习内容，面对大量信息具有捕捉信息、敏锐感受及理解的能力，并进一步根据自己的需要将信息进行分类、整理；③不满足于仅仅获取现有的答案或结果，对待所学内容能够独立地从多种角度去认识、认同事物，并能够把它们进一步综合为整体认识，能够创造性地应用所学知识去适应新情况、探索新问题，不断拓宽自己的视野；④能够自我认识和调控自己学习的动机、策略、结果等，能够主动发现学习中现已存在或即将出现的问题，并及时有针对性地采取应对措施；⑤对今后的学习前景和人生道路有美好的憧憬，并有实现理想的抱负。

2. 能动性

创新性学习强调人的能动性，它把尊重、信任和发挥人的能动性作为前提。能动性有自觉(自律)和主动(积极)两种表现形式，它使大学生的学习发生从被动到主动、从他律到自律、从消极到积极的转变。能动性不仅帮助大学生开发自身的学习潜能，而且有助于培养学习责任感。

3. 独立性

创新性学习还强调人的独立性，其实质是独立学习。独立性要求大学生摆脱对老师的依赖，学会独立开展学习活动，并自行解决现有发展的问题。上述独立学习从本质上不同于传统预习。独立学习贵在独立性，这正是大学生独立获取并习得基本知识和技能的基本环节；传统预习则具有从属性，它从属并直接服务于课堂教学，而并非是大学生用以获得知识和技能的主要环节。

4. 超前性

与传统学习的跟随性不同，创新性学习具有超前性。传统教学采取先教后学的模式，即先有课堂教学，后有学生复习和作业，此种学习仅是简单复制了教师讲授的内容。创新性学习则是先学后教，即先由大学生进行超前学习，后由教师进行课堂教学。超前学习是对知识进行自我建构的过程，即是大学生利用已有的认知结构同化和顺应新的知识。瑞士心理学家皮亚杰曾说过，只有经过头脑里原有认知结构的加工改造，学生才能真正认识和掌握新知识。超前学习从根本上改变了教和学的关系，使以往的“学跟教走”转变为“教为学服务”，真正落实了“以学为本，因学论教”的教学思想。

5. 参与性

所谓参与性，是指大学生作为学习主体对课堂教学的参与，目的是营造出平等、和谐、热烈的探索氛围，是将传统的被动接受式学习转变为积极主动的参与和探究式学习、将看重结果的学习转变为看重方法和过程的学习。在教学活动中，通过动口、动手、动脑亲自体验和探索获得的知识，相较于被动地从教师处获取的现成结论，通过前者，大学生对知识的理解会深刻许多。

(二)创新性学习的原则

1. 创新性学习和继承性学习相结合

继承性学习是创新性学习发展的基础。继承的目的是创新，在继承中要注意创新，摆脱旧思想、旧观点的束缚和禁锢；要善于剔除糟粕，取其精华。不应轻视数千年发展而来的优秀传统文化，同样不应盲从古训、固守雷池而不敢越。创新性学习的实质是以继承前人为基础，同时力求发现和突破。

2. 创新性学习和学习指导相结合

创新性学习并非排除学习指导，而是对其提出了更高的要求。从古至今，从师授教对学习者都是必要的。韩愈说："古之学者必有师，师者，所以传道授业解惑也。"这句话既强调了学习指导的必要性，又明确了学习指导的任务和要求，教师应教会学生如何发现真理，而不仅仅是奉送真理；要教会学生点石成金之术，而不是直接将金子给予学生。创新性学习会经历一个培养和发展的过程，需要教师的精心指导。最开始是模仿式学习（"抱着走"），紧接着是辅导式学习（"扶着走"），最后达到完全独立式学习（"放手走"）。创新性学习并不排斥学习指导，而是强调指导得法，从而起到好的效果。

3. 个人学习和合作学习相结合

为取得成效，学习既需要个人独立钻研，也需要和朋友相互切磋。孔子说："学而时习之，不亦说乎。"这句话强调了个人学习；他又说："有朋自远方来，不亦说乎。"这句话强调了合作学习。同时，以上两种学习形式都会使学习者感到愉悦。因此，大学生在肯定独立学习价值的同时，也应将个人学习和合作学习进行有机结合。合作学习也是时代发展提出的要求。新时代高科技的发展通常是综合性的，待解决的问题越来越复杂，个人有限的力量不足以解决，为取得新的突破，需要合作精神。学习过程中，师生、同学之间进行双向或多向交流，相互争论、鼓励、启发，不时会擦出创新思维的火花，取得惊喜的突破性成就。

4. 动脑和动手相协调

创新性学习不会片面强调开动脑筋或在做中学的作用，而是协调动脑与动手，使学习富有创新性。研究表明，脑与手是相辅相成的关系，前者是后者的先生，后者又是前者的教师。动脑代表智力操作，动手代表实际操作，创新性学习协调手脑的功能，使二者都能更好地发挥作用。

（三）开展创新性学习

1. 变革旧的学习观念，建立新的学习理念

人们对学习所持有的理性态度和执着信念，称为学习理念。学习本身具有理性特征，但人们还并未正确认识学习理论，对学习采取的态度并不足够理性，牢固而执着的学习信念也还未被树立。因此，大学生需要被教导理性地对待学习和知识，树立新的学习理念，使学习回归理性。即是说，学习需要从单纯接受学校教育扩展开来，从少数人的学习向所有人的学习扩展，从阶段性学习向终身学习扩展，从被动学习向主动学习发展，从继承性学习向创新性学习发展。

2. 开展创新教育，发展自己的个性

培养富有创造性的学生是创新教育的目的所在。创新教育在重视知识积累的基础上，更强调合理的知识结构；在重视培养学生各种能力的基础上，更强调训练学生的创新意识和创造能力。创新教育坚信只要是生理、心理正常的普通人即有创新创造的潜能，且这种潜能可以被教育开发出来。创新教育肯定学生的个性差异，并强调根据学生不同的情况特点将其培养为不同层次的人才，否认一个"模子"的工厂化"批量生产"模式。

培养创新性强调给大学生的个性发展以宽松的空间。高等教育不会抑制学生个性的发展，而是研究大学生的个性差异，培养其创新思维，并训练其思维的新颖性和独特性。虽然个性的质确有好坏之分，但人的个性常常是一个人成长、成熟和发展的重要标志。缺乏

个性则谈不上创新性，平庸即是前者的一个重要特征。从某种意义上讲，创新性的核心即在于个性。当个性得到健康发展时，创新创造潜能也能被充分发挥；反之，当个性被压抑或扭曲时，创新性亦会被扼杀。

3. 开发创造潜能，提高创新意识

人人都有创造的潜力，它并不十分神秘。陶行知曾说过，人类社会处处是创造之地，天天是创造之时，人人是创造之人。以生理学角度解释，脑科学详细论证了创造力主要蕴藏在人的大脑中。创造精神和创造方法是创造能力的两层内涵。创造精神指非智力因素，包括求知欲、科学态度、创造意识、勇敢精神、顽强精神等；创造方法指智力因素，包括各种创造技法、各种逻辑方法和各种非逻辑思维方法，如想象、直觉、灵感等。

开发创新创造潜能的关键在于发挥人的主观能动性。缺乏对主体内在潜能的开发，缺乏对外在文化知识的内化，就不可能实现创新创造。许多美国学者认同，真正的学习都不是被动而是主动的，它不仅依靠记忆，更需要运用头脑；它是一个由学生而不是教师承担主要角色的发现的过程。高等教育在为大学生开发创新创造潜能的过程中，需重视大学生的主体性，要尊重并唤醒大学生的主体意识，使大学生的主体性和创新性得到充分发挥。

4. 珍惜自己的兴趣和好奇心

好奇心是神圣的，它是发明创造和科学创新的巨大动力。苹果落地引发了牛顿的好奇心，牛顿经过潜心研究发现了万有引力定律；壶里的水烧开引发了瓦特的好奇心，瓦特经过潜心研究发明了蒸汽机，并引发第二次工业革命；居里夫人曾说，好奇是人类的第一美德。科学创新、发明创造最好的老师是兴趣，它是事业成功的前提条件。诺贝尔物理学奖获得者丁肇中教授曾经说，“科学研究最重要的是对自己从事的工作是否有兴趣，比如因为我对物理实验有兴趣，我可以几天几夜待在实验室守在机器旁，迫切地希望发现所要探索的东西”。正是对科学的兴趣驱使丁肇中教授通过科学实验发现“J 粒子”并获得诺贝尔物理学奖，在人类科学史上留下了浓墨重彩的一笔。

5. 培养自己的创新性思维

创新创造能力来源于创新性思维，培养创新创造能力的关键在于培养创新性思维。因此，面对科学理论、科学实验以及工程设计，除了需要有求同思维外，求异及逆向思维也需要被大力倡导。

创新精神的内核在于求异思维。每一次创新创造的成功都是一曲求异思维的凯歌。从科学意义上讲，求异思维是一项严肃的思维活动，它需要被理性调控。求异思维并非是任意反其道而行之，也不意味着在“求异”的道路上“疯跑瞎闯”，它有合理的适用范围，当超出了这个范围，即失去了科学性和正面价值。创新是求异思维的必然归宿。在学习活动中，大学生不能满足于只是顺向逻辑演绎，不能拘泥于只是遵从规范，大学生应该摆脱习惯思维的束缚，寻求多种途径解决问题，创造出新的观点及方法，注意运用求异思维，使其在创新性学习中发挥重要作用。大学生需要学会独立思考，勇于标新立异、另辟蹊径，用批判的思维审视并吸收新兴科技成果和优秀传统文化，在继承的基础上更要敢于创新。

6. 培养创新性学习行为

大学生具有与众不同的创新性学习行为。美国心理学家托兰斯曾要求 87 名教育家每人为创新型学生列出 5 种行为特征，统计结果如下(百分数为该行为被提到次数的比例)：

(1)38%为思维和行动的独创性；(2)38%为思维和行动的独立性；(3)35%为想象力丰富、喜欢叙述；(4)28%为不随大流、不依赖群体的公认；(5)18%为好奇心不断提高；(6)17%为热衷于探索各种关系；(7)14%为主意多(思维流畅性)；(8)14%为喜欢进行试验；(9)12%为灵活性强；(10)12%为顽强、坚韧；(11)12%为喜欢虚构；(12)12%感兴趣于事物的错综复杂性，对复杂的事物用多种思维方式进行探讨；(13)10%为善于幻想。因此，综上所述，能够开展创新性学习的大学生有以下行为特征：好奇、思维活跃、行事独立、喜欢提问、善于探索等，这些也正是大学生在学习过程中应注意培养的。

7. 掌握创新性学习的特点

相较于普通学生，具备创新性学习能力的大学生有许多不同的特点。在学习内容上，创新型学生不满足于仅是记忆教学内容，喜欢探索未知世界；在学习态度上，创新型学生坚持独立思考，愿意花大量时间探究感兴趣的事物，思考问题的范围和领域不被教师局限；在学习时间上，创新型学生在完成规定的学习任务外，还在课余时间阅读大量课外书以及钻研各类创新活动；在学习目标上，创新型学生批判性地吸收课本以及教师传授的知识，善于另辟蹊径，发现新的问题；在学习动机上，创新型学生渴望探寻疑难问题的答案，乐于寻找并批判现成结论的缺点，他们总是自信于自己的直觉能力，能对一些问题提出独特的看法和见解。大学生应结合这些特点，有针对性地为自己寻求发展方向。

8. 学会应用现代信息和传播技术进行学习

计算机的网络化和信息化在信息化知识经济新时代得到了高速发展，从而为学习开辟了广阔的道路，个人学习过程中可以享用全世界的学习资源。在知识经济时代，信息手段发生了革命性变化，这为新时代大学生的学习展示了美好的前景，此外也提出了更高的要求。知识和信息好比是汪洋大海，信息化新技术便是学习的诺亚方舟，只有借助方舟才能遨游于知识的海洋。

第三节 医学生学习准备

一、医学专业的发展

医学技术的进步和发展源于对生命的珍爱和敬畏，人类尝试认识和解释疾病现象，并进一步发明治疗疾病的医学技术。医学最早可追溯至遥远的古代，世界各地形成了具有地域特色的传统医学。起源于古希腊的西方医学，在经历漫长的蒙昧幼稚阶段后，在现代自然科学技术的基础上逐渐发展为全世界普遍接受的科学，即现代医学，也被称作西方医学或西医。

医疗在20世纪30年代初期的主要角色是一种技艺，医生只能诊断疾病，向患者解释预后并提供安慰，以及不要漏诊极少数能有效治疗的疾病。1937年，磺胺药应用于临床，其产生的奇迹是医学革命的开始。随后青霉素和抗结核药物相继问世，从而真正改变了医学面貌。其他科学技术的发展，也对医学产生了巨大的推动作用，医学于20世纪50年代初期开始成为一门科学，故医学又是“最年轻的科学”。之后，迅速发展的理化技术为医学做出了重要贡献；相继发明出的电子显微镜、纤维内镜、核磁诊断仪等推动诊断学发生革命性的变化；被应用于临床的人工呼吸机、肾透析机、心肺机和起搏器等大大提升了治疗效果。同时，基础医学研究的不断深入，使得人们对机体本质及其疾病形成机制的理解发生改变，特别是DNA双螺旋结构的发现，使得遗传学的奥秘被揭开，遗传学和分子生物学迅猛发展，使得医学发展进入崭新的阶段。

当前，医学发展呈现出精细化发展和综合性发展相结合的趋势。

(一)医学的精细化发展

医学经过迅速发展，开始走向高度专业化的发展道路，许多辅助诊断专业逐步被分化出来，包括临床医学、药学、法医学和医技等。临床医学又被进一步细化分为内科、外科、妇产科、儿科等。随着诊断技术的发展，各类医技科室也逐步增加，如检验科、放射科、核医学科等。进一步的精细化分科也在持续进行，如内科被进一步细分为心血管内科、神经内科、消化内科等。此外，高度专业化趋势也同期呈现在医学教育与择业上。

(二)医学的综合性发展

随着人们对疾病认识逐步深入，人们发现健康除了身体上没有疾病外，还包括心理状况和社会适应状况，以及个体对环境的适应能力。在医学发展模式发生转变的同时，人们还发现医学专科治疗难以治愈许多疾病，这些疾病需要多个临床科室配合才能治愈。随着世界人口的增长、疾病谱和死亡谱的变化、卫生经济压力增大、医学模式转变、家庭结构改变，专科医疗服务呈现明显的局限性，全科医学应运而生。

二、医学专业学习的特点

精细化和综合性相结合正是医学专业所呈现出的发展趋势，因此，在医学专业学习上有如下特点：

(一)知识结构的完善离不开知识积累、思维发展、综合应用和社会服务四个阶段

医学专业知识结构的架构是一个综合体系，分为知识积累、思维发展、综合应用和社会服务四个阶段，四个阶段在医学学习的整个过程中依次展开、相互联系、相互促进。在初级阶段(知识积累阶段)，医学生主要接受各种医学理论和实践知识，但尚未形成系统的知识网；在学习深入阶段(思维发展阶段)，医学生获取的知识逐渐在大脑中形成有机连接，并开始尝试运用已有的知识分析问题；医学知识结构体系的完备在综合应用阶段和社会服务阶段得到价值体现和全面升华，医学生能运用掌握的医学知识、技能和医学思维模式认识、分析、解决临床实际问题，并且能在实践中探索发现新问题，获取新知识。

(二)学习内容上要更加注重拓宽知识面和突出实践性

现代医学人才除了具备扎实的基础医学和临床医学知识外，还需要兼具人文科学、信息科学、自然科学等方面的知识。只有拓宽了知识面，才能深入理解、全面掌握医学理论与基本技能，更好地解决临床实际问题，适应医学新模式发展。另外，医学是具有高度实践性的科学，高等医学教育的精髓在于培养医学生的实践能力，这也是医学教育改革的重

点所在。医学学习离不开三个阶段的训练，包括基础实验、临床实践和科研训练。基础实验阶段主要培养学生的观察和动手能力；临床实践阶段开展临床病例分析、体格检查等操作，主要培养学生的临床思维和临床综合技能，直接关系到医学专业毕业生的质量；科研训练阶段主要强化学生的科学思维科研能力与创新意识，以满足创新性医学人才培养的要求。

（三）学习方法上要更加注重对知识的理解记忆和对经验的积累

对医学知识的记忆是学好医学和从事医学实践活动的基础，但医学知识需要在理解的基础上形象、重复地记忆，才能保证记忆的长效性。医学学习不能不求甚解，尤其是对一些重点内容或疾病，还要做到“必求甚解”。每遇到一个问题，都应追其根源，寻其变化，究其因果。如糖尿病患者为什么会出现“三多一少”（多饮、多尿、多食、体重下降）的症状呢？学生可以利用大一、大二阶段学习的“生理学”“病理生理学”“生物化学”相关知识来帮助理解。多尿是由于大量葡萄糖从尿中排出，发生渗透性利尿；多饮是因为血糖升高又大量排尿，使血浆渗透压升高而刺激下丘脑口渴中枢出现烦渴多饮；血糖虽高，但人体细胞不能利用则出现易饥多食；有糖不能用，只能大量分解体内的脂肪和蛋白质，加之脱水，所以变得消瘦。只有这样充分地理解，才能更加牢固地记忆。此外，单靠书本上的医学知识是远远满足不了临床需求的，医学生还需要通过不断地实践积累经验、提高能力。

（四）学习对象主要是有生命的动物和人，要更加注重职业道德素质培养

医学生课业负担重是众所周知的。即便如此，对医学生职业道德素养的培养也必须加强。目前医疗技术发展了，人们的生存质量提高了，但医患关系越来越紧张，不和谐现象屡见不鲜，这引起了相关领域专家学者的重视，并向医学界提出了要求：医学生在重视培养医学知识和技能的同时，应更加注重职业道德素质的培养。由于医学服务对象的特殊性，医学生要树立全心全意为病人服务的理念，学会关心病人，严格约束自己的从医行为，时刻为病人利益着想，做到德技双馨。

三、医学专业学习的基本原则

相对于其他专业来说，医学专业的学习是一个异常艰苦的过程，在学习准备和学习过程中应当遵循一定的基本原则，并加以灵活运用，才能提高学习效率，激发学习兴趣。

（一）理论与实践相结合的原则

学习、实践，再学习、再实践，是医学专业学习的基本要求。诊断是否正确，药物是否有效需要在临床实践中得到检验，“实践是检验真理的唯一标准”。为医者只有善于学习、不断实践，才有可能具备渊博的知识和精湛的技术。如学习外科学知识时，复习解剖学理论知识是必要的，若不能明确组织器官的大体形态、结构与毗邻关系，就无法较好地理解各种临床表现和手术治疗方法。同时，在临床接触病人后，可以适当阅读有关的专著、文献综述，进一步了解该疾病的最新研究进展，加深对临床案例的理解，真正做到理论与实践相结合。

(二)持之以恒、循序渐进的原则

医学知识和技能的学习需要日积月累，持之以恒，逐步深入。知识发展的规律是循序渐进，由量变到质变。医学知识的学习也是一样，首先学习人体解剖学、组织与胚胎学、生理学、生物化学、病理生理学、病理学、微生物学、免疫学等基础医学知识后，才能学习内科学、外科学、妇产科学、儿科学等临床医学知识。只有先知正常方能知异常，中医同样有类似的说法，“视常人，按常脉，三年方可为医”。例如，在学习“诊断学”肺部听诊时，只有先知道正常呼吸音，才能鉴别异常呼吸音，只有先学习正常心音，才能区别杂音。医学学习是一个漫长的积累过程，既不能急于求成，也不能拔苗助长，更不能心存侥幸，好高骛远，试图通过什么捷径和秘诀来学好医学。只有脚踏实地，有计划、有步骤地实现自己的每一个学习目标，认真对待每一门课程、每一个教学环节，才能真正地掌握各种医学基本知识和临床技能。

(三)局部与整体紧密联系的原则

医学学习应坚持局部与整体紧密联系。目前大多数医学院校实施的经典医学教学模式：“2.5年的基础医学学习+2.5年的临床医学学习”容易导致基础和临床的脱节。因此，近年来部分医学院校提倡“器官-系统”整合课程学习模式。“器官-系统”整合课程学习模式是将属于相同“器官-系统”的相关课程进行整合，围绕某一疾病或与健康有关的某一问题进行系统、综合的阐述，注重器官局部与人体整体的联系、注重知识的系统性和连贯性。如将内科学的专业学科消化、心脏、呼吸内科学和与之相对的普外科、胸外科整合为消化医学、心脏医学、胸腔医学等。这样做，自觉地消除课程之间，学科之同和专业之间的严格界限，将局部的、零散的知识系统化。如能将局部与整体紧密联系，进行全面学习，自觉将学习知识技能和提高学习能力紧密结合，使之相辅相成、互相转化，才能更好地构建可持续发展的核心知识结构体系。

(四)积极主动求学的原则

医学知识内容广、更新快，被动依赖教师传授知识的学生难以适应医学的发展。所以要改变传统“老师教多少、学生学多少”“等、靠、要”的被动学习方式，培养积极主动求学的自主学习方式。以学生为主体，以教师为主导，遵循教师指导与自主学习相结合的原则，不断培养学生自主学习的能力，提升学生综合素质。尤其是进入临床实习阶段，学习上更需要靠学生自己积极主动地向老师求学，多问老师问题，多向老师请教；否则，临床教师由于临床工作繁忙，是不会主动来教学生的，因此长期被动学习的学生是注定学不到过硬本领。

四、医学生学习准备

(一)医学的学习方法

医学专业理论知识星罗棋布，各学科均有极其丰富的内容，医学生要在有限的学习期限内学完几十门医学专业课程，任务十分艰巨，所以除了勤奋刻苦学习外，还必须掌握科学的学习方法。有计划、有步骤、系统地学习和实践，才能提高学习效率。

1. 医学理论课学习方法

医学生在学习医学理论知识时，无论采用什么样的学习方法，都必须紧紧围绕“理解—巩固—运用”这样一个中心。对知识的理解是巩固知识和运用知识的前提，对知识的实践运用能使知识的理解与巩固得到检验和新的发展。

(1)课前预习。古人云，“凡事预则立，不预则废”。叶圣陶先生也指出，“要强调预习，预习是了解的重要步骤”。通过预习，学生能掌握学习的主动权，对课程知识的难易程度做到心中有数，以便在课程学习时集中注意力，加深对重点、难点的理解，提高课堂学习效率。课前预习的方法主要是阅读，包括粗览、泛阅、精读。粗览，就是有选择性地翻阅学习内容的大小标题和主要内容，提纲挈领地熟悉内容。泛阅，即将预习内容从头至尾通读，大致分出难易。精读，即将重点内容或自感难度较大的内容进行反复阅读，仔细思考，尽可能地理解。课前预习除了阅读之外，加强思考、提出问题也是必不可少的。所谓“学而不思则罔，思而不学则殆”。预习过程中通过阅读和思考发现学习内容中的难点和疑点，带着问题再去听课，可变被动学习为主动学习。

(2)课堂学习。这是获取医学理论知识的主要途径。集中注意力，提高课堂学习效率，对提高学习效果至关重要。学生作为学习的主体，在课堂学习中要起主体作用，教师起主导作用。课堂上老师讲得再好，如果学生没有主动去学，没有将老师教的内容内化为自身的知识体系，则教学是无效的。因此，课堂不仅是听课、记笔记，更重要的是围绕学习目标积极思考、主动求索、质疑多问。大量的事实表明，医学生走上工作岗位后，成就大的并不一定是那些在学校理论知识考得好的学生，而往往是那些思维活跃、敢于质疑、敢于提问的学生。同时，医学的学习也需要充分发挥想象力，在理论学习期间，有许多内容不可能直接感知，充分发挥想象力可大大补充这些不足。

(3)课后复习。这是巩固知识的重要手段。医学各门课程，特别是基础理论课程，内容繁杂、理论性强，仅仅通过课堂学习是难以掌握的，即使课堂上已理解的知识，课后如果不及时复习，也会遗忘。据德国心理学家艾宾浩斯提出的遗忘规律，人们对所学知识的遗忘呈现出先快后慢、先多后少的趋势，所以课后及时复习，对医学生的学习是必须的。通过复习，医学生不仅可以强化和巩固课堂学习的知识，而且通过课后复习，阅读大量的医学相关文献、书籍可加深对课堂知识的理解。此外，复习时应抓重点、攻难点，注意精读与泛读相结合，通过精读对重点内容理解和掌握后，形成精华的“框架”，其他相关内容便可迎刃而解。如学习药理学，每个章节都会有一个“代表药”，它就是重点，掌握了代表药，其他同类药与其相比较后便容易掌握。攻难点时需注意，教材中的难点不一定是重点，但对重点中的难点学习时必须突破，学一遍不行学两遍，学两遍不行学三遍，反复多次，必要时可向老师求教，或与同学一起讨论，直到彻底弄明白为止，最后复习时可以适当结合习题进行巩固，但切忌搞题海战术。

(4)理论学习的注意事项。

①防止偏科。医学课程是通过反复实践和科学设置的，每一门课程都由其专业知识结构组成。因此，不能以个人的兴趣来取舍，更不能以个人对授课教师的好恶来决定学习投

入。学习科目应该有重点，但就理论学习来说，教学计划所设置的课程，每一门都有其重要性，都要认真学习，不能厚此薄彼。

②求理解，善归纳。俗话说，“欲要记，先要懂”，力求“知其义而明其根”，医学知识的学习一方面需要在理解的基础上记忆；另一方面需要定期对所学知识进行归纳、总结和整理，这对于保持长期记忆无疑有重要的作用。

③合理安排。学习要有计划性、针对性和灵活性。计划性即学习不能盲目，“随性而来”，平时要养成良好的学习习惯，有计划、有步骤地学习，而不是平时不学习，考前临时抱佛脚。针对性即学习要针对自己的实际情况分清难易，重点、难点内容可适当多花时间学习。灵活性指对某些内容的学习时间过长产生疲劳感后，可更换学习内容或科目，以转换大脑的兴奋点；或适当休息、进行体育锻炼，劳逸结合。

2. 医学实践课学习方法

医学是通过实践不断揭示生命本质及疾病防治规律的一门科学，医学实践课包括基础实验课、临床见习实习课、科研训练。一般说来，医学院校专业理论课与实践课教学时数之比接近1∶1，可见医学实践课的重要性。

（1）实验课学习策略。医学理论的每一项新发现和进展，都是经过系统的、长时间的实验，再经过不断探索、反复验证后取得的。在医学院校，实验是一种教学手段，它与理论教学互相配合，构成完整的教学体系。医学实验教学一方面是验证理论，另一方面通过实验培养学生严谨的科学态度、认真的工作作风和勇于探索的创新精神。所以，医学生不仅要学好理论课，更应重视实验课程，自觉防止“重理论、轻实践”的错误学习倾向，具体应做好以下几点：

①实验课前预习。实验课前预习是保证实验顺利进行的重要前提，有的学生不重视实验课前预习，到上实验课时手忙脚乱，操作错误，有时甚至造成整个实验失败。所以，医学生要养成实验课前预习的习惯，课前根据实验指导和相关理论知识了解实验项目、实验目的、方法和步骤，理解实验原理。事先在实验笔记上设计好有关的记录表格，便于实验观察和实验记录。同时，还需要了解实验所需仪器的性能和使用方法，了解实验的注意事项，避免实验中的不规范操作，最后可提前大胆预测实验结果，培养自己科学的想象力、分析能力和综合思维能力。

②实验过程中的要求和方法。实验课上要先认真听老师讲解实验要点及注意事项，同时注意老师对实验的补充说明。实验开始前，小组同学要合理分工，严格按照实验步骤逐项进行操作，细心观察和如实记录实验结果。在实验过程中要集中注意力，不分心、不着急，仔细观察实验对象的动态变化，一旦有量和质的变化，应立即记录下来，有助于书写实验报告和实验分析，避免实验结束后“一无所获”。在实验过程中出现突发情况时，要冷静分析原因，力争先独立处理，必要时再请老师指导。

③实验后的要求。实验结束后，首先要认真完成实验报告，包括记录实验结果，对结果进行分析，并得出实验结论。特别注意实验报告要独立完成，切忌抄袭他人的实验报告，否则难以提高自己的分析能力。实验做完后，要认真做好实验收尾工作，包括有关器材的清洗、归位、实验室卫生等。

（2）临床实践学习策略。目前，大多数医学基础实验课的主要目标是培养学生观察问题、分析问题、解决问题的能力。医学生专业操作动手能力的培养则主要依靠临床见习、实习等临床实践活动。临床见习、实习是整个医学教学环节中的重要组成部分，它对医学生掌握和运用知识，培养实践能力起着关键性的作用。

①做好充分的思想准备。临床见习、实习是学生接触岗位、走向社会，学习做事做人的实践活动，需要学生做好充分的思想准备面对下列问题：a. 角色转换。医学生进入临床实习阶段后，角色由学生向医务工作者转换。所以，要尽快适应，出现在病人面前时表露出成熟、自信、稳健、热情的姿态，并在为病人服务时展现出过硬的知识技能以及高尚的医德。b. 学习任务多样化。见习、实习阶段学习任务变得更加多样化、复杂化，单位时间内要求学会的东西成倍增加，那种还停留在听课、记笔记格式化的学习方式很难适应临床实践学习的需要。临床见习、实习时，不仅要随时巩固相关的理论知识，还必须寻找机会训练多种临床基本技能，拓展临床思维，主动适应复杂的医疗环境。c. 学习自由空间增大。尽管学校和医院对每个学生的管理要求都是一致的，但学生在临床见习、实习时被分配到不同的科室，各项规章制度和要求都在较为宽松的环境中执行，管理不可能面面俱到，因此更需要学生具备良好的自我管理能力。d. 影响因素增多。随着医疗管理的逐步规范和病人维权意识的增强，学生临床实践受到一定的影响；医患关系紧张，医疗纠纷增多，医生执业受到了巨大的干扰。医生的任务越来越复杂，从业难度也在加大，部分适应能力不强的实习生可能感到心理不适，甚至崩溃；激烈的就业和考研竞争让部分医学生望而兴叹，一片茫然。面对这些错综复杂的影响因素，若不调整好自己的心态、管理好自己的行为，将严重影响临床实践效果。

②临床实践的学习方法如下：

a. 为临床实践全程做好规划与设计。在临床见习和实习前教育的基础上，认真研究见习、实习大纲，为临床实践拟订详细的计划，明确总的目标、方向和要求，其中知识、操作技能、医德医风、纪律等方面都应该涉及。

b. 临床实践中要做到眼勤、口勤、手勤、腿勤。医学生必须明确临床实践的真正目的和意义，端正学习态度，充分利用见习、实习单位的资源自觉加强学习。眼勤，就是注意观察学习和领会临床教师如何规范，准确地进行诊疗工作；口勤，就是多向老师提问，积极与病人沟通；手勤，就是及时做好各种记录，争取各种动手机会；腿勤，就是不怕吃苦，积极主动承担一定量的临床实践工作，赢得医生、护士、病人的信任。

c. 主动处理好临床实习、就业、考研之间的矛盾。为了在就业竞争中取得优势，较多的医学生选择考研深造，而严重忽视临床实习。另外，部分毕业生在实习阶段面临就业问题，为联系工作单位花费较多时间和精力，为参加各种面试和招聘会无暇顾及临床实习，严重降低实习质量。针对这些情况，医学生应该在大三、大四阶段的职业生涯规划中提前做好考研、就业规划准备，在实习早期阶段合理安排复习时间，注意复习方法，提高复习效率。要深知，医学生为成长为一名合格的医生，临床实习是一个重要阶段；对于今后独立从事临床医疗工作，学习掌握实践知识和技能起着关键性作用。

d. 保持积极乐观的心态。临床实习阶段，医学生要学会以包容、乐观、豁达的心态应对各种挑战，尽快适应复杂多变的环境，正确处理各种人际关系，要主动锻炼自己吃苦耐劳、敢于攻坚的精神，提升自己战胜困难的决心和能力。

(3)科研能力的训练与学习。医学生在毕业后无论选择从事基础医学研究或是临床医疗工作，其都有共同的责任去研究疾病发生发展的规律，寻找预防、诊断和治疗疾病的措施，尽可能提高病人的生活质量，而这些都有赖于科学研究的支持。从前，人们认为救死扶伤是医生的唯一任务，只要看好病就行了，但现在随着医学科学的迅猛发展，人们对生命和疾病病因的探索意识更加强烈，分子生物学、人工智能等技术的发展，循证医学在临床医务人员中逐步取得的认可，促使科研和临床更加紧密地结合。因此，在大学期间需要培养良好的科研素质和能力，这将为今后的工作、学习奠定坚实的基础。培养科研素质和能力主要有以下途径：首先，要认真向身边的优秀老师学习，每个学校都有一批具有较高科研素质和严谨科学作风的优秀教师。要利用课余时间多向他们请教，接触学科前沿的动态，培养追求科学、探索科学的良好素质。其次，定期参加各种学术讲座。学有余力时，选修一些科研相关课程，如“医学文献检索”“医学科研设计”等，学会合理利用图书馆、网络资源查阅文献。最后，积极参加第二课堂，积极申报和开展大学生创新性科研项目。要积极把握机会，积极参加教师的科研课题，或者参加科研兴趣小组等活动，初步了解如何设计科研课题，掌握如何收集、整理和分析资料，以及检索文献、撰写论文有哪些基本要求，培养一定的科学研究兴趣，扩大知识面，为将来继续深造或开展医学科研工作打下基础。

第三章 学习规划

第一节 大学生知识、能力、素质要求

一、大学生知识基本要求

大学生在校学习期间，首要任务是完成所学专业开设的必修课程，基础知识、专业基础知识、专业知识构成了比较科学合理的知识结构基本框架。

首先，基础知识要宽厚。基础知识包括社会科学知识、自然科学知识、人文科学知识等方面的基础部分，是人类知识结构中的核心和基础，一般比较稳定、陈旧，更新较慢。扎扎实实地掌握广泛的基础知识，不仅是形成合理的知识结构所必需的，而且是按照自身特点和社会需要在人的一生中不断学习、掌握新知识的需要。

其次，专业基础知识要牢固。专业基础知识介于基础知识和专业知识之间，既是基础知识的深化发展，又是专业知识的先导与基础，起着承上启下的作用。大学生只有掌握稳固的专业基础知识，才能深入学好新的专业知识。

最后专业知识要精深，专业知识是从事岗位工作最直接的知识，随着科学技术的进步和信息化的发展，知识在不断地更新，并且速度不断加快，大学生在打好专业理论基础上，一方面要加倍学习、钻研专业知识；另一方面要时时注意本学科专业的发展脉搏，及时了解和努力掌握最新动态，使所学专业知识能步入学科专业的前沿。

下面介绍几种知识结构的主要类型，供大学生在学习规划中借鉴。

（一）金字塔形知识结构

金字塔形知识结构又称宝塔形知识结构。它是由宽阔的塔基（广博的基础知识）、较大的塔身（扎实的专业基础知识）和尖锐的塔尖（精深的专业知识和面向专业科技发展前沿的高、精、尖知识）组成的，其形状犹如一座金字塔。塔基、塔身和塔尖的知识比例对于不同专业的人有着不同的要求。

金字塔形知识结构，其横向结构是宽广形，纵向结构为阶梯形，包括了宽厚的综合性基础理论知识。专业理论知识和适量的非专业理论知识及跨学科知识，强调的是基本理论、基本知识、基本技术技能的学习、训练和运用，“厚基础”为人才的成长，创造奠定了基础，“宽基础”为人才的综合能力、适应能力及应变能力的培养创造了条件。目前，我国大部分本科专业教学计划实际上是按这种金字塔形的知识结构设计的。

(二)网络形知识结构

以自己的专业知识为一个“中心点”，与其他相近的、使用量较大的知识作为网络的“纽结”，这样相互联结，形成一个适应性较强的、能够在较大范围内左右驰骋的知识网。网络形知识结构的主要特点是知识面的宽广性。目前被普遍推崇的三层蛛网形知识结构，实际上就是一种网络形知识结构。目前我国一些双学位本科生和部分交叉学科研究生形成的，实际上就是一种网络形知识结构。

(三)“T”形知识结构

这可以说是专博型知识结构另一种表述。有的人专业知识精深，但知识面狭窄，其知识结构很像一个竖杠杆“｜”；有的人专业知识浅薄而知识面较广，其知识结构像一个横杆“—”。这两种人各有所长，各有所短，将二者之长集于一身，这就是“T”形知识结构的人。我国某些宽专业的专门人才，其改革后的教学计划就带有这种“T”形知识结构特点。这也是我国目前比较推崇的大学生知识结构。

一般来说，大学生所学专业不同，所从事的工作不同，个人特点不同，对知识结构的要求可以不同。但是无论每个人的知识结构如何千差万别，总还是具有共同的特征的。这些共同的特征如下：

(1)层次性特征。知识结构的层次性有两方面的意义，即内涵向专深方向发展，外延向宽广方向发展。这是人类认识随着客观世界发展而不断变化，并在一定层次的基础上再认识、再发展、再创造的结果。

大学生合理知识结构中的基本层次是基础知识、专业基础知识和专业知识。此外，为了适应当今社会发展需要，大学生还要通过自学或选修与专业相关课程，不断扩大知识领域。

(2)核心性特征。客观世界的任何事物都是有核心且有重点的，知识结构也是如此。知识结构中的核心知识就是指专业相关课程所必须掌握的自然科学基础知识、专业基础知识和专业知识。核心知识以外的知识为外围知识，如相关学科知识、经营管理知识等。外围知识应围绕核心知识有方向、有层次、有序列地向外围扩展，扩大知识面。大学生在校期间，应把学习的重点放在核心知识上，同时注重知识的拓宽，形成核心突出、层次分明、各具特色的合理知识结构。

(3)综合性特征。知识结构作为一个整体，各要素紧密联系、互相作用，成为复杂的知识综合体。纵向知识是科学技术深入发展的表现，反映知识的连续性，是一个由浅入深、渐进发展的过程。横向知识反映各类知识的相互依存、相互渗透。纵横交错，形成了知识的综合网络。具备这种综合性的知识网络，无疑会对知识的掌握或运用融会贯通，发挥整体功能效应，增强对社会的适应性，同时也有利于将来在多学科知识的结合点上发现联系或空白，衍生出新的知识点，探索并开拓新的学科领域。

(4)动态性特征。随着科学技术的进步，新知识在不断地产生，原有的知识也在不断地老化。这种变化，在专业知识上表现尤其突出。因此，要求大学生不能过早地给自己的知识结构定型，而应当适应社会的发展，对知识结构进行定向调整，不断更新和补充新的知识和内容，使知识结构处在不断的动态调节和变化之中。知识结构的动态调节有两方面：一是知识结构中各要素的动态调节。掌握各类知识的最新发展形态，并及时将其补充到自己知识领域之中；而是知识结构整体的调节，需根据社会不断发展变化的需要，选择相关知识为我所用，增强对社会的适应性。

二、大学生能力基本要求

每个人的能力都是多维、多层次的。从全面发展人才的目标及社会对大学生的能力需要和大学生成才战略来考察，现代大学生的能力结构至少包括下列要素：

(1)自学能力，是指独立获取新知识、不断调节自己知识结构的能力，自学能力是人才获得成功的最基本的一种能力，具有了自学能力就如同掌握了知识宝库的金钥匙，获得摄取力，日后的知识就能像长江之水，源远流长，永不枯竭。

(2)适应能力，是指人随外界环境和时代变迁而改变自己的行为方式、生活方式、交往范围、思维习惯、思想行为和价值观念的能力。当前信息化技术的迅猛发展和各种思潮的出现，新时代新观念的日益更新，都需要大学生有很强的适应能力，这种适应并不是完全消极被动的适应，而是顺应社会发展规律，因势利导，推动社会进步和发展，做出创造性贡献，达到完善和改造环境的目的。

(3)组织管理能力，这是一种综合能力，包括计划、决策、指挥、协调、交往等多种能力。它主要是一种社会活动能力。随着现代科学技术的发展，除了个别学科以外，个人进行科学研究和从事技术工作几乎是不可能的。重大的发明创造和技术革新都是由大规模的科研中心或集体完成的，学科之间、单位之间、国际间的经济、技术合作也日益广泛，这就要求科技人员具有一定的组织管理能力。

(4)分析和解决问题能力，就是对客观世界间接的、概括的反映能力。通过对感性材料的研究、分析与剖析，找出事物的本质规律，从而形成科学的概念和结论，达到解决问题的目的。分析是一种重要的思维活动，任何问题的解决都离不开科学的分析。因此，分析和解决问题能力是每一个大学生必备的基本能力。

(5)实际操作能力，是指完成学习活动、专业训练和生产实践的一种智力的、技巧的具体动作能力。实际操作能力对于现代大学生来说是一种重要的能力。现代科学上许多重大突破都得益于高超的实验技术。信息化社会的发展，需要手脑并用、体智结合的人才。美国加利福尼亚州立大学教授田长霖曾说过："中国大学生考试能力强，书本知识学得还可以，可是动手能力差，研究能力不行，搞研究不如美国的研究生。"这种评价值得每位大学生思考。对于一个未来科技工作者来说，能够做到手脑并用，随时把自己科学的思维转化为物质力量，才能真正称得上是一名合格的大学生。

(6)表达能力，是借助各种形式，如语言、文字、图表、数理符号等，交流信息、表达思想感情的本领，包括语言表达能力、写作包括外文写作能力、图表表达能力和数字表达能力等。善于把自己的研究成果、设计方案、思想感情用恰当的方式准确而清晰地表达出来，并为他人理解，这是大学生的一项重要基本功；否则，像"茶壶里煮饺子一倒不出来"，或者词不达意、语无伦次"，就难以在未来工作中发挥应有的作用，对大学生的成长带来不利影响。

(7)创造能力，是指善于独立思考，敢于提出新问题、设想新方案、做出新创造的能力。它是智力效能的最高表现，或者说是最高层次的智能，是认识能力与实践能力的高度综合。

以上七个方面的能力既相互区别，又相互联系、相互作用，共同组成一个有主次的、交叉的有机结构。自信能力、分析和解决问题能力是能力结构的基础层，组织管理能力、适应能力、实际操作能力和表达能力处于第二层次，它们彼此间在同一层次上横向交叉影响，创造能力则属于最高层次，也是能力培养的最高目标。在这个能力结构中，各层次的能力没有绝对的界线，它们往往是相互作用的。各基本因素都在发挥自己独立的作用，但同时，它们相互间又发生交互作用而组成有机联系的系统。结构体也正是在它们的相互制约、相互促进的作用过程中不断完善，从而促使大学生的能力结构在动态发展中不断完善、扩展、提高，以适应社会活动和个体生活的需要，也因此得以在社会实践中充分发挥其内在潜能，为社会和人类进步做出应有的贡献。

知识结构与能力结构是相互联系，不可分割的。一个人离开了能力，就不可能有效地获取知识，而且知识就会变成僵死的、封闭的。只有通过能力结构的作用，知识结构才能不断发展，转化为人们改造世界的物质力量；同时，知识结构又是能力结构的基础，只有通过知识结构的作用，能力结构才能更加完善，更有效地发挥功能。

三、大学生素质基本要求

“素质”在心理学上的基本含义，是人先天的解剖生理特点，主要是感觉器官和神经系统方面的特点。素质只是人的心理发展的生理条件，不能决定人的心理内容和发展水平。人的心理来源于社会实践，素质也是在社会实践中逐渐发育和成熟起来的，某些素质上的缺陷可以通过实践和学习获得不同程度的补偿。“素质”在教育学上的解释为，人在先天生理的基础上，受后天环境、教育的影响，通过个体自身的认识与社会实践，养成的比较稳定的身心发展的基本品质。前者强调的是人的先天素质，后者强调的是后天养成的素质。两种素质概念不可分割。人的先天遗传素质，与在此基础上受环境、教育的影响，并通过自身认识和社会实践而养成的比较稳定的基本身心素质品质，实际上融为一体，共同构成人的整体表素质。

素质和知识、能力是密不可分的，在掌握知识、形成能力的基础上，素质包括意识形态、思想观念、品格情操、精神风貌、行为准则等方面更高的发展和要求。知识、能力、素质制约着人才的创造性劳动，是人才成长和发展的重要条件，大学生要实现已确立的学习目标，适应新时代发展的需要，不但要掌握渊博的知识，培养良好的能力，还必须构建一个相应合理的知识结构和能力结构，为未来在工作岗位做出贡献和进一步发展奠定基础。

迈入新时代，社会处于第四次工业革命和信息化技术不断迅速发展的大背景下，全球性的联系日益密切，人类社会更加需要和平与发展、国际交往中的平等与互信，更加注重物质的富足、精神的振奋、政治的清明。而这一切都需要深深植根于青年一代的心灵中，需要全面提高他们的素质。结合我国的具体情况，新时代向青年大学生提出的素质要求有以下六个方面：

（一）合格的政治素质

大学生必须具有坚定的共产主义理想信念，而决不能淡化理想；具有较强的民主法制和纪律观念，而不是满脑子西方政治模式；坚持人民群众的立场，而不是脱离老百姓，变成所谓的“精英”或“贵族”；具有自尊、自豪、自信的爱国主义精神，而不是崇洋媚外、毫无骨气的民族虚无主义；具有廉洁公正的作风，而不是阴暗、徇私的市侩，更不是损公肥私的伪君子。

（二）科学的思想素质

大学生必须具有科学的世界观和方法论、正确的人生观和价值观。具体来说，大学生应该具有辩证唯物主义和历史唯物主义的基本观点，而不应该成为唯心主义、封建迷信和邪教的信奉者；应该具有科学的辩证思维，而不应该成为忽左忽右、形而上学、反复无常的极端主义分子；应该成为集体主义原则的实践者，而不应该成为西方个人主义、利己主义和自由主义的应声虫；应该成为全心全意为人民服务的公民，而不应该成为金钱的奴隶、唯利是图的庸人。当前，弥漫在大学生思想领域急功近利的思潮，只讲物质利益、不讲精神支柱的倾向是不科学的，如果任其发展，必然会受到历史的惩罚。另外，大学生的天然缺点是缺少深邃的历史眼光，对历史无知，这样是不可能培育起科学的思想素质的。因此，大学生特别需要学习历史知识、历史方法，培育唯物史观。

（三）全面的文化科学素质

这是新时代社会发展和中华民族伟大复兴“中国梦”对大学生青年提出的更加突出的要求。适应新时代，青年需要有较好的人文和社会科学的修养，具备最新的现代科学素养，有精湛的业务专长，具有适应自己工作所需的外语水平，等等。优秀的工作能力和创新性的工作，如今更依赖于扎实的基础知识和广泛的学科交叉、综合的作用。列宁说得好，只有用人类创造的全部知识武装自己，才能成为共产主义者，只有具有全面科学文化素质的人，才能大有作为。畸形片面的知识结构已不适应新时代发展。

（四）良好的道德素质

这是文明健康社会所必需的，也是有为青年人才不可缺少的条件。道德作为调节社会人与人、个人与社会关系的原则和规范，在日趋复杂和多变的社会中，意义和价值更加突出。为保证社会的有序运转，在道德行为上，大学生应该模范地遵守社会公德，体现出良好的职业道德和家庭美德。良好道德素质的养成，首先就要培养适应新时代中国特色社会主义社会发展的道德观念。在道德观念上，要具有诚信待人的意识，摒弃过分为自己谋划的精明和奸诈；要尊重他人，具有人民群众的平常心，而不是“老子天下第一”，视自己为特权阶层；要善于与人合作，增强集体意识和团队意识，而不应该封闭怪异、孤立乖僻；要努力做到先人后己，而不应该自私自利，把个人的所得和幸福建立在损害他人和社会的基础上；要有慎独意识，保持自己道德品质的稳定性和延续性，而不应该随波逐流，甚至被金钱和利益所迷惑，踏入身败名裂的陷阱。

(五)健康的身心素质

健康的身心素质包括健康的生理体质，也包括心理方面的坚强意志、谦和宽容的气质、豁达的胸怀、乐观积极的生活态度以及控制个人情绪的抑制力。随着社会的发展进步、物质条件的日益改善，人们的体质增强了，同时也提高了人们对精神生活的要求。对人们精神生活的关注不够，就会导致一定程度的心理脆弱，不但常常引发社会不安，而且还更加大量地引发人们的精神疾病和心理障碍。心理方面的素质实质上是科学思想素质的基础层面，它处于不稳定的、活跃的、较低层面的感性认识阶段。这个层面的意识对提升人的科学思想素质关系也极大，对人们的日常生活影响也极大。增强人们心理素质的根本途径只能是实践锻炼。

(六)较强的工作能力素质

与工作相关的能力素质包括较好的口头语言表达能力、文字表达能力、研究分析能力、社会交往能力、组织管理能力、办事能力、创新能力等。全面的工作能力素质是新时代高频率、快节奏、充满竞争的复杂社会所需。

具备了以上六个方面的素质，才可以称作新时代合格的大学生，将来才可能发展成为合格的新型人才，才能不被未来社会的竞争所淘汰。

第二节　充分认识医学教育

一、医学教育的特殊性

高等医学教育主要为医疗卫生行业输送医学专门人才，具有教育的特殊性。高等医学教育质量，事关医疗卫生队伍的整体素质水平，这不仅是专业的需求，而且是国家战略。医学教育一肩担两义，一手连着民族昌盛和国家富强的健康中国，一手连着中华民族伟大复兴基础工程的教育强国。与其他专业教育相比，医学教育在人才培养过程中具有学科发展和行业需求的特殊性，体现在高等医学教育的学科专业的综合性、教育模式的终身性、教育过程的实践性、教育要求的职业性、教育规模的适度性、教育标准的国际性、教育成本的高值性、教育基地的社会性等方面。

(一)医学教育是精英教育

无论从社会的要求及医生的职业性质和特点，还是从医学教育人才培养的规律看，高等医学教育从本质上讲是精英教育，也必须是精英教育。这主要是由医学学科基本特性和医学人才自身特点所决定的。因为，第一，社会对高等医学教育的要求非常高。高等医学教育培养的医学人才将来主要从事医疗服务，面对的是人的生命和健康，受到社会的高度关注和重视。而医疗服务有三个重要特点：①服务质量特别高，医疗服务的对象是人，它塑造人的躯体、心理以及其功能，必须以人为本，对质量的要求特别高；②服务要求特别严，医学生誓言中“健康所系，性命相托”高度概括了医疗服务的目标是生命和健康，这就决定了医疗服务的要求必须非常严，必须做到严谨、严厉、严格；③服务范围特别广，现代医学服务模式除了强调生物技术服务外，还有心理抚慰、人文关怀等服务，这些服务往往比技术服务更重要。特鲁多的名言，“有时去治愈，常常去帮助，总是去安慰”，就充分体现了医疗服务的这一特点。医疗服务的这三大特点，决定了高等医学教育培养的将来从事医疗服务的人必须是精英人才，必须具有高素质和精深的专业理论和专业技能。第二，新时代医学科学的竞争是精英人才的竞争。医学科学是生命科学的重要组成部分，是21世纪科学技术发展的领头羊，医学科学要取得长足的进步和快速的发展，必然要求从事这门科学的人是精英人才。各国医学科学竞争的核心就是精英人才的竞争，而精英教育是精英人才产生的主渠道。因此，中国高等医学教育要更好地应对国际竞争和挑战，对人类做出更大贡献，就必须成为精英教育，培养精英人才，才能引领社会发展潮流，起到推动社会进步的中流砥柱作用。第三，高等医学教育的本质特点是医、教、研三者紧密结合的教育。相对于其他学科教育，高等医学教育的实践性很强，医、教、研必须紧密结合才能培养出精英医学人才、提供良好的医疗服务。因此，医学人才的培养质量高于一切、重于一切。质量为核心的理念，在医学学科比其他学科要求更加严格，这一理念要贯穿于高等医学教育的全过程。

高等医学教育作为精英教育，在医学教育过程中，要求医学生生源质量好、起点高；培养过程严格、规模小、周期长、实践要求高、教育投资大、优质教育资源比重高、学科综合强、国际合作密、教育过程复杂；人才培养结果好，毕业生质量高、综合素质强。因此，不管是从教学管理还是从教学过程，高等医学人才培养的每一个环节都要精心组织、精致培养、专业教育与人文教育相结合。

(二)医学教育是终身教育

根据世界医学教育界的共识，医学教育是一个贯穿终身的连续统一体。这个连续统一体是由三个性质、目的、内容与方式各不相同而又互相连接的教育阶段所组成，即医学院校基本教育、毕业后医学教育和继续医学教育。高等医学教育是医学教育连续统一体的最重要组成部分，医学本科教育是连续统一体的第一阶段教育，是基础、是关键，必须追求卓越。我国现在已经初步建立起以“5+3”(5年临床医学本科教育+3年住院医师规范化培训或3年临床医学硕士专业学位研究生教育)为主体的临床医学人才培养体系，五年制临床医学本科教育是医学生成长为医生的重要阶段。大学生必须掌握医学、自然科学、社会科学的基本知识和临床技能，培养知识、能力、态度，自主学习、终身学习能力以及创新创业素养等全面综合素质，为今后从事临床、教学、科研工作奠定理论知识、技术能力、职业素养、批判性思维、自主学习、终身学习能力、创新创业能力基础。同时，也为医学教育连续统一体的第二阶段教育即研究生教育和住院医师培训，第三阶段教育即终身知识更新医学教育，奠定坚实的专业基础和发展潜力。

因此，高等医学教育是教育界最早实现终身教育模式的，正所谓一名好的医生要活到老干到老就要学到老，永无止境。这是由医疗卫生事业服务对象和服务任务的特殊性所决定的，也是由经济、社会和科学文化的发展，特别是医药卫生事业的发展所决定的。高等医学教育的终身教育跨越了教育和卫生两个社会行业，这种跨越不仅体现在时间顺序的概念上，更重要的是在同一时间的两个行业空间的密切结合。也就是说，医学教育的终身教育，在时间上要伴随医药卫生工作者的全部工作生涯；在内容上，要跨越医药卫生和教育两个领域。

（三）高等医学教育是复杂的多学科人才成长教育

医学是涉及自然科学、技术科学、人文科学和社会科学的一大综合性学科，学科体系庞大，知识量巨大。与高等医学教育密切相关的医学一级学科专业就包括基础医学、临床医学、预防医学、口腔医学、中医学和护理学，也包括药学和中药学。这种在教育过程中以学科门类范围内各专业的学科综合性来完成相关人才基本培养的特点，在高等医学教育中显得越发突出和重要。因此，高等医学教育作为医学学科的高等教育，与其他类型高等教育相比，医学教育过程更为复杂，医学教育过程是在大学的自然科学教育和人文科学教育基础上的专业教育和训练，要求从事医学职业的人员具有卓越的知识、技能和优秀的人文素养。尤其强调以人为本，对职业素养、职业能力的要求特别高。而医学职业素养、职业能力的培养是一个全过程培养，必须贯穿于医学人才培养的全过程。

高等医学教育在医学人才成长过程中大致要经历掌握医学以及相关学科的基础理论知识、把握临床科学方法和形成临床思维能力、不断总结临床实践和积累临床经验以及开展科学研究创造性解决临床疑难问题等几个重要环节。在这些环节和过程中，高等医学教育尤其强调以下几方面：一是基础与临床的结合。虽然高等医学教育中大多数学校医学基础教育与临床教育是分段进行的，但医学基础与临床的结合是贯穿于整个人才培养过程的。因为医学是构建在临床情景基础上的，这就要求培养医学人才要尽早让学生接触临床、进入临床，这也是我们进行课程整合，提倡早临床、多临床、反复临床的基础。二是理论与实践的结合。医学教育是以实践为主的教育，医学生职业素养、职业能力的培养都是在职业情景的实践中进行的，这些在纯粹的课堂教育中是很难培养的。因此，医学教育强调临床情景，强调理论与实践的结合。三是科学与人文的结合。医学教育除了培养精深的专业理论和专业技能外，尤其强调职业素养、职业能力的培养，“德不近佛者不可以为医，才不近仙者不可以为医”说的就是这个道理。四是校内校外的结合。医学除了其自然属性外，还具有社会属性。医学的服务对象是人，是为人群服务的。这就要求医学人才培养时校内校外的结合要比较紧、比较早。医学的职业情景不仅体现在校内实习基地，更多体现在校外，因此强调要尽早接触，尽早加强校内校外结合。这就必须借助于社会资源，借助于校外实习实践基地，让学生尽快进入服务情景中去为人群服务。五是医教协同。高等医学教育主要为医疗卫生行业输送医学专门人才，具有教育的特殊性。高等医学教育质量，事关医疗卫生队伍的整体素质水平，这不仅是专业的需求，而且是国家战略。办好人民满意的医学教育和发展卫生健康事业，要求我们进一步健全医教协同机制，立足基本国情，借鉴国际经验，以需求为导向，以基层为重点，以提高质量为核心，建立健全适应行业特点的医学人才使用激励机制和医学人才培养制度。

（四）实践是高等医学教育最重要的教育过程

高等医学教育过程中，在基本理论教育和基本知识传授的基础上，实验教学和实践教学占有重要的分量。医学和药学学生50%以上的课时是在实验室和实践场所完成的。而且对于医学生来说，实践过程就是医疗服务过程，学习是在服务的基础之上的学习。特别是基于我国高等医学教育的特殊发展过程，我们把临床和现场的实习阶段(生产实习)放在了本科教育过程中，这更强化了医学教育的实践性。医药卫生学科的发展是一个实践的经验总结过程，而理论和知识的产生，正是基于不断的实践和实践总结的升华。更为重要的是，医药卫生学科的社会服务功能，更多地体现在实践和应用过程中，因此医学教育的过程离不开实践，实践是高等医学教育最重要的教育过程。

(五)职业道德培养是高等医学教育极其重要的内容

由于需要对人和人的健康生命负责，高等医学教育在医学生的培养过程中非常注重职业道德教育，把这一鲜明的职业特色教育贯穿于医学教育的始终。医学生在步入医学殿堂的第一天，就要高举右手宣誓："健康所系，性命相托……"誓词的内涵和庄重的形式震撼着医学生的心灵，使他们终生难忘。医学生誓言和宣誓，注释着医学教育的职业道德宗旨，这就是"救死扶伤，治病救人"；也包含着"生物—心理—社会—环境"的医学从业模式教育；更重要的是，誓言和宣誓体现了医学的重要文化内涵，在学生心底激励着职业荣誉感和责任感。以医学生宣誓为起点的医学伦理和医生职业道德教育，在医学生进入临床教育阶段的重温誓词中达到新的高度，贯穿于高等医学教育的全过程，也形成了对医学生和医生终生的约束。

(六)高等医学教育的基本要求呈现国际化的趋势

基于医药卫生科学的发展和医疗服务的广泛交流，高等医学教育除了具有国家和民族所独有的特色的文化内涵之外，还有着很强烈的国际同一性，特别是在经济全球化和信息科学技术发展的今天，这种同一性更加强烈、更加重要，它不仅关系到医药卫生人才培养的质量的标准，还直接关系着医学教育所培养的人才是否能够跨出国门、跨出地区产生社会影响，乃至于医学学科的发展是否可能得到国际的认同。

二、中国本科医学教育标准

正是由于医学教育的任务与特殊性，医学教育人才培养的质量成为全球关注的问题。随着2001年WFME、WHO西太平洋办事处、IIME《本科医学教育全球标准》、区域性《本科医学教育质量保证指南》和《全球医学教育最低基本要求》三个标准的出台及其推动的全球六大区域内医学教育认证的研究与实践，以及为应对医学教育质量保障及其人才培养工作的国际化，为确保高校扩张后我国医学专门人才培养质量和水平，我国于21世纪初引入了医学专业认证制度。

2002年，在教育部的支持下，中国高等教育学会医学教育专业委员会和北京大学医学部联合举办了"医学教育标准国际研讨会"，引入了医学教育的国际标准，组建了"中国医学教育质量保证体系研究课题组"。课题组对相关国际医学教育标准进行深入研究，对中国医学教育状况进行了调研，初步拟定了《本科医学教育标准——临床医学专业(试行)》。2007年年初，教育部、财政部联合下发了《教育部财政部关于实施高等学校本科教学质量与教学改革工程的意见》(教高〔2007〕1 号)和《教育部关于进一步深化本科教学改革　全面提高教学质量的若干意见》(教高〔2007〕2 号)文件，明确了要在医学专业开展认证工作的要求，临床医学、药学、口腔医学、中医学 4 个医药类本科专业被列入教育部“高等学校本科教学质量与教学改革工程”专业认证试点项目。2008 年，教育部、原卫生部联合颁布了《本科医学教育标准——临床医学专业(试行)》，并将其作为我国临床医学专业认证的依据。其后，中医学、药学、口腔医学、护理学、中药学等专业在其教学指导委员会组织下相继制定专业标准:《中国口腔医学本科教育标准(讨论稿)》(2007 年 11 月初步制定)、《全国药学本科专业认证标准(讨论稿)》(2007 年 12 月初步制定)、《全国中药学本科专业认证标准(讨论稿)》(2009 年 10 月初步制定)、《本科医学教育标准——中医学专业(暂行)》(2013 年发布)、《本科医学教育标准——护理学专业(试行)》(2009 年发布)。至此，中国医学专业认证标准体系初步构建。

随着高等医学教育面临形势的不断变化，国家对于医学人才培养的需要在不断变化，而作为保障医学人才培养质量的医学教育标准及对医学专业人才的要求，也随着中国医学教育的持续发展而不断改进。

以临床医学专业为例，2008 年颁布的《本科医学教育标准——临床医学专业(试行)》是我国医学教育史上的第一部标准，填补了中国百余年来的现代医学教育缺乏标准指导的空白。该标准以修业五年为基本学制的本科临床医学专业教育为适用对象，只对该专业教育的基本方面提出最基本要求，包含 10 个领域和 44 个亚领域(标准 72 条、注释 33 条)。基于对国际医学教育认证的持续关注和国内临床医学专业认证的推进，临床医学专业认证工作委员会秘书处于 2014 年成立了“中国本科医学教育标准修订工作组”，对《本科医学教育标准——临床医学专业(试行)》进行全面修订。此次标准的修订，主要依据世界医学教育联合会(World Federation for Medical Education，WFME)2012 年修订的《本科医学教育质量改进全球标准》(Basic Medical Education：WFME Global Standards for Quality Improvement, The 2012 Revision)，保留了中国《本科医学教育标准——临床医学专业(试行)(2008 版)》中适用的内容，并确保中国标准与全球标准等效一致。此外，还参照了澳大利亚医学理事会(Australian Medical Council，AMC)《本科临床医学专业评估与认证标准(2012 版)》(Standards for Assessment and Accreditation of Primary Medical Programs by the Australian Medical Council 2012)、英国医学总会(General Medical Council，GMC) 2009 版《明日医生》(Tomorrow's Doctors)和美国医学教育联络委员会(The Liaison Committee on Medical Education，LCME)2013 版《医学院校的职能与结构——临床医学专业认证标准》(Functions and Structure of A Medical School)等资料。课题组经过广泛的调研、专家咨询，历时两年，完成修订工作并于 2016 年发布了《中国本科医学教育标准——临床医学专业(2016 版)》，包含 10 个领域、40 个亚领域(基本标准 113 条、发展标准 80 条，注释 92 条)。新版标准具有以下特点：体现了医学教育新理念和新趋势，对医学院校的改革发挥导向作用，如引进健康与社会的理念、强调学生个性化发展和自主学习的理念、强调医学教育合法性和平等性原则等；结合多年认证实践和国内医学教育实际情况，适当增加量化可测指标，使标准更具有针对性和可操作性；设置基本标准和发展标准，提出学校办学和临床医学专业本科生毕业应达到的基本要求，并为医学教育发展指明方向；增加更为详细和全面的索引和注释，内容明确、覆盖面强，易于理解和操作。

第三节　医学生学业规划

一、正确认识自我

正确认识自我，是指一个人能够全面、客观地准确评价自己，它是自我调控的重要因素，是塑造和完善自我意识的基础。认识自我包括四个方面：情绪管理、人际沟通、自我意识、心理健康。古希腊人曾把能认识自我看作人的最高智慧。人对自己的认识也和人对客观世界的认识一样，需要有一个了解和学习的过程，要了解自己所扮演的社会角色，自己的才能、理想、人生观、价值观等，并不像照镜子那样简单，需要医学生努力拓宽生活、学习范围，增加学习体验，以适当的参照系来了解自己。例如，与自己条件相似的人比较来了解自己，同学之间相互比较等。制订医学生学习规划，首先应当充分、准确、客观地认识自己。要正确认识自己，还需对自己采取接纳的态度。也就是说，医学生对自己要坦然地、欣然地接受，不能欺骗自己、排斥自己、拒绝自己，更不能烦恨自己。孔子曰，“君子坦荡荡，小人长戚戚”。从心理学的角度看，君子能自我悦纳，心情开朗，而小人则不能接纳自己，故常自苦、自危、自惑乃至自没，自身的潜力与智慧被自我虚妄和拒绝所湮灭。自卑者也能看到有利的条件与时机，但不敢参与竞争，从而自己为自己设置奋进的障碍。所以说医学生想要做到全面认识自己并非易事，但可以从以下几个方面努力：

(1)在自省中认识自我。如果你知道自己脾气比较暴躁、性情直率，在很多时候，你应该告诫自己要三思而后行；假如你知道自己脆弱和敏感，就应该教育自己大胆一些、果断一些。

(2)在对他人的认识中认识自我。心理学中有替代学习的概念，就是说在很多情况下不需要自己去亲身经历所有的事情，当观察到别人的行为结果时，能够给予自身一些启示。

(3)在他人的评价中认识自我。当一个人的自我评价与别人的评价有较大程度的一致时，说明自我意识较为成熟了。

(4)在比较中认识自我。这包含两层的意义，通过与他人的比较，要准确定位，不能认为某些方面强于对方就沾沾自喜，也不要因为可能与对方有差距而妄自菲薄。与自己比较，是要看到自己每天的进步，看到可以改进的不足，有客观而可行的目标。

(5)在实践活动中借助表现和成果认识自我。

二、培养医学专业学习兴趣

兴趣是人们希望了解某个事物、保持某种状态、达到某个目的，并因此获得积极情绪与需要满足的一种心理倾向。而专业兴趣则表现为个体对学习某一专业和将来从事与这一专业相关的职业的渴望与追求。当医学生对医学专业怀有兴趣时，就会对该专业表现出肯定的态度、积极的行动和正性的情绪，并以学好该专业为目标。医学生培养对医学专业的浓厚兴趣是最好的老师，是行为的动力，是行为对象成功的关键，能促使医学生的学习潜能得以充分的调动与开发，能维持医学生学习行动的方向，能使医学生始终处于积极努力的学习状态，并获得最终的成功。

医学专业兴趣表现在医学生对医学专业的喜爱和专注程度，因此对于医学专业学习具有关键的动力作用，它是医学生专业学习的内在动机。当医学生完成某一阶段专业学习目标时，需要如果得到满足，专业学习兴趣也会得到进一步加强，并反过来促使医学生去建立和实现更高的学习目标，使医学专业学习获得更加丰富和深入的发展。当医学生对自己的专业拥有真正兴趣时，才会真正全身心地投入其中，并获得真实的满足与积极的体验。如果对医学专业毫无兴趣，任何医学生都难以激发自己的真实潜能、付出自己所有努力，因此学习目标也就受到了限制。长期在自己不喜欢、毫无兴趣的专业学习，还会出现学习倦怠，出现严重的学习问题和心理问题。

三、医学课程的学习特点

充分、深入了解医学专业课程特点，是培养医学专业兴趣、做好医学专业学习规划的基础。现代医学已经形成了一个专业学科庞杂、课程门类众多的理论体系。科学的学习方法有助于医学生培养医学专业兴趣和学习能力、在学习过程中少走弯路，提高医学生学习效率。

（一）医学基础课程的学习特点

1. 用形态与功能统一的观点指导学习

人体各个器官都有其特定的功能，形态结构是器官行使功能活动的物质基础；反之，功能的变化又能影响该器官形态结构。因此，形态结构与功能是不可分割的。在掌握各种形态结构的同时，要联想它与功能的关系；在学习其功能时，又必须了解其形态结构特点。例如，由于主动脉壁中含有较多的弹性纤维，因而其具有较强的弹性，尽管心脏是间断地排出血液，由于其壁的弹性收缩作用，血液才能在血管中产生血压而持续不断地流动。可见，只有把形态结构与功能密切联系起来，才能把知识学活。

2. 用局部与整体统一的观点指导学习

无论大体标本还是镜下标本所见到的形态结构，都只是整个机体很小的部分，电子显微镜所观察的图像更小。同时，这些局部都显示其平面和表面的结构，而机体的组织、细胞又都是立体的。因此，要掌握和了解真实的立体结构就需要全面的切片或观察全部的大体标本。但在实际学习过程中又难以做到，这就要求我们在观察时必须建立局部与整体的空间立体观念，综合分析所看到的形态结构，正确理解局部与整体、平面与立体的关系，只有这样，才能获得全面准确的知识，提高学习的质量。

3. 用静止与动态统一的观点指导学习

生物的细胞、组织和机体处在不停地动态变化中，随着生长和发育，机体各器官、组织和细胞的形态、结构和机能也相应地发生了一系列变化。如淋巴细胞只有经过进一步地发育成熟，才具有一定的免疫功能。在发育中，自然发生形态和结构的变化，同时，细胞、组织和器官在不同功能状态和代谢活动中，其形态结构也随之发生变化。如膀胱在充盈状态下，其壁变薄，不仅黏膜上皮的细胞层数减少，而且其表面的覆盖细胞形态也变得扁平，但一般我们所观察的标本大多数是经过固定或切片处理的。因此，所观察到的形态结构只是某一阶段或某一瞬间的静态图像，所以必须把观察到的静态图像与动态变化联系起来才能真正掌握其结构与功能。

4. 用理论与实践结合的观点指导学习

对机能学科，应利用课堂所学到的理论知识，指导实验操作，并提倡学生尽可能地亲自动手发挥创造性，设计一些新的实验。对形态学科来说，在实习过程中，应结合理论课的内容，认真观察标本、图像、图语，并进行比较和综合分析，不断提高对各种结构的识别能力及基本实验技能，从而加深对基本理论知识的理解，以便将来利用这些知识解决问题。

5. 用正常与病理相联系的观点指导学习

生物医学知识大体由两部分组成：一是人体正常的结构和功能，二是人体疾病状态下的结构功能。无论是形态学科还是功能学科，都是从这两个方面入手。因此，医学生在学习过程中应首先掌握人体正常的形态结构与功能，在此基础上继续学习和掌握病理状态下人体的结构与功能，同时掌握疾病发生的机制。如要掌握肿瘤组织的结构特点及分类，就必须先掌握正常的组织细胞的形态结构；要掌握急性肾功能衰竭，就必须先掌握正常肾脏的功能。

6. 用形态、功能、代谢综合的观点指导学习

形态决定功能，而器官结构及功能又与物质代谢有着密不可分的关系，它们相互依存于一个统一的内环境稳态中，没有正常的形态结构和代谢过程，便不可能有正常的功能；反之，没有正常的代谢过程和功能活动，器官、组织和细胞便不可能不断地自我更新，以维持其正常结构。发生疾病时，器官、组织、细胞的形态、功能和代谢发生变化，而且这些变化常是相互联系、相互制约的。因此，在学习时要培养联想思维，分析形态结构与功能及代谢过程的内在联系，全面地去看这些变化，这样才能深刻认识和理解各种疾病的本质，为临床课程的实习打下坚实的基础。

（二）临床医学课程的学习特点

1. 综合性特点

临床医学以不同疾病的病因、发病机制、临床表现、诊断方法、流行规律及防治措施等为主要研究对象，无论哪一部位的病变，或某一机能的损害，都只是整个生命现象中的局部现象，整体具有不可割裂的关联性。疾病的研究必须立足于整体性，临床医学涉及基础医学、预防理论医学、医药工程技术，甚至数学、物理学和化学等相关人文科学学科，具有多学科知识综合性体现和运用的特点，医学各专业的基础课程内容都会在临床医学各课程中得到广泛的体现和应用。例如，学习内科学中的“肾小球肾炎”，首先必须熟悉肾脏的解剖和组织学形态特征，才能理解其病名的含义，由链球菌或其他细菌、病毒等感染致机体免疫反应引起，这需要用微生物学及免疫学中有关细菌的特性和变态反应原理来解释，其病理变化主要表现为弥漫性、渗出性、增殖性肾炎。只有熟悉该病的病理特征，才能理解这种病理变化的意义。在发病机制中，则需要掌握炎症的一般特征、抗原抗体复合

物反应的原理，以及水、电解质代谢有关知识，这样才能对本病的实质全面地了解。检查其临床表现，则必须应用体检及实验诊断的基本知识，本病的治疗包括饮食、抗生素应用及各种对症治疗，这需要运用营养学、药理学、药物学有关知识。学好临床医学各门课程的前提，首先应具备扎实牢固的基础医学功底及相关基础课的基本知识。

2. 实践性特点

临床上，同一种疾病，甚至同一种症状，其临床表现可谓千差万别。许多临床知识和经验绝非文字和语言所能完全表达，必须在临床实践中用心体会。至于医疗技术和技能，以及职业素质的培养和训练，更需要严格的临床实践练习。医学生对临床医学基本理论掌握的深度和广度只有在临床实践中才能得到体现和验证，医学生不但要通过临床实践来强化记忆临床医学基本理论和基本知识，而且还要通过临床实践学习基本技术和技能，经过反复强化后，逐渐形成临床诊疗工作的基本功。

3. 多元性特点

临床医学不同于其他自然科学，它具有不确定性的特点(或称模糊性)，因为临床医学的研究对象是病人，而不是疾病。病人具有社会性和主观能动性，他既是被研究的对象，同时又参与或影响研究过程，认识对象的复杂性决定了临床医学的不确定性。例如，恶心、头痛、乏力、胸痛都是疾病的表现，然而却无人能将诸如此症状精确对应到某一疾病。另外，患者的主述具有较强的主观性。临床常用的血、尿等常规检验及其他实验室检查，虽然能够相对量化，但不同性别、不同年龄、不同种族、不同体质的人等均存在一定差异。因而，所谓正常与不正常值只能是相对而言，这也是临床检验中称为参考值不叫正常值的原因所在。疾病固然有其共同的特征和规律，但具体到每一个患者，其表现绝不会一模一样，疾病的共性寓于临床患者千差万别的个性表现之中。因此，在研究具体患者时，必须结合其实际情况具体分析，切莫生搬硬套书本。

四、合理做好学业规划

医学生可以按内容不同来制定自己的大学生涯规划，具体可分为学习规划、生活成长规划和社会实践规划。在此基础上，再分时间段(年度、学期、月周、日)实施。学习规划主要从学习目标、学习方法、公共基础课、专业基础课、专业课以及与专业技能培养等多方面考虑。生活成长规划主要从身体健康、心理健康、理财、时间管理和交际能力培养等方面考虑。社会实践目标主要包括参加校园社团活动、见习实习、假期社会实践、兼职和参与公益活动等内容。不同学年的学习目标、学业内容、生活成长内容和社会实践内容等都不尽相同，而且每个人的实际情况也不一样，所以每个医学生的大学生涯都应符合自己的实际情况，无须与别人保持一致。同时，在执行规划的过程中，还要根据实际情况的发展变化不断调整自己的学业规划，自觉克服困难，做到扬长避短、取长补短，从而不断发展自己、完善自己、提高自己。

(一)学习方面

概括起来，学习规划包括以下内容：①确立学习目标。学习者能根据自己及教师、教学大纲的要求制定出明确、具体的学习目标。既要有长期目标(可以学期或月份为单位)，又要有短期目标(可以星期或天为单位)。为达到这一目标，学习者要随时检测，调整计划的制定及关注每个微观的小目标的实现。学习活动要以学习目标为起点，以学习目标的实施为关键。学习者只有在思想上产生明确的目标，才能自觉地按目标的要求和步骤进行有效的学习活动。②定义学习内容。确定目标之后，学习者要对学习内容建立总体印象。不仅能充分吸收、消化学校规定的教材内容，而且能结合自己的实际情况，尽可能利用现有条件收集相关的课外学习材料，拓宽视野，把探寻自己的兴趣作为重要的教学资源，不要把"宝"都押在课堂教学上，因为学生最终总要脱离老师，独自探索知识、发展技能。③选择、运用合适的学习方法。学习方法的正确与否，直接影响学习者的学习效果。不同的学习者在不同的学习阶段可能选用不同的学习方法，而同种学习方法也会在不同的情况依具体使用情况有所变化。学习者应根据客观条件和学习目的的不同，对自身已有的学习风格与方式进行有意识的摸索和总结，按照学习规划选择适合于自己的快速有效的学习方法。④监控学习过程，评价学习结果。学习者要能随时控制自己的学习时间、地点和进度，了解和认识自己的学习情况。自己制订学习计划，并按照自己的能力和计划实施情况对学习的情况进行反思，及时找出存在的问题，从而有意识地调整和控制自己的学习行为。

从时间上来讲，大一学习规划的重点是掌握自主学习方法，培养自主学习习惯，学好公共基础课程，增强外语和计算机应用能力，学会充分利用图书馆查阅资料，积极参与大学生科研方法的学习，学会规划自己的大学生涯等。大二、大三的学习规划基本以专业基础课程和专业桥梁课程的学习为重点，重点培养自己实验动手能力、严密的逻辑思维和推理能力以及医学伦理与职业态度，积极参与科研项目的研究等。大四主要规划好专业课程的学习及见习，培养自己的临床思维和临床基本技能。大五主要是临床实习，重点规划好重点科室的实习，发展信息管理、交流沟通、批判性思维的能力。有的医学生可能在实习过程中因为对该专业发展方向感兴趣而确定今后自己的职业发展方向，并因此而关注相关的学科和行业，收集相关的行业信息。

(二)生活成长方面

大一新生首先要解决的是如何从万事依赖父母到逐渐独立处理问题，培养良好的生活习惯和思维习惯，学会独立思考，不人云亦云。在生活习惯方面，主要学会合理地安排开支，安排作息时间，加强体育锻炼，保持身体健康。大二、大三学生在生活成长方面则要重点关注医学职业道德的培养，还要了解、培养从事医护工作需要的特殊的生活习惯、工作习惯。培养自己敬业、刻苦，坚固、忠诚的意志和感恩的心态，树立爱祖国、爱人民，愿意为祖国的医学事业做贡献的雄心。大四的学生要多学习礼仪、交流沟通技巧，能够流畅、准确地表达自己的思想并与人沟通。在心理上做好从学生到社会人、职业人转变的准备。要多方面多了解社会、职场与学校的不同。大五学生要做到从医学生到医生的角色转变，在临床实践中培养自己的职业素养，真正做到以病人为中心，全心全意为病人服务，同时学习、了解国家关于就业的各项政策规定，了解求职过程中的各种陷阱及其应对方法等。

（三）社会实践方面

大一新生要尽早和寝室同学搞好关系，既要和同班同学搞好关系，也要善于和不同班级、年级、专业的同学交流；要了解和选择校内的学生组织和学生社团，积极参加学生会、社团活动，积累社交能力；要走出校门，了解学校所在的城市，包括这个城市的环境、文化背景等。大二、大三时，大学生要争取在学生会组织或社团中担任一定的职务，锻炼自己的组织和领导能力；要积极参与各种公益活动；可以适当做些兼职，利用寒暑假参与社会调查和服务。大四专业课程学习比较紧张，大学生可以结合所学专业知识到社区开展义诊、定期去福利院做义工、健康宣教等社会实践活动。大五的重点是实习。临床轮转实习最有利于检验和提升自己的专业能力，医学生们要珍惜临床实习机会，将理论与实践紧密结合，积极争取更多临床锻炼机会，为自己毕业后的就业或深造奠定基础。以上只是对医学生大学时期相关规划内容的一个简单举例，实际生活中，要规划的内容复杂得多，在掌握了基本方法之后，同学们可以举一反三，自己根据各自的实际情况来规划。

第四章 学习目标

学习目标是人们从事学习活动所要达到的标准或预期结果。建立明确的学习目标，是大学生进行学习活动的战略前提，是提高学习积极性、自觉性和效率的关键。由于医学专业的特殊性和医学课程的繁重性，医学生更要充分认识建立学习目标的重要性，以对自己、对人民健康和对社会高度负责任的态度，建立科学合理的大学学习目标。

第一节 大学生学习目标

一、建立学习目标的原则

(一)需要性原则

学习目标必须适应社会、经济、学科和个人个性发展的需要，这是树立学习目标的首要原则。一个人价值主要是以他对社会的贡献来衡量的。要想对社会做出较大的贡献，就必须根据社会的需要树立学习目标，把自己培养成为对社会有用的人才。如果不考虑社会发展的需要而只顾个人的兴趣爱好，就可能使自己的学习与社会需要之间产生较大的差距，脱离时代发展的潮流，导致难以适应社会。因此，大学生要适应社会，把社会需要与个性发展结合起来，正确确定自己的学习目标。

(二)前瞻性原则

大学生必须对社会发展的趋势有一个基本正确的预测和判断，使自己的学习目标具有前瞻性。在信息社会，知识的发展、社会的变化都是以加速度进行的。如果只看到眼前的一些问题，如工作岗位、就业门路等，视野和由此建立的学习目标都没有多少前瞻性可言。当大学毕业时，尽管自己的学习目标按计划圆满地实现了，但时过境迁，社会需要已经发生了巨大的变化，于是不能很好适应社会的需要。因此，建立学习目标必须放眼未来，要有较长远的战略眼光，尽可能使自己的学习目标超前一些。

(三)超越性原则

超越性原则实质上是一切学习活动的根本出发点。一个人只有意识到自己的不足，并且决心克服这些不足，才可能产生学习的欲望和动力。如果认为自己现在的情况非常完美，当然也就觉得没有继续学习的必要，也不可能有学习的动力。事实上，任何人都不可能是完美无缺的，特别是在科技、社会、经济都处于高速发展的今天，更是如此。大学生要不断地完善自己，提高自己的综合素质，在未来的竞争中处于优势地位，就必须找出自己的欠缺和不足，建立超越自我的学习目标。

(四)合理性原则

一方面，学习目标要切实可行。如果片面地强调超越，而不顾自己的实际情况，将学习目标定得太高，其结果轻则学习目标难以实现，重则伤害自己的自尊心，甚至损害自己的身心健康。另一方面，学习目标要体现德、智、体、美、劳，知识、能力、素质全面发展。虽然在一些方面可以有所偏重，但是不能偏废，完全忽视某一方面将远离科学、合理性的宗旨。如果付诸实施，则可能将自己培养成为一个畸形发展的人，不能适应社会发展对于优秀人才的需要。

(五)变易性原则

随着认识水平的不断提高和时间的推移，大学生会发现最初建立的学习目标存在着某些欠缺。如果不根据各种情况的变化对它进行适当地修正和调整，就可能使它失去科学性、合理性。事实上，修正和调整学习目标本身就是一个不断学习的过程。如果忽视了学习目标的变易性，不对它进行适时地修正与调整，也就背离了学习的本质精神。

二、建立学习目标的依据

学习目标不能凭空建立，也不能想当然地随意杜撰，而是要建立在充分可靠的科学依据之上。建立学习目标的依据有社会需要和个人条件两大方面。

(一)社会需要

社会需要集中体现在高等教育的培养目标和规格要求之中。培养规格是培养目标的具体化，大学生制定学习目标时要充分考虑培养目标和培养规格的要求，使其贯穿于整个学习目标之中。

(二)个人条件

个人条件也是建立学习目标的重要依据。大学生应该充分认识自己，扬长避短，制定既适合自己的条件又能够超越自我的学习目标。因此，大学生要做到充分地认识自我。自我认识的内容主要包括生理和心理的主要特征、基础知识储备情况、学习能力以及工作能力等方面。自我认识是一个复杂的过程。要避免产生偏见，形成比较科学、合理的判断，需要利用各种方法和途径来提高对自己的认识。如将自己与别人进行比较，找出自己的优势与劣势；还可借助于心理测验方法，或向辅导员、班主任、指导教师请求指点等，更加客观、科学地认识自我，为建立大学学习目标做好基础性工作。

三、学习目标的内容

学习目标的内容不能是单纯的知识水平的提高，而应该是一个由有助于我们今后发展的各种要素综合构成的目标体系。

(一)身心素质目标

强健的身体和健康的心理状态是大学生学习、创新、实践和个人发展的基础，不断提高身心素质是大学生学习目标的首要内容。身心素质包括有形的身体素质和无形的心理素质两个方面。

1. 身体素质目标

良好的身体素质是对大学生的最基本要求。身体素质目标主要应该包括：①树立提高身体素质的意识；②在大学学习期间掌握提高身体素质的基本理论和技巧；③养成锻炼身体的习惯，并掌握科学的锻炼方法；④有一套合适的身体锻炼计划，并且能够身体力行地付诸实施。

2. 心理素质目标

心理素质是影响大学生成才的重要因素之一。由于它是无形的，因此往往被忽视。大学生正处在青春期，心理发育异常活跃，情感丰富、敏感，容易波动。大学期间是利用各种条件提高心理素质的良好时机。如果忽视心理素质的提高，则容易产生一系列心理、精神问题，危害心理健康，甚至导致心理疾病的发生。因此，大学生要把提高心理素质纳入学习目标之中，抓住大学学习的良好机会，使心理素质得到锻炼和提高。在提高心理素质的学习目标中，一要树立保持心理健康的意识；二要学习、掌握心理学的基本理论；三要努力学习和实践，保持积极向上的心理状态，切实提高自己的心理素质，特别是自己的心理承受能力。

(二)基础知识目标

基础知识是大学生学习目标的主要内容之一。拥有良好的科技知识基础，有利于大学生在今后的工作中适应各种变化，灵活自如地发展。建立基础知识的学习目标应该注意以下几点：一是要充分认识基础知识的作用；二是要建立科学合理的知识结构，避免在知识结构方面存在较大缺陷。除了数、理、化基础知识以外，还要将外语、计算机、经济、管理、法律、人文社会科学、艺术修养等课程的学习也作为学习目标中重要的内容，使自己所学知识的深度和广度与时代发展的要求相适应。

(三)学习能力目标

传统的教育观念是以知识为本位的，特别是千百年延续下来的中国传统文化，更是充满着重书本知识学习的教育思想。这种观念强调人类间接经验的传授与学习在教育中的中心地位。在人们的心目中，已自然地将“教学”与书本知识的传授画上等号，以致在生活中，人们习惯地将学生上学学习称为“读书”，其结果是大学生的学习能力偏弱。具体表现是：对现成的专业和书本知识了解较多，而对知识更新、获取新知识、新经验、新能力的方法和途径了解甚少。因此，毕业后知识老化快，难以适应科技、经济和社会发展对新知识和新能力的需要。新时代是信息化迅猛发展的时代，信息技术的高速发展使得以记忆为主的学习的重要性不断降低，知识更新速度的加快，使得一个人的学习能力变得日益重要。因此，大学生要将培养自己的学习能力作为大学学习目标的重要组成部分，学习和掌握有关信息的收集、整理、分析、处理的理论和方法，形成不断自我反思、总结经验、吸取教训的良好习惯，以提高自己的终生学习的意识和能力。

(四)创新能力目标

学习的目的是为了创新。创新能力是新时代对大学生素质的最基本要求之一。新时代社会的进步与发展和经济的增长在很大程度上依赖于创新能力，一个没有创新能力的人在未来社会很难作出什么成就，因此大学生只具有学习能力是远远不够的，而应该在此基础上将培养自己的创造性思维能力和提高创造性技能纳入学习目标，强化自己的创新意识，激发创新的动力，参与科技创新、发明创造的实践活动，努力培养和提高创新能力。

(五)专业知识与技能目标

专业知识与技能是大学生毕业后迅速适应工作所必不可少的。目前，大多数大学生的专业知识学习成绩都较好，但是由于忽视实践教学环节，实际操作能力和专业技能水平不足，难以将书本知识与实践较好地结合起来，实验设计能力、动手操作能力和对结果的分析能力较差，缺乏从实践中发现问题、分析问题、解决问题的能力。因此，大学生要改变只重视书本和理论学习的观念，将实践技能的学习作为自己的学习目标之一。

(六)人文素质和文学艺术修养目标

过去一段时期，曾经产生过注重专业学习、忽视人文素质提高的倾向。这种倾向在影响生活质量的同时，也必然妨碍大学生创造适合自身生存竞争的良好环境。新时代是大学生个性得到前所未有发展的时代。因此，大学生必须具有良好的人文素质和文学艺术修养，在学习基础知识和专业知识与技能的同时，注意提高自己的人文素质和文学艺术修养。要求文字和口头表达达到规范、准确和文理通顺的基本要求；对于中国和世界历史、科学思想史、中国传统文化、音乐、美术等能够有一个基本的了解；具有一定水平的哲学素养，具有辩证思维和抽象思维能力，具有对不同思想、价值、文化体系理解和辨别、吸收的能力；具有必要的礼仪常识和修养。这些方面综合起来，能够使大学生的人文精神和生活品位得到提高，有助于更好地适应多姿多彩的未来世界。

(七)思想品德素质目标

大学生要学会做事，更需要学会做人。因此，大学生应当将提高思想品德素质作为大学学习的重要目标之一。一要树立明确的理想。经过高考的激烈竞争，实现了上大学的目标之后，有的大学生往往找不到新的奋斗目标，理想模糊或处于一种真空状态，感到空虚、无聊、迷惘，甚至失望。由此可见，树立明确的理想是学习目标中一项极其重要的内容。二要培养艰苦奋斗的工作作风和服务社会的奉献精神，要有不怕苦、不怕累，愿意到艰苦地方去艰苦创业的精神。三要努力实践自己的道德理想，具有良好的群体意识、社会责任心和是非观念。四要提高基础文明水平，学会尊重人，以礼待人。五要遵纪守法，遵守公共秩序，维护集体利益。总之，大学生要学会做事、做人，就需要目标明确，不断学习，努力实践，刻苦修炼。

第二节 医学岗位胜任力

医学人才培养质量的根本目标就是适应我国医药卫生事业发展的需求，适应我国医疗卫生服务需求，适应医学专业岗位能力的需求。那么什么是岗位胜任力？什么是医学岗位胜任力？

一、岗位胜任力

（一）岗位胜任力的定义

1. 胜任力的起源

“competency”有“资格、能力、作证能力、胜任素质、胜任特征、胜任力”等含义，来源于拉丁语“competere”，意思是“适当的”。“胜任力”最早起源于哈佛大学的心理学教授麦克利兰（David McClelland）。当时，美国国务院感到以智力等因素为基础选拔外交官的效果不理想。许多表面上很优秀的人才，在实际工作中的表现却令人非常失望。在这种情况下，麦克利兰博士应邀帮助美国国务院设计一种能够有效地预测实际工作业绩的外交人员选拔方法。在项目实施过程中，麦克利兰博士应用了一些新的理论和技术，例如，抛弃对人才条件的预设前提，从第一手材料出发，通过对工作表现优秀与一般的外交官的具体行为特征的比较分析，识别能够真正区分工作业绩的个人条件。研究小组经过大量深入研究发现，传统的学术能力和知识技能测评并不能预示工作绩效的高低和个人生涯的成功。同时，他们发现从根本上影响个人绩效的是诸如“成就动机”“人际理解”“团队影响力”等一些可称为综合才能（competency）的东西。小组以后又进一步将其明确定义为“能区分在特定的工作岗位和组织环境中绩效水平的个人特征”。1973 年发表的论文《测量胜任力而非智力》中提出，区别工作中表现优秀者与表现普通者的重要性格特征，包括如下几个方面：动机、态度、性格、自我形象等。该研究发现，从根本上影响工作能力的综合才能，如成就动机、人际沟通交流以及团队影响力等，可运用“冰山模型”解释胜任力；提出用胜任力取代传统的智力测量，强调从第一手材料入手，直接发掘那些能真正影响工作业绩的个人条件和行为特征，为提高组织绩效和促进个人事业成功做出实质性的贡献。同时，文中还提出进行基于胜任能力的有效测验的六个原则。这篇论文的发表，提出了胜任能力的概念，标志着胜任能力理论的开端，为胜任力理论的诞生奠定了基础，随后掀起了广大学者对胜任力研究的热潮。

2. 医学岗位胜任力

岗位胜任力是指在特定的工作岗位、组织环境和文化氛围中，能够胜任岗位需求并取得优秀成绩所需要具备的能力及素质。医学是实践性很强且知识面宽广的科学，由于医学本身的特殊性，对岗位胜任力有更高且更强烈的需求。对医生这个特定岗位的胜任力的研究产生于 20 世纪 70 年代。国际医学教育专家委员会在 21 世纪医学教育展望报告《新世纪医学卫生人才培养：在相互依存的世界，为加强卫生系统而改革医学教育》中提出重要观点："过去一个世纪经历了 3 代医学教育改革。第 1 代改革出现在 20 世纪初，其标志是以科学为基础的课程设置；20 世纪中期出现的第 2 代改革引进了以问题为基础的教学创新；第 3 代改革就是现在提出的以卫生系统为基础，借鉴全球经验，有针对性地确立岗位胜任能力要求，从而改进整个卫生系统的绩效。"文中强调以胜任能力为导向的方法是专门训练的方法，先确定要解决的健康问题，再确定在卫生系统工作中毕业生应具备的能力，然后调整课程以使学生具备这些能力，最后评定成绩和不足之处。报告还引用 Epstein 和 Hundert 教授定义医学岗位胜任力概念："日常医疗服务过程中能熟练精准地运用沟通交流技能、医学知识、技术操作、临床思维、价值取向、情感表达以及个人体会，以求所服务的个人和群体受益。"

(1)国外医学岗位胜任力模型。全球范围内，为适应社会对健康需求的格局，医学课程模式均开展了各式各样的改革，即以知识的结构和过程为主的模式转化为以提升业务能力及岗位胜任力为主的模式。各国由于经济水平、地理文化和社会文化各不相同，对医学岗位胜任力的要求及评价体系及评价标准均不同，故岗位胜任力模型及结构特征也各不相同。

对临床医学专业岗位胜任力的基本要求，欧美国家均有较清晰的描述，而我国医学岗位胜任力的模式及内涵尚处于初期探索阶段，需要不断借鉴其他国家的经验并结合国情，探索中国特色的医学岗位胜任力模式，改革医学教育，注重医学生的素质教育及实践能力的培养。

岗位胜任力与医学教育及医疗相关工作密切相关，国内外医学专家及教育家均对岗位胜任力模型进行了不断的探索与更新。早在 1998 年，ACGME(Accreditation Council for Graduate Medical Eduation)就提出了临床医师核心胜任力的核心要素：医疗服务与医学知识、以实践为基础的学习与能力的提升、沟通交流能力、职业精神与专业素养、以系统为基础的实践。2001 年 ACGME 将临床医生岗位胜任力更新为六大方面：患者诊治、学术知识、人际沟通、职业素养、实践与改进。2005 年，加拿大皇家内外科医师学院(Canadian Medical Education Directives for Specialists，CanMEDS)在《2005 年加拿大医生胜任力架构》中提出并更新了专科医师胜任力标准：以更高的规格、更优秀的医生、更优质的医疗为宗旨，实现医生七个角色，即医学专家、沟通者、管理学、合作者、健康促进者、学者和专业职业者。英国医学总会在 2006 年出版的 *Good Medical Practice*，即《优秀医疗服务》章程中提出，"患者需要优秀医生，优秀医生以患者至上原则维护患者；胜任力的医生，保持医学知识及技能的不断更新，建立并不断维持良好的医患和人际关系，诚实可信，行为公正"。2013 年英国医学总会将医生岗位胜任力的定义修改为：医学知识技术及表现、医疗质量与安全、沟通与合作、维护与信任。CanMEDS 认为，临床医生岗位胜任力的目标是"以培养更优秀的医生、提供更高的规格以及更优质的医疗服务为宗旨，实现医生所应当扮演的七种重要角色"。我国临床医生岗位胜任力的模型尚且处于探索阶段，经过大规模的调研，目前认为，我国通用模型主要由八大核心能力构成：医疗服务与临床技能，疾病预防与健康促进，信息与管理，学术知识与终身学习，人际沟通交流，团队协作能力，科学研究，核心价值观与医生职业素养。

(2)国内医学岗位胜任力模型。和世界接轨的中国好医生的标准是什么？中国医生岗位胜任力的内涵是什么？我国医学岗位胜任力模型的研究与探索始于2012年中国医科大学申请立项“中国临床医生岗位胜任力模型的构建及培养模式的改革”，旨在探索新形势下中国执业医师岗位胜任力的基本标准，研究卫生行业的准入标准是否满足全民共享基本的医疗卫生服务并提高医师对全民健康水平的要求。原计生委国家医学考试中心与教育部高教司于2012年联合立项研究“中国医生岗位胜任力通用模型项目”来解决这个问题。项目由中国医科大学孙宝志教授牵头，全国部分医学院校参加了这个项目。我国医学岗位胜任力采用国际通用的岗位胜任力研究方法，2012年在全国32大城市，选择三级医院、二级医院以及乡镇医院，抽样约8000名左右医师及4000名左右利益相关者进行调查和访谈，进行360度评价（详见第六章第二节“形成性评价”），采用问卷调查及行为事件访谈法，利用统计学分析软件确定了我国临床医师岗位胜任力模式。2014年最终形成了适合我国国情的临床医生岗位胜任力的通用模型，主要由以下八大核心要素组成：医疗服务与临床技能、预防疾病与健康促进、信息与管理、医学知识与终身学习、人际沟通交流、团队合作、科学研究、核心价值观与医生职业素养。八大核心要素分别由一级、二级及三级指标构成，各核心元素对应的指标分别如下。

医疗服务与临床技能：①准确而完整地采集重要病史；②全面系统且规范的体格检查；③能正确选择医学检验和辅助检查项目；④熟练运用基本操作诊断程序；⑤向上级医生规范地口头汇报相关临床问题并分析及解释；⑥运用临床思维做出相关医疗决策，提出合适的诊疗计划；⑦能准确识别并进行一般、急、危重患者的现场抢救；⑧参与医疗质量保证系统以促进医疗及患者安全。

预防疾病与健康促进：①发现并及时按相关法律法规上报传染病；②做好慢性非传染性疾病的管理和健康教育；③掌握并宣传与健康相关的生活方式、居住环境和社会因素等；④了解岗位职责，与卫生系统管理人员协作；⑤了解医疗卫生体制的结构与功能；⑥合理利用有限的医疗卫生资源；⑦了解公共卫生政策对人群健康的影响；⑧了解国际卫生和全球健康状况；⑨积极参加健康教育与健康促进活动；⑩建立与维护社区居民健康档案；⑪主动了解社区和常住人群的健康状况和需求；⑫开展基本的精神卫生服务（如心理咨询与心理治疗）；⑬组织指导社区健康教育工作；⑭组织指导社区护理工作；⑮组织开展家庭卫生服务（访视、咨询、换药等）；⑯了解卫生财务政策；⑰保护社区重点人群（老年人、残疾人、妇女和婴幼童）；⑱做好社区卫生服务各项登记统计分析总结；⑲了解社区人口动态。

信息与管理能力：①信息管理，利用中英文数据库等途径收集组织分析相关医学信息的行为；②有效利用信息技术进行医护及患者教育；③合理控制患者医疗费用；④有效安排临床的工作和职业生涯规划；⑤时间管理，开展自己的活动具有计划性；⑥在医疗实践中不断提高组织协调和管理能力；⑦掌握一门外语；⑧应用教育学知识向医学生或其他人员提供辅导及实习管理；⑨积极参加专业内审和外界督查。

医学知识与终身学习能力：①学习生物医学基础知识；②学习行为和社会科学以及医学伦理学；③掌握与应用临床医学知识；④执业实践工作中不断更新知识与专业操作技能；⑤积极参加继续医学教育与继续职业发展；⑥能认识自身优缺点，并不断改进在专业上的不足之处。

沟通交流能力：①注意倾听、收集并综合整理与患者问题相关的信息；②理解、信任并尊重患者及其家属；③保护患者隐私权；④维护患者的知情权，有技巧地获取知情同意；⑤妥善应对医疗过程中产生的伦理相关问题；⑥安抚患者愤怒和误解的情绪；⑦积极预防和化解医患矛盾；⑧有技巧地向患者传达负面消息；⑨与患者和家属共同做出决策；⑩有效地进行口头表达和传递信息。

团队合作能力：①必须和同事合作，尊重他们的能力与贡献；②以团队协作的方式制订全面的诊疗计划；③关心和乐于帮助同事；④了解团队中其他人的角色和职责；⑤善于协调团队成员之间的关系，尽量避免矛盾冲突；⑥与其他科室建立良好的合作关系；⑦能适当参与其他专科的小组会议。

科学研究能力：①职业活动中培养批判性思维、创造精神和对事物进行科学研究的态度；②理解医疗过程中应该考虑问题的复杂性、不确定性和概率；③运用批判性的思维处理各种信息，做出恰当的医疗决策；④能综述医学文献，传播并应用知识；⑤能提出科学问题和假设，培养创新能力和创造性思维；⑥积极参加本专业领域的科研活动；⑦积极撰写并发表科研论文。

核心价值观与医生职业素养：①职业生涯中坚持一切为了人民的健康为服务宗旨；②培养核心价值观，如利他主义、追求卓越和淡泊名利；③真诚守信、责任心强，热爱职业；④具有同情心，以患者利益为上，自觉维护患者权利、隐私和利益；⑤能够行业自律、廉洁公正；⑥具备严谨、细致、敏锐的洞察力；⑦有耐心和耐力，具备良好的心理调适和抗压能力；⑧认识并杜绝任何与营利性利益相关的医疗行为；⑨公平且合理地运用医疗服务资源；⑩具备正当的职业防护意识；⑪保护自我保健能力。

八大核心指标中，临床技能与医疗服务能力是医生的基本能力。当今临床工作的临床路径、循证医学不断发展，使许多临床医生的诊断过程已经趋向标准化。这种标准化的诊断思路在提高工作效率的同时，也不能固定机械化思维模式，应当针对千变万化的患者特征采用恰当的诊断和治疗方案、完整准确的体格检查，了解患者的切实想法等，这是"临床技能与医疗服务"胜任力的内涵所在。

八大核心指标中，核心价值观与职业素养是医生的执业灵魂。职业道德、职业伦理和职业态度是职业素质的基本内容，医生具有较高的道德水平，以职业精神对社会做出承诺，并接受医师行业监管，这是职业素养的内涵。医学人文教育必须贯穿整个医学教育的全部过程，培养医学生成为技术精湛并且具有温暖的内心，始终将患者的利益高于一切的人。

中国临床医生岗位胜任力通用模型的一级指标构建模式图分为三层，如图 4.1 所示。图形最外层：临床技能和医疗服务、预防疾病与健康促进、沟通交流以及信息管理，是临床医生胜任岗位所必须具备的知识、技术与意识，用于指导临床医生具体行动；中间层：团队协作、科研能力、医学知识与终身学习，是临床医生必须具备的能力，该能力能够使医生在未来多年临床工作生涯中不断适应医学科学发展所带来的各种知识、环境、技术的转变；最内层：核心价值观与医生职业素养，是能力的基础与核心，是临床医生不断完善职业生涯的动力源泉。

扇形图也分为三层，如图 4.2 所示。外层：临床技能与医疗服务能力、疾病预防与健康促进、人际沟通能力、信息与管理能力；中层：团队合作能力、科研能力、医学知识与终身学习能力；内层：核心价值观与医生职业素养。

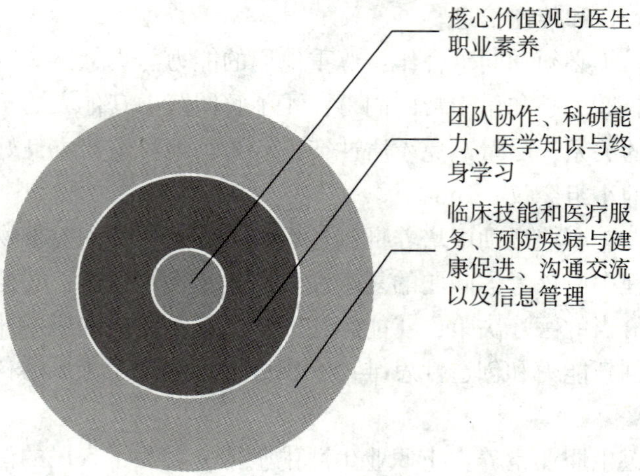

图 4.1

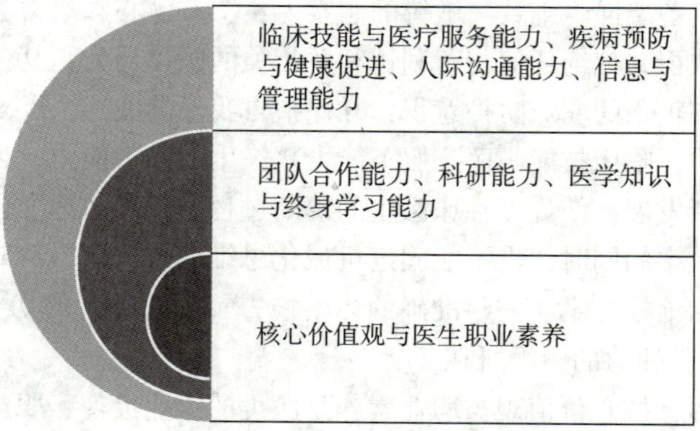

图 4.2

中国临床医生岗位胜任力通用模型注重医生的核心价值观及职业素养，强调团队合作、科研能力、医学知识与终身学习能力，并以上述能力为载体指导临床技能和医疗服务、疾病预防与健康促进等。通用模型追求临床能力、业务水平及核心素质三者协调发展，寓意能力和医疗水平的逐渐发展，同时追求医疗个人价值的圆满。

中国临床医师岗位胜任力通用标准为医学人才培养提供了具体的参考标准，有利于实现医学教育为医改服务的大目标，必须坚定不移地把培养和造就医德高尚、医术精落的各类医学人才作为医学教育改革的长期目标。

第三节　医学人才培养质量标准

党的十九大报告指出，要大力提升发展质量和效益。质量决定兴衰，是教育工作的生命线。2018 年全国教育大会和新时代全国高等学校本科教育工作会议的召开，进一步强调要以质量为本，把标准建起来，把责任落下去，把机制完善起来，推动教育事业进入提质增效的轨道。经合组织(OECD)近年推出的 AHELO 项目(高等教育学习成果评估项目)，将人才培养作为教育质量评价的核心内容，对本科生在毕业时掌握的学习成果(“学到了什么”和“能做什么”)进行评价，在相当程度上反映了国际高等教育教学改革和质量评估的新理念、新标准、新技术。《华盛顿协议》(Washington Accord)坚持“学生中心、产出导向、持续改进”的核心理念，开展国际实质等效(substantial equivalence)专业认证，推动工程教育改革。联合国教科文组织(UNESCO)、国际高等教育质量保障联盟(INQAAHE)、亚太地区教育质量保障组织(APQN)等也将质量作为核心，致力于推动高等教育教学质量的改进等。在这一历史背景下，高等医学教育质量保障体系进一步完善，医学类教学质量标准和医学专业认证制度，成为培养高精尖医学人才质量的两大有力保障。

一、普通高等学校本科医学类专业教学质量国家标准

2018 年 1 月 30 日，教育部发布《普通高等学校本科专业类教学质量国家标准》(以下简称《高校国标》)，这是我国有史以来颁布的第一个高等教育教学质量国家标准。《高校国标》涵盖了普通高校本科专业目录中全部 92 个本科专业类，包括全部 587 个本科专业、涉及全国高校 56000 多个专业点。其中包括医学 19 个本科专业类，明确了各医学类专业的内涵、学科基础、人才培养方向。对适用专业范围、培养目标、培养规格、师资队伍、教学条件、质量保障体系建设等都做了明确要求。《高校国标》强调“以学生为中心，以产出为导向，突出持续改进”。体现了激发学生潜能，注重学生“学得好”的中心，提出科学合理设定人才培养目标，优化课程设置，更新教学内容，切实提高人才培养的目标达成度、社会适应度、条件保障度、质保有效度和结果满意度。《高校国标》的发布，促进了我国高等医学教育向“内涵式发展”转变，保障了中国特色的高等医学教育的“质量”，进而实现了“政府依标准宏观管理、高校依标准依法办学、社会依标准有效监督”的目标，是对国际质量管理体系的重大补充，具有划时代的、里程碑的意义。《高校国标》在高等医学院校的推行和运用，必将极大地促进我国高等医学教育“以标促学、以标促查、以标促补、以标促改、以标促建”。

以临床医学专业为例，《高校国标》借鉴了 1994 年以来各项教育评估的指标体系，以世界医学教育联合会《世界医学教育联合会本科医学教育全球标准》(2003 年)、世界卫生组织西太平洋地区办事处《世界卫生组织西太平洋地区本科医学教育质量保障指南》和国际医学教育组织的《全球医学教育最基本要求》为参照，并参考了有关国家的医学教育的标准与要求。以修业 5 年为基本学制的本科临床医学专业教育为适用对象(临床医学类其他专业参照此标准执行)，对该专业教育工作的基本方面提出最基本要求《高校国标》。认

为本科医学教育是整个医学教育连续体中的第一个阶段，其本科人才培养目标是为卫生保健机构培养完成医学基本训练，具有初步临床能力、终身学习能力和良好职业素质的医学毕业生；为学生毕业后继续深造和在各类卫生保健系统执业奠定必要的基础。医学毕业生胜任临床工作的专业能力要依靠毕业后医学教育、继续职业发展和持续医疗实践才能逐渐形成与提高。

本科临床医学专业教育的目标也是医学生大学期间的学习目标：培养具备初步临床能力、终身学习能力和良好职业医疗卫生服务工作能力，必须能够使医学生在校期间获得教育培训并掌握日新月异的科学方法。成为高素质的医学毕业生。毕业生作为医学从业人员，必须有能力从事医生职业中保持医学业务水平的持续更新，这取决于医学生在校期间获得的教育培训和对科学方法的掌握。

医学毕业生的质量是衡量医学院校教育质量的最终标准，临床医学类专业质量国家标准中本科临床医学专业毕业生应达到的基本要求如下：

(一)思想道德与职业素质目标

(1)遵纪守法，树立科学的世界观、人生价值观和社会主义荣辱观，热爱祖国，忠于人民，愿为祖国卫生事业的发展和人类身心健康奋斗终生。

(2)珍视生命，关爱病人，具有人道主义精神；将预防疾病、驱除病痛作为自己的终身责任；将提供临终关怀作为自己的道德责任；将维护民众的健康利益作为自己的职业责任。

(3)树立终身学习观念，认识到持续自我完善的重要性，不断追求卓越。

(4)具有与病人及其家属进行交流的意识，使他们充分参与和配合治疗计划。

(5)在职业活动中重视医疗的伦理问题，尊重患者的隐私和人格。

(6)尊重患者个人信仰，理解他人的人文背景及文化价值。

(7)实事求是，对于自己不能胜任和安全处理的医疗问题，应主动寻求其他医师的帮助。

(8)尊重同事和其他卫生保健专业人员，有集体主义精神和团队合作开展卫生服务工作的观念。

(9)树立依法行医的法律观念，学会用法律保护病人和自身的权益。

(10)在应用各种可能的技术去追求准确的诊断或改变疾病的进程时，应考虑到病人及其家属的利益，并注意发挥可用卫生资源的最大效益。

(11)具有科学态度、创新和分析批判精神。

(12)履行维护医德的义务。

(二)知识目标

(1)掌握与医学相关的数学、物理学、化学、生命科学、行为科学和社会科学等基础知识和科学方法，并能用于指导未来的学习和医学实践。

(2)掌握生命各阶段的人体正常结构和功能及正常的心理状态。

(3)掌握生命各阶段各种常见病、多发病的发病原因，认识到环境因素、社会因素及行为心理因素对疾病形成与发展的影响，认识到预防疾病的重要性。

(4)掌握生命各阶段各种常见病、多发病的发病机理，临床表现，诊断及防治原则。

(5)掌握基本的药理知识及临床合理用药原则。

(6)掌握正常的妊娠和分娩、产科常见急症、产前及产后的保健原则，以及计划生育的医学知识。

(7)掌握全科医学基本知识，掌握健康教育、疾病预防和筛查的原则，掌握缓解与改善疾患和残障，康复以及临终关怀的有关知识。

(8)掌握临床流行病学的有关知识与方法，理解科学实验在医学研究中的重要作用。

(9)掌握中国中医学(民族医学)的基本特点，了解中医学(民族医学)诊疗基本原则。

(10)掌握传染病的发生、发展以及传播的基本规律，掌握常见传染病的防治原则。

(三)技能目标

(1)全面、系统、正确地采集病史的能力。

(2)系统、规范地进行体格及精神检查的能力，规范书写病历的能力。

(3)较强的临床思维和表达能力。

(4)内、外、妇、儿科各类常见病、多发病的诊断、处理能力。

(5)一般急症的诊断、急救及处理能力。

(6)根据具体情况选择使用合适的临床技术，选择最适合、最经济的诊断、治疗手段的能力。

(7)运用循证医学的原理，针对临床问题进行查证、用证的初步能力。

(8)从事社区卫生服务的基本能力。

(9)具有与病人及其家属进行有效交流的能力。

(10)具有与医生、护士及其他医疗卫生从业人员交流的能力。

(11)结合临床实际，能够独立利用图书资料和现代信息技术研究医学问题及获取新知识与相关信息，能用一门外语阅读医学文献。

(12)能够对病人和公众进行有关健康生活方式、疾病预防等方面知识的宣传教育。

(13)具有自主学习和终身学习的能力。

二、中国本科医学教育标准——临床医学专业

2000年以后，医学教育标准和专业认证的概念被引入中国。2002年，在教育部的支持下，中国高等教育学会医学教育专业委员会组建“中国医学教育质量保证体系研究课题组”。课题组参照世界医学教育联合会(WFME)《本科医学教育全球标准》、WHO西太平洋地区《本科医学教育质量保障指南》和美国纽约中华医学基金会所属的国际医学教育组织(IIME)《全球医学教育的基本要求》，同时参考了澳大利亚、英国、美国等国家的相关标准，初步拟定了《本科医学教育标准——临床医学专业(试行)》。2008年，教育部、原卫生部联合颁布了此标准，并将其作为我国临床医学专业认证的依据。2014年以来，认证工作委员会又启动2008版《本科医学教育标准——临床医学专业(试行)》的修订，工作组在系统研究WFME的《本科医学教育全球标准》以及澳大利亚《基础医学项目认证与评

估标准》、英国《明日医生》等国家标准的基础上，总结了中国临床医学专业认证中的问题以及2008版中国《本科医学教育标准——临床医学专业(试行)》的应用体会，完成并颁布了2016版《中国本科医学教育标准——临床医学专业》，包含10个领域、40个亚领域(基本标准113条、发展标准80条、注释92条)。2016版《中国本科医学教育标准——临床医学专业》中对临床医学专业本科毕业生应达到的基本要求如下：中国临床医学专业本科毕业生应树立正确的世界观、人生观、价值观，热爱祖国，忠于人民，遵纪守法，愿为祖国卫生事业的发展和人类身心健康奋斗终生。中国临床医学专业本科毕业生应达到的基本要求分为四个领域，科学和学术、临床能力、健康与社会、职业素养。

(一)科学和学术领域

(1)具备自然科学、人文社会科学、医学等学科的基础知识和掌握科学方法，并能用于指导未来的学习及医学实践。

(2)能够应用医学等科学知识处理个体、群体和卫生系统中的问题。

(3)能够描述生命各阶段疾病的病因、发病机制、自然病程、临床表现、诊断、治疗以及预后。

(4)能够获取、甄别、理解并应用医学等科学文献中的证据。

(5)能够掌握中国传统医学的基本特点和诊疗基本原则。

(6)能够应用常用的科学方法，提出相应的科学问题并进行探讨。

(二)临床能力领域

(1)具有良好的交流沟通能力，能够与患者及其家属、同行和其他卫生人员等进行有效的交流。

(2)能够全面、系统、正确地采集病史。

(3)能够系统、规范地进行体格检查及精神状态评价，规范地书写病历。

(4)能够依据病史和体格检查中的发现，形成初步判断，并进行鉴别诊断，提出合理的治疗原则。

(5)能够根据患者的病情、安全和成本效益等因素，选择适宜的临床检查方法并能说明其合理性，对检查结果能做出判断和解释。

(6)能够选择并安全地实施各种常见的临床基本操作。

(7)能够根据不断获取的证据做出临床判断和决策，在上级医师指导下确定进一步诊疗方案并说明其合理性。

(8)能够了解患者的问题、意见、关注点和偏好，使患者及其家属充分理解病情；努力同患者及其家属共同制订诊疗计划，并就诊疗方案的风险和益处进行沟通，促进良好的医患关系。

(9)能够及时向患者及其家属、监护人提供相关信息，使他们在充分知情的前提下选择治疗方案。

(10)能够将疾病预防、早期发现、卫生保健和慢性疾病管理等知识和理念结合到临床实践中。

(11)能够依据客观证据，提出安全、有效、经济的治疗方案。

(12)能够发现并评价病情程度及变化，对需要紧急处理的患者进行急救处理。

(13)能够掌握临终患者的治疗原则，沟通患者家属或监护人，避免不必要的检查或治疗。用对症、心理支持等姑息治疗的方法来达到人道主义的目的，提高舒适度，并使患者获得应有的尊严。

(14)能够在临床数据系统中有效地检索，解读和记录信息。

(三)健康与社会领域

(1)具有保护并促进个体和人群健康的责任意识。

(2)能够了解影响人群健康、疾病和有效治疗的因素，包括健康不公平和不平等的相关问题，文化、精神和社会价值观的多样化以及社会经济、心理状态和自然环境因素。

(3)能够以不同的角色进行有效沟通，如开展健康教育等。

(4)解释和评估人群的健康检查和预防措施，包括人群健康状况的监测、患者随访、用药、康复治疗及其他方面的指导等。

(5)能够了解医院医疗质量保障和医疗安全管理体系，明确自己的业务能力与权限，重视患者安全，及时识别对患者不利的危险因素。

(6)能够了解我国医疗卫生系统的结构和功能，以及各组成部门的职能和相互关系，理解合理分配有限资源的原则，满足个人、群体和国家的健康需求。

(7)能够理解全球健康问题以及健康和疾病的决定因素。

(四)职业素养领域

(1)能够根据《中国医师道德准则》为所有患者提供人道主义的医疗服务。

(2)能够了解医疗卫生领域职业精神的内涵，在工作中养成同理心、尊重患者和提供优质服务等行为，树立真诚、正直、团队合作和领导力等素养。

(3)能够掌握医学伦理学的主要原理，并将其应用于医疗服务中。能够与患者及家属、同行和其他卫生专业人员等有效地沟通伦理问题。

(4)能够了解影响医生健康的因素，如疲劳、压力和交叉感染等，并注意在医疗服务中有意识地控制这些因素，知晓自身健康对患者可能构成的风险。

(5)能够了解并遵守医疗行业的基本法律法规和职业道德。

(6)能够意识到自己专业知识的局限性，尊重其他卫生从业人员，并注重相互合作和学习。

(7)树立自主学习、终身学习的观点，认识到持续自我完善的重要性，不断追求卓越。

掌握这些标准和要求，医学生在大学的学习就有了学习的目标，就可以在今后的课程学习和实习实践中有的放矢，不断培养自己各方面的能力，尽可能高质量地达到以上标准和要求。

第五章　学 习 内 容

大学生的学习内容就是大学的教学内容，也是构成教学过程的基本要素之一，它规定了教学活动中传递知识和技能的范围和性质，在教学过程中既是连接教与学的载体，又是学生学习、认识的客体，对学校实现教育、教学目的，培养全面发展的人才，学生实现自己的学习目标、成人成才具有重要意义。

第一节　大学教学内容

一、大学教学形式及其基本特点

教学形式是指在教学过程中所采用的方式和途径。高等学校的教学形式较之中学显得更加丰富，也更有特点。

(一)大学的教学形式

对于文、法、理、工、农、医等学科的绝大部分专业而言，其常见教学形式的名称及主要特点如下，其中带“ * ”上标者是中学一般所没有的，或虽有但不作为固定的教学环节。

(1)课堂教学：分为讲授课(讲课)、习题课*、讨论课。在课堂上，学生通过教师的传授或师生的交流，学习系统的知识与技能。

(2)实验课：学生在实验室操作仪器、设备，进行学习。

(3)电化与计算机教学：利用现代录音录像技术、多媒体技术、临境技术、国内国际计算机联网，超越时间、空间的限制，进行个性化理论学习、练习、实验，补其他教学形式之“短”。

(4)现场教学：学生面对实物现场，教师在场指导。

(5)辅导：分为质疑和答疑。质疑：学生找教师一对一地求答疑难问题，或者教师为学生集体答疑。答疑：教师找一位或几位学生并向其提问，以了解学生在知识、能力、素质等方面的情况。

(6)课外学习：分为预习、复习、自学、做作业。预习：课堂教学前粗略地或细致地阅读将要讲授的教材内容。复习：课堂教学后细读和钻研所学内容，包括教材、笔记和参考书。自学：学生通过阅读书面教材资料、视听教材资料与国内国际互联网上教材资料以获取知识和信息。做作业：独立运用理论解决练习性问题。

(7)实习：分为教学实习*、生产实习*。教学实习*(又称课程实习)：学生进行基本操作训练。生产实习*分为：①认识实习：学生到认识实习现场，了解大类专业活动的一般过程，教师或社会专业人员给予指导；②专业实习：学生到专业活动现场，了解专业活动的典型过程，参加操作，教师或社会专业人员给予指导；③毕业实习：学生到专业活动现场了解其综合过程及组织、收集资料，教师或社会专业人员给予少量指导。

(8)设计(素质知识能力的综合运用及工作过程的训练)：分为课程设计*(或学年论文)、毕业设计*(或毕业论文)。课程设计*(或学年论文)：学生在教师指导下练习解决较小范围的综合性问题。毕业设计*(或毕业论文)：学生基本独立解决较大范围的综合性专业问题，教师给予少量指导。

(9)计算机操作训练：学生面对计算机，有时由教学人员给予指导。

(10)科研活动：分为科研训练*、科研实践*。科研训练*：在教师指导下从事研究性的活动。科研实践*：在科学项目负责人(教师或专职研究人员)主持下参加科学技术研究工作。

(二)大学教学形式的基本特点

1. 多样性

大学里各课程的教学内容和教学要求差别很大，使得不同课程的教学形式多种多样。例如，课堂理论教学既有课堂讲授，实物、标本、挂图的讲解，又有多媒体计算机辅助课堂教学系统配合讲解，有的学校还引入远程教学系统，现场调用其他高校甚至外国高校的信息资料。实践环节的教学形式也分成了实验教学、教学实习等，还有综合性的训练，如课程设计(论文)、毕业设计(论文)等。

不同的教学形式在服务于培养目标的前提下，互相依存、互相补充。课堂讲授等教学形式主要进行理论知识和方法论的传授，经过实践性教学的各种形式，如实验、讨论、现场参观、教学实习、社会调查等，把在课堂中所学理论知识拿到实际中去验证、去应用，再把实践中发现的问题带回课堂进行理论的探讨并升华。

2. 层次性

依学生在学习中独立性的程度不同，可把教学形式分成三个层次，即传习性教学形式、自主性教学形式、研究性教学形式。传习性教学形式主要是指教师的课堂讲授以及与之相配合的案例教学、现场教学等，是由教师进行知识的传授；自主性教学形式就是在教师指导下的自学、课堂讨论、自主程度较高的实验和实习等；研究性教学形式则是教师指导学生进行创造性的学习活动和科学研究，如设计课、创作课、毕业实习、撰写课程论文和毕业论文。这三个层次都需要教师的指导，但教师的作用是逐渐减弱的，而学生的独立性程度则是逐步加强的。在教学形式由低层次到高层次的转换中，学生不但获得了知识，同时进行着学习方法和科学研究方法的训练，逐步走向自我学习。

高等学校的教学形式是与学习方法融合在一起的，对不同的教学形式应采用与之相应的学习方法。

二、大学教学内容及其基本特点

狭义的教学内容是指学校为实现教育、教学目的而规定开设的课程及其知识系统。广义的教学内容是指根据国家规定的教育目的要求，学校应教、学生应学的知识、技能、技巧，以及在这些体系中蕴含的思想、情感和道德观念等，除了课程之外，还包括教学计划中的其他环节，如实习、科研活动、社会实践内容等，其中课程是核心，基于大学教学过程的创造性和开放性，因此通常从广义上去认识和探讨教学内容。

教学内容是经过人们的再加工，而精心选择、精心编排的，集中体现了人类历代积累起来的知识和经验中最精华、最基本，也是最有时代感的部分。它的发展与变革受社会发展对人才培养的客观要求、科学技术发展的规律和水平、大学生身心发展特征、教师群体的实际水平以及办学的物质、技术条件等因素制约，其中，科学技术发展是最直接、最内在的制约因素，尤其是在当今科技迅猛发展的时代，这种制约作用显得更加突出。

现代科学技术发展的基本特点是：①科学知识呈几何快速增长，科学概念的变革，科学知识的更替日益加剧。②科学技术新成果迅速增长，科学发明、发现到应用的周期缩短，致使科学知识的陈旧周期相应缩短。③学科既高度分化又高度综合，即一方面各个学科领域呈现出内部的分化趋势，使学科划分越来越细，分支越来越多；另一方面各学科之间又广泛渗透、相互交叉，科学技术整体化、综合化的趋势越来越明显。现代科学技术发展的这些基本特征，对大学教学内容产生深刻影响，使大学教学内容呈现出以下特点：

(一)基础性

大学教育培养的是在某一技术领域内具有广泛适应性的高级专门人才。在校期间主要是学习基础知识和专业基础知识，这两部分课程的学时占到总学时的75%左右，就是专业课程也主要是学习专业理论。原因在于：

(1)基础知识是由事物内部的基本原理和要素构成的，它反映了事物的本质及客观规律。虽然它也要不断发展、提高、深化和完善，但与专业性知识和技术相比较，具有相对稳定性，不可能很快就过时。

(2)基础知识和专业基础知识具有普遍的意义。学生具有比较深厚、扎实的基础，掌握了事物发展的一般规律，就能更好地发展智力，提高分析问题、解决问题的能力，就能融会贯通、举一反三地分析复杂的现象，解决特殊性的矛盾，能更好地不断学习，终身学习，掌握新知识，适应新技术飞速发展的要求。

(3)基础知识是相关学科、同类专业的共同的理论基础。打好了深厚的基础，有利于拓宽专业面，增强工作的适应性，因此，加强基础是大学教学的共识，也是世界性教学改革的趋势。

(二)前沿性

大学是培养高级专门人才的基地，其教学内容直接反映了大学教育的水平，同时也在一定程度上反映了一个国家的科技发展水平和经济、文化建设水平，可以说是一个国家现代文明程度的重要标志。因此，大学教学内容最能体现时代的特点和未来的要求。科学技术的加速发展，促使大学教学内容不断地吸收现代科技发展的新成果，消除陈旧过时、庞杂重复的内容，及时引入科技发展的新观点、新成就、新动向，使教学内容永远处在学科发展的前沿。

大学不仅是培养人才的基地，而且还是国家重要的科研基地。大学学科齐全，人才济济，聚集了大批的知识渊博、学术造诣很高的资深专家、教授，还有大批才华横溢、成就卓著的年轻学科带头人和骨干教师，他们承担着国家近半数重点研究项目，这些站在本学科发展前沿的教学科研人员，必然要把本学科最新成果、最新动向引入教学内容，使学生的学习内容也处在学科发展的前沿。

（三）综合性

当今科学技术高度综合化和复杂化，致使解决某个科技问题或社会问题靠单学科的知识、技能已难以胜任。成功的经验表明，一个优秀的科技工作者仅仅只有本学科本专业的知识技能是远远不够的，还必须具有广博的相关学科的知识与方法的修养，能够了解与本学科本专业有联系的相关学科的现状与动向，为适应这种要求，大学课程结构的综合化已成为一个世界性趋势。例如，我们现行的医学类各专业教学计划中设置的课程就包括通识教育课程，自然科学、人文社会科学课程，医学专业基础课程和医学专业课程。在许多大学还规定可自由选择一些本专业以外的课程，有的还实施主辅修制、双学位制等，使不同学科、不同专业知识相互交叉和渗透。如要求文科学生学习一点现代科学技术知识，使之获得科学思想和科学思维方法；要求理科学生充实一点有关国内外政治、经济、文化、社会和历史等文科方面的知识，使之增强人文精神，提高评判伦理、道德方面是非的能力。这种文理之间的相互渗透，有利于提高综合素质，促进智力的进一步开发。随着教学内容改革的不断深入，在大学里将陆续设置一些通用的跨学科或者跨领域的课程，在更高层次上学习“综合知识”，以便构建宽厚的跨学科知识结构。

（四）实践性

专业的理论和技能，一方面要通过理论学习来把握，另一方面要通过实践性学习来把握。所以，大学的教学内容分为理论教学内容和实践教学内容两大部分。理论教学内容主要反映在设置的课程中，而实践教学内容主要体现在除课堂理论教学之外的其他各个环节中，这两部分内容相辅相成、紧密配合，都是实现大学教育教学目标不可缺少的。古人云：“行万里路读万卷书。”说的就是实践与学习理论同样重要。大学教学内容的基础性、前沿性和综合性呈现的是理论教学内容的基本特征，而多系列、多层次、形式多样的实践环节，则使大学教学内容呈现出又一个基本特征——实践性。

大学的实践教学环节在教学计划中占有相当比重，内容丰富，可分为教学实践、科研实践、生产实践和社会实践四种类型。不同类型的实践活动具有不同的功能，总的意义在于实践学习有助于理论知识的吸收、消化、巩固、提高学习效率，并能使间接知识得以补充和深化，使之成为完整的知识。学生通过实际操作提高动手能力，学会独立从事生产、科研和独立解决实际问题的本领，培养具有高级专门人才所必需的思想素质和技能。在实践学习中，还有助于大学生进一步认识国情、了解民情、认识生产与社会需要，增强使命感和责任感，有助于大学生扩大知识面，开阔思维，发展个性，培养创造性思维能力。因此，加强实践教学环节，增强综合性、探索性实践教学内容，已成为当前大学教学改革的重点问题之一。

(五)探索性

探索是指人们不满足或不拘泥于现成的结论，而多方寻求答案、解决疑问或以不同的思路去思考问题、解决问题的过程，大学教学内容的探索性是由大学的教育教学目标决定的。爱因斯坦指出，“高等教育必须重视培养学生具备会思考探索问题的本领。人们解决世界上的所有问题是用大脑的思维能力和智慧，而不是搬书本”。

当今大学培养的人才不仅要具有获取知识的本领，更重要的还必须具有运用知识和创造新知识的能力。首先，就获取知识而言，虽然主要是继承与接受人类“已知”的知识，但对学生来说却是“未知”的，学生从“未知”到“知”的学习过程，从认识规律与逻辑规律来看，实质上也是一种探索的过程，至于运用和创造新知识，更需要在学习过程中培养一种探索的精神和探索的思维方式。

其次，大学的教学内容与方法充满了探索性因素。例如，大学教学不仅要使学生获得前人探索得到的真理，而且还要把前人对真理的探索精神和探索本领传授给学生。又如，在理论教学中，教师不仅把本学科、本专业的最新成果、学科发展的前沿知识传授给学生，同时还把自己的研究成果、心得体会融汇进去，介绍学术界的争论，各种学术观点，各个有待深入探索的尚未成熟的理论，甚至是唯心主义、形而上学的观点和不正确的理论，以引导学生思考、分析，判断是非。再如，实践教学中学生参加的科研活动、兴趣小组活动、社会调查活动以及毕业设计(论文)等，有些就是属于探索未知世界的，有些虽是重复探索人类已知的真理，但目的也在于进行基本的探索训练。

大学教学内容的以上几个基本特点是相互联系的，其中基础性、前沿性、综合性和实践性是它的外在表现，而探索性则是内在本质，是核心。因为学习的真正意义不在于掌握知识和技能本身，而是运用知识和技能去探索新问题，能动地认识和改造世界。

三、大学课程结构及其基本特点

“课程”是一个使用广泛而又具有多重含义的术语。它既可指单独的一门课程，又可指一系列课程，也可以指为专业开设的全部课程。所谓课程结构就是根据专业培养目标要求，将设置的所有课程按一定的程序和课程内容的内在联系组织起来的系统。

根据科学知识发展规律与当前世界高等教育改革的趋势，大学课程结构一般呈现有层次性、多样性综合性特点。

(一)层次性

围绕专业组织的课程，在内容层次上分公共基础课程、专业或技术基础课程、专业课程、跨学科课程。在时间安排上由低层次到高层次，有一定的先后顺序。

(二)多样性

根据课程对于某具体专业的适应程度和重要性，课程可分为必修课程、限修(限选)课程和选修课程等多种形式。必修课程指学习某一专业的每一位学生都必须学习的课程。限修(限选)课程指有若干门课程或有若干个课程组，它们的内容对于该专业来说都是需要的，学生不一定全部学习，但必须选学其中几门或几组课程。选修课程是指开课计划中学生可以自由选学的课程。

(三)综合性

课程编构并不是由单一学科构成的，它包含多个学科，有自然科学课程、人文社会科学课程、生物医学课程、医学专业课程等。任一专业的课程都是以与其专业的学科性质相一致的课程为主，兼学一些其他学科的课程，以使学生具有较广泛的知识面。

第二节　医学课程计划

医学院校必须依据医疗卫生服务的需要、医学科学的进步和医学模式的转变，以现代学习理论为基础，制定与本校宗旨、目标、教育结果相适应的课程计划。医学课程计划必须体现加强基础、培养能力、注重素质和发展个性的原则；明确课程模式；阐明所采用的教学方法；在整个课程计划中体现科学方法原理，鼓励学生参与科学研究，将学生科研训练纳入课程计划，并将原创的或前沿的研究纳入教学过程中，强调分析性、批判性思维能力的培养。以平等的原则实施课程计划，以此培养学生自主学习和终身学习的能力。

一、课程计划的内容

课程计划包括培养目标、预期结果、课程模式、课程设置(课程结构、组成、学分和时间分配)、教学方法和考核方法等。其中，医学课程模式可以以学科、器官系统、临床问题、案例等为基础。教学方法含教与学两个方面，包括课堂讲授、小组讨论、基于问题或案例的学习、同伴学习、实验、见(实)习、床旁教学、临床示教、临床技能训练以及社区实践和网络教学等。

医学课程内容包括人文社会科学和自然科学课程、生物医学课程、公共卫生课程、临床医学课程等。

(一)人文社会科学和自然科学课程

医学院校必须将人文社会科学等融入医学专业教学中，重视职业素质的培养。调整并优化课程计划中人文社会科学的内容和权重，以适应科学技术和临床医学发展、社会和医疗卫生体系当前和未来的需求以及不断变化的人口和文化环境的需要。

在医学课程计划中，覆盖人文社会科学和自然科学领域的内容。自然科学课程包括数学、物理、化学等；人文社会科学课程可以包括医学伦理学、卫生法学、医学心理学、医学社会学、卫生管理学等，要特别强调思想道德修养、医学伦理、卫生法学。每门课程所涵盖的内容和深度要与医学院校的教育目标相匹配。同时强调课程思政，将人文社会科学知识内容有机地融入专业课程教学中。

(二)生物医学课程

医学院校必须在课程计划中开设生物医学基础课程，使学生全面了解医学科学知识，掌握基本概念和方法，并了解在临床中的应用。同时还必须根据科学技术和医学发展以及社会对卫生保健服务的需求调整生物医学课程。

生物医学课程包括人体解剖学、组织学与胚胎学、病理学、病原生物学、细胞生物学、医学遗传学、生物化学、生理学、医学免疫学、药理学、病理生理学等核心课程；以及分子生物学、神经生物学、生物物理学、生物信息学等拓展课程。以上课程也可以整合的形式呈现。核心课程应列为必修课程，拓展课程依培养目标的不同，可列为必修或选修课程。

(三)公共卫生课程

医学课程计划中必须安排公共卫生相关内容，使学生了解全球卫生的状况，培养学生的预防战略和公共卫生意识，使其掌握健康教育和健康促进的知识和技能，具有全球健康观念和意识。

公共卫生相关课程内容包括医学统计学、流行病学、全球卫生、健康教育与健康促进、妇幼与儿少卫生学、社会医学、环境卫生、营养与食品卫生、劳动卫生与职业病学等。

(四)临床医学课程

医学课程计划中应明确并涵盖临床学科内容，确保学生获得全面的临床知识、临床技能和职业能力，在毕业后能够承担相应的临床工作。临床医学课程在临床环境中安排，课程计划包括与医生职责有关的交流技能的专门指导，还包括与患者及其家属、同行及其他卫生行业人员的交流，确保学生有足够的时间接触患者，保证理论授课和临床见习紧密结合。临床教学时间不少于整个课程计划时间的1/2，在临床教学中实际接触患者的时间不少于整个课程计划时间的1/3。

临床医学课程包括诊断学、内科学(含神经病学、传染病学等)、外科学(含外科学总论、麻醉学等)、妇产科学、儿科学、精神病学、眼科学、耳鼻咽喉与头颈外科学、皮肤性病学、口腔科学、中医学或其他民族医学、全科医学等核心课程，以及急诊医学、康复医学、老年医学、肿瘤学、舒缓医学、物理治疗、放射治疗学、临床药学(含抗生素合理使用)等拓展课程。临床医学课程也可以整合的形式呈现。核心课程应列为必修课程，拓展课程依培养目标的不同，可列为必修或选修课程。

临床毕业实习时间不少于48周，合理安排在临床主要二级学科实习轮转，包括内科(其中呼吸内科、心血管内科、消化内科应分别不少于3周)、外科(其中普通外科时间不应少于6周，且需同时包括胃肠外科和肝胆外科)、妇产科和儿科等科室轮转。

提倡早期接触临床。早期接触临床是指在基础医学学习阶段，有计划地在临床环境中安排临床相关内容的学习，主要包括医患沟通、病史采集、体格检查等。使每位学生都能够早期接触临床并更多地接触患者。

根据不同学习阶段，合理安排学生进行不同内容的临床技能和职业能力培训。为医学生与其他专业的医疗人员及学生团队合作提供跨专业(interprofessional education，IPE)的学习机会。临床技能包括病史采集、体格检查、沟通技能、辅助检查、诊断与鉴别诊断、制订和执行诊疗计划，以及临床基本操作等。职业能力包括患者处置能力、团队协作与交流能力、领导力、跨学科/专业合作能力等。

二、课程计划的结构、组成

医学院校必须在课程计划中描述每门课程的内容、课程安排的先后顺序以及其他课程要素，以保证生物医学课程、人文社会科学课程和临床科学课程之间的协调。课程设置应包括必修课程和选修课程，两者之间的比例可由学校根据实际情况确定。

在课程计划中，可以进行相关学科课程的横向整合。横向整合是指生物医学基础学科之间或临床学科之间的整合，如将生物医学基础学科的人体解剖学、生物化学和生理学进行整合；或将内科学与外科学进行整合，如消化内科学与胃肠外科学的整合、肾内科与泌尿外科学的整合。

在课程计划中，也可以进行临床医学与生物医学(基础医学)和人文社会科学的纵向整合。纵向整合是指生物医学基础学科与临床学科的整合，如将新陈代谢紊乱和生物化学整合，或将心脏病学和心血管生理学整合。

课程计划还应该描述与替代医学的相互关系和作用。替代医学是现代医学之外的医学理论与技术的总称，广义上包括中医、蒙医、藏医等，也包括诸如保健食品、食疗等非属传统医学的内容。

三、课程计划管理

在教学校长或院长的领导下，学校教学(指导)委员会负责审核和(或)制定课程计划、课程改革方案并加以实施，以实现预期教育结果。教学(指导)委员会在学校法规条例的允许范围内权衡各学科利益，宏观调控课程。教学(指导)委员会有权指导教学资源的配置，推进课程计划实施，评估学生和课程。在教学(指导)委员会中应该设有教师和学生代表及其他利益相关方的代表。其他利益相关方应该包括其他教学过程的参与者、实习医院和其他临床机构的代表、医学院校毕业生代表、社区及公众代表，如包括患者团体和组织在内的医疗服务体系的服务对象或综合大学的其他学院。

医学在校教育和毕业后教育、继续医学教育是一个连续的统一体，因此，在校教育的课程计划必须与毕业后医学教育进行有效衔接，明确课程计划与毕业后各阶段医疗实践之间的关系，并使毕业生具备接受继续医学教育的能力。

医学生的学习内容，因其所属大学、所学具体专业、所在的年级等不同而异。不同大学医学院校规定课程类型、课程计划及课时要求不尽相同。目前大多数医学院校课程设置主要为通识课程、专业基础课程、专业课程、实践及技能相关培训课程等。通识课程是实现通识教育理念的关键因素，是指除专业教育之外的基础教育课程，具有基础性、整体性、综合性、广博性，有利于医学生扩宽视野、避免思维狭隘，有利于独立思考与判断，养成社会责任感及健全人格。通识课程是实现素质教育最有效的方式，有利于全面培养高素质人才，体现高校的精神及文化，也是现代教育理念中国化的实践过程，有利于保障学生的课程结构及知识结构合理，且着重培养及提高实践能力。专业基础课程是高等学校和中等专业学校中与专业知识、技能直接联系的基础课程。专业基础课是专业课程的基础，有利于大学生专业知识的学习及毕业后适应工作岗位的需要。专业基础课程注重培养专业基础知识、临床技能水平、科研能力、职业道德素质修养、公共卫生及健康促进、沟通与交流能力、信息管理能力、批判性思维能力、身心健康等多维度能力的提升，提高医学生的未来岗位胜任力。专业课程是指高等学校根据专业培养目标而开设的专业知识与专门技能相关的课程。专业课程对专业学习具有重要的促进作用。

通识课程、专业基础课程、专业课程，三者有机结合并且互相补充，形成整个培养计划中课程计划的三大核心内容，也是医学生学习生涯中必不可少的学习内容。近代医学教育从以科学知识为导向，转变为以胜任力为导向的医学教育，故医学生学习过程中也应注重核心能力的培养，如核心价值观、临床思维、疾病预防与健康促进、自主学习与终身学习、医患沟通及交流、信息管理、团队合作及科研等全方面能力的提升。

四、通识类课程

通识课程(general curriculum)是通识教育(general education)的主要体现形式及其具体的表现形式。通识教育是现代教育的一种，其主要目标是在现代多元化的社会中，为受教育者提供通行于不同人群之间的知识和价值观。19世纪初美国博德学院(Bowdoin College)的帕卡德(A. S. Parkard)教授第一次提出“通识教育”，并将它与大学教育联系，其后，有越来越多的教育家对其进行不断的研究和讨论。通识教育逐渐得到世界各国认可，成为现代教育中不可分割的重要部分。

通识课程作为通识教育的载体，在现代教育中发挥重大的作用。通识课程主要指除专业课程之外的基础教育课程，利用基础性、整体性、综合性、广博性，不断扩宽学生视野，避免思维狭隘，培养学生独立思考与判断能力，促进其成长为具社会责任感、使命感且人格健全的高素质人才。通识教育是人文素质教育最有效的实现方式、“大学精神”的实现方式，现代教育理念中国化的实践过程，对大学生实践能力及“复合性人才”的培养具有重大意义。医学通识课程，对医学院校培养具有优秀人文素质底蕴的卓越医师意义不言而喻。

(一)通识课程分类

国内外不同高等院校通识课程分类不同，课程设置也不尽相同，结合不同的文化背景、社会文化、经济水平、发展需求等设置不同类别的通识课程，以满足不同的需求。常见的知识领域分类如下：艺术、信息符号、物质能源、生物医学领域、心理学领域、社会学领域、演进学领域、未来领域、调节领域或社会控制论、传播领域、综合领域、综合领域。艺术主要包括文学、音乐、戏剧、绘画、雕塑等；信息符号主要包括语言学、逻辑学、数学、信息论等；物质能源主要包括物理、化学、天文、地质及矿物学；生物医学领域主要包括动物学、微生物学、形态学、细胞学、遗传学等；心理学领域主要包括心理学、行为学、组织管理学等；社会学领域主要包括人际交往学、社会制度学、人口统计学等；演进学领域主要包括世界演进、人类总体演进、社会及文化演进等；未来领域主要包括新能源等；调节领域主要包括法学、政治学、经济学、管理学和行政学等；传播领域主要包括新闻传媒、教育学、通信学等；探究领域主要包括考古学、宇宙学等；综合领域学包括哲学等。武汉大学《2013 版本科人才培养方案》将通识课程设置为交流与写作类、数学与推理类、人文与社会类、自然与工程类、艺术与欣赏类、中国与全球类、研究与领导类七大领域；而《2018 版本科人才培养方案》又将通识课程归纳总结为基础通识课程、核心通识课程和一般通识课程。基础通识课程分为 2 门：《自然科学经典导引》和《人文社科经典导引》，为所有学生必修课程；核心通识课程和一般通识课程设置为四大模块："中华文化与世界文明""科学精神与生命关怀""社会科学与现代社会""艺术体验与审美鉴赏"。

（二）通识课程中心及平台

通识课程是实现素质教育最有效的实现方式，有利于全面培养高素质人才，体现学校的精神及文化，也是现代教育理念中国化的实践过程，利于保障学生课程结构及知识结构合理，且着重培养及提高学生的实践能力。

随着通识教育不断发展，各综合性高等院校逐渐开展以不同院系合作为中心的通识教育平台的建设，为高等教育注入新的活力。武汉大学作为国内知名大学，初步建设通识教育中心网站平台（网址 http：//gec. whu. edu. cn/）并形成自己独特的通识教育课程体系，对人才素质培养起推动作用；复旦大学，以"培养具有人文情怀、科学精神、专业素养、国际视野"的高层次人才为目标，建成复旦大学通识教育中心（网址 http：//gecc. fudan. edu. cn/），并提供较多开放精品课程，为培养全面的高素质人才提供基础保障。

（三）国内知名大学通识课程

1. 北京大学通识课程

通识课程按学科领域分类如下：数学与自然科学、社会科学、哲学与心理学、历史学、语言学、文学与艺术。主要涉及通识课程如下：数学与自然科学领域："物理宇宙学基础""自然灾害与对策"等；社会科学领域："人类学导论""中国经济专题""公共政治概论"等；哲学与心理学领域："心理学概论""政治哲学"等；历史学领域："美国史通论""中国哲学史""外国经济史"等；语言、文学与艺术领域："中国现代文学名著研究""世界电影史""影视鉴赏"等。

2. 复旦大学通识课程

通识根据学科所属门类，分为文史经典与文化传承、哲学智慧与批判性思维、文明对话与世界视野、科技进步与科学精神、生态环境与生命关怀、艺术创作与审美体验。代表精品课程："荷马史诗""陶艺与雕塑""中国现代文学名著选讲""艺术哲学与审美问题""古典诗词导读""古希腊文明研究""三国志导读""欧洲文明现代历程""资治通鉴""理想国"等。

3. 武汉大学通识课程

通识课程按课程性质分类如下：基础通识课程、核心通识课程和一般通识课程。代表课程："自然科学经典导引""人文社科经典导引"2 门基础通识课程；"中国古典诗词鉴赏""西方哲学史""世界文明史"等中华文化与世界文明类核心通识课程；"数学精神与方法”“化学与社会”“宇宙新概念”等科学精神与生命关怀类核心通识课程；“创业管理”“媒介素养”“大数据与信息社会”等社会科学与现代社会核心通识课程；“中华乐教导引”“音乐欣赏”“电影导演大师创意解读”等艺术体验与审美鉴赏类核心通识课程；“老子庄子导读”“基督教与二十世纪中国文学”“简明世界史”等中华文化与世界文明一般通识课程；“人文化学”“性与健康”“水科学与人类生存”等科学精神与生命关怀类一般通识课程；“商务沟通与谈判”“当代中国政治制度”“当代全球问题与中国外交”等社会科学与当代社会一般通识课程；《文学欣赏与批评》《朗诵艺术》《戏曲审美导论》等艺术体验与审美鉴赏类一般通识课程。

4. 通识课程的作用和意义

通识课程是素质教育最有效的实现方式，是现代医学教育必不可缺的组成部分，具有重大的意义及作用。通识教育贯穿于人才培养全过程，有利于全面培养高素质人才；是大学精神的实现方式，体现学校的精神及文化；是现代教育理念中国化的实践过程，有利于保障学生课程结构及知识结构合理；着重培养及提高学生的实践能力。

通识教育是贯穿人才培养全过程中的重要环节，对培养医学生健全的人格，如可持续发展起重要作用。通识教育不仅可培养学生的人文情怀、科学精神、专业素养、国际视野，而且有利于形成健全的人格和扎根民族、胸怀天下、追求卓越、立足前沿、视野开阔。通识教育是现代医学教育必不可缺组成部分，具有重大的意义及作用。全国各大医学院校高校均应提高对通识课程的重视程度，鼓励多学科跨学科交叉合作，开设更多层面、更多维度的交叉学科，不仅开阔医学生视野，而且为医学生的职业生涯奠定丰富的知识及人文底蕴及内涵。

五、专业基础课程

专业基础课是高等学校和中等专业学校中与专业知识及技能直接相关的基础课程。专业基础课是专业课程的基础，有利于专业学习及毕业后适应工作岗位发展的需要。

(一)专业基础课程的分类

专业基础课程一般可分为：专业基础理论与专业基础实践，或专业基础必修与专业基础选修等。

医学由于专业分类较多，不同的专业其专业基础课程各不相同。为了更好地介绍医学专业基础课程，首先对医学具体专业进行简单的分类介绍。医学主要分为：基础医学、临床医学、口腔医学、公共卫生与预防医学、中医学、中西医结合、药学、中药学、法医学、医学技术及护理。

医学专业基础课程分类较多，目前较常见的分类方式如下：专业主干(核心课程)及实验基础课程；专业必修课及专业选修课程。以武汉大学医学院临床医学“5+3”为例。《医学新生入学手册》明确告知培养目标、培养计划、培养要求以及毕业标准，此举为医学生规划后期理论基础知识学习、实践技能学习、临床见习及实习意义重大。

武汉大学医学院长期以来不停探索教学改革，适应国家层面对医疗卫生人员不断提出的高要求。武汉大学医学院专业基础课程分为：专业主干课及实验基础课，同时也可分为专业必修课及专业选修课，具体代表课程见表 5-1。

表 5-1　**武汉大学医学院临床医学专业“5+3”专业基础课程**

专业主干课程	实验基础课程	专业必修课程	专业选修课程
“人体结构学”“细胞、分子与基因”“组织与功能”“病原生物学”“损伤与反应”“药理学”“临床病理生理与治疗”“外科学”“妇产科学”“儿科学”“神经科学”“临床技能学”等	“机能学实验”“细胞与分子实验”“病原微生物学实验”“损伤与反应实验”“临床病理”“病理生理与治疗实验”“全身体格检查及手术基本操作训练”“医学科研课题设计”“医学科研课题实施”“医学科研毕业论文课题答辩”，以及“内科”“外科”“妇产科”“儿科”“社区实践及专科实践”	“人体结构学”“细胞、分子与基因”“细胞与分子实验”“组织与功能”“机能实验学”“病原生物学”“病原生物学实验”“损伤与反应”“损伤与反应实验”“卫生学”“机能实验学”“神经科学”“流行病学”“基础药理学”“医学统计学”“临床病理”“病理生理学及治疗学”“医学伦理学”“基础医学综合课程”	“卫生法规”“学术与研究”“医学史”“法医学史”“数据分析软件与应用”“医学英语”“临床技能”“临床技能学实验”“临床外科学”“临床妇产科学”“儿科学”“实验诊断学”“皮肤病与性病学”“耳鼻喉与头颈外科学”“精神病学”“临床综合考试”“自然辩证法”“硕士英语”“循证医学”“行业前沿讲座”“临床科研设计”“全球健康”“生物医学研究方法及前沿技术”“临床伦理与医患沟通”“全科医学概论”“中医学”“眼科学”“口腔科学”“急诊医学”“康复医学”“临床思维”“老年病学”“核医学”“肿瘤学”“临床药理学”“临床综合技能训练”“共聚焦激光扫描显微术”等

不同分类体系的专业基础课程大致相同，均注重培养医学生的专业基础知识、临床技能、科研能力、职业道德素质、公共卫生及健康促进、沟通交流、信息管理、批判性思维、身心健康等多维度能力，目标是提升医学生未来的岗位胜任力。

（二）专业基础课程的要求

医学专业基础课程基本要求：学习现代自然科学和生命科学、基础医学各学科的基本理论，掌握临床医学的基本知识，掌握各基础学科的基本实验及基本的生物医学实验技术。专业基础课程应掌握的知识技能领域如下：①掌握基础医学的基础理论及基本知识；②掌握医学实验的设计、分析及基本操作技术；③具有基础科学研究的能力；④熟悉基础医学教学的基本原理及研究方案；⑤熟悉临床医学相关知识并了解学科新进展及新成就；⑥掌握文献检索及数据查询的基本方法，具备较强的科研和工作能力。

知识技能领域要求：掌握基础医学的基础理论、基本知识；掌握医学实验的设计、分析及基本操作技术；具有基础医学科学研究的基本能力；熟悉教学工作的基本原理及研究方案；熟悉临床医学知识并了解临床医学新进展及新成就；掌握文献检索及资料查询的基本方法，具有一定的科研和实际工作能力。

(三)专业基础课程的意义

专业基础课程作为通识课程与专业课程的桥梁，具有重大的意义。专业基础课程，不仅从知识层面为专业课程奠定坚实的基础，而且从技能、临床思维、科研思维等方面为后续的专业课程学习建立必要的基础。牢固掌握专业基础课程知识，对后期专业课程的学习、临床科研课题的设计、临床实践等起积极的推动作用。

专业基础课程对于学科学习起承前启后的重要作用，具体体现在如下方面：

(1)掌握与医学相关的数学、物理、化学、生命科学、行为科学及社会科学等基础知识和科研方法，指导未来的学习和医学实践。

(2)掌握生命各阶段人体的正常结构和功能以及心理状态。

(3)掌握生命各个阶段各种常见疾病、多发病的病因，认识到环境、社会及行为多因素对疾病形成与发生发展的影响，认识疾病预防的重要性。

(4)掌握临床流行病学的相关知识与方法。

(5)具备科学、严谨的学术态度，有依据的质疑与循证。

(6)了解科学实验在医学研究中的重要作用。

六、专业课程

专业课程是指高校根据不同专业培养目标而开设的专业知识和专业技能的课程。专业课程的目标，使医学生掌握必要的专业基本理论、专业知识和专业技能，了解专业的前沿科学技术和发展趋势，培养能分析解决专业范围内的实际问题的能力。

(一)专业课程的分类

医学专业课程，同样因其具体专业分类不同而异。医学相关专业的一级学科主要分类如下：基础医学、临床医学、口腔医学、公共卫生与预防医学、中医学、中西医结合、药学、中药学、法医学、医学技术类、护理类。不同的高等医学院校，对医学专业课程的要求不尽相同，课程体系分类也各不相同。临床医学专业一般要求掌握“诊断学”“内科学”“外科学”“妇产科”“儿科学”“神经精神病学”“传染病学”“皮肤学”“眼科学”“耳鼻咽喉科学”“口腔科学”“中医学”“核医学”“全科医学”“预防医学”等专业课程。

下面将以武汉大学医学院为研究对象，较详地细介绍医学人才培养计划中对应的专业课程，并为其他院校相关专业提供一定的参考。专业课程必修课程主要包括：“临床技能学”“临床技能学实验”“医学影像学(放射及超声)”“临床外科学”等。专业课程选修课程主要包括：“全科医学概论”“中医学”“眼科学”“口腔学”“急诊医学”“康复医学”“临床思维”“老年病学”“临床药理学”等。专业实践课程：“临床技能学实验”“临床技能学”，以及内科实习、外科实习、妇产科实习、儿科实习、社区实习等实践教学内容。具体见表5-2。

表5-2　　武汉大学临床医学专业“5+3”培养模式中专业课程分类

专业必修课	专业选修课	专业实践课
“临床技能学”“临床技能学实验”“医学影像学(放射及超声)”“临床外科学”“临床妇产科学”“儿科学”“实验诊断学”“皮肤病与性病学”“耳鼻喉与头颈外科学”“精神病学”“自然辩证法”“硕士英语”“循证医学”“行业前沿讲座”“临床科研设计”“全球健康”“生物医学研究方法及前沿技术”“临床伦理与医患沟通”	“全科医学概论”“中医学”“眼科学”“口腔学”“急诊医学”“康复医学”“临床思维”“老年病学”“核医学”“肿瘤学”“临床药理学”“临床综合技能训练”“共聚焦激光扫描显微术”	“临床技能学实验”“内科实习”“外科实习”“妇产科实习”“儿科实习”“社区实习”

(二)专业课程的作用及意义

专业课程是大学学习的重中之重，牢固掌握所学专业知识，对未来的职业生涯至关重要，不仅增强学生毕业后的核心竞争力，而且对胜任未来医学岗位相关工作起积极促进作用。

通识课程、专业基础课程及专业课程，属于医学教育教学中三大基本模块，三者互相促进、互相补充，均匀分配在医学学习的全过程中。专业相关的理论知识及实践知识，有机地整合分布于医学教育实践中。医学专业基础课程及专业课程的学习，有助于培养适应新时代发展及需求的高素质医学人才。

专业课程的学习对医学教育及培养医疗相关人才意义重大，主要体现在如下方面：

(1)掌握生命各阶段人体的正常结构和功能以及心理状态。

(2)掌握各种常见疾病、多发病的病因，以及发病机制、临床表现、诊断及预防原则。

(3)掌握基本的药理学知识及临床用药基本原则。

(4)掌握基本的计划生育相关医学知识。

(5)掌握全科医学基本知识，缓解与改善疾患、残疾、康复，注重临终关怀。

(6)掌握临床流行病学的相关知识与方法。

(7)掌握传染病的发生、发展以及传播的基本规律以及常见传染病的防治原则。

医学生只有具备过硬的专业知识及专业技能，方可在人才市场中具备较强的竞争力，并在职业生涯中游刃有余。医学院校、教师及医学生均应加强对专业基础课程及专业课程的重视，三方共同努力，本着以学生为中心的教育理念，争取培养道德高尚、核心竞争力强、基础厚实、实践能力强、科研思维及临床思维严谨的卓越医学人才，并为祖国的医药卫生事业做出贡献。

医学生入校后，均应对所学专业有一定认识及基础了解，严格按照培养计划认真学习通识课程、专业基础课程及专业课程，对大学生活以及对未来的职业生涯有较明确的规划。

第三节 医学核心能力的培养

一、医学核心价值观

医学核心价值观以社会主义核心价值观作为理论根基，并凸显医学行业色彩。依据社会主义核心价值体系的内容，医学核心价值观可凝练为“健康至上，献身医学；勤于学习，敢于创新；救死扶伤，廉洁行医”。

我国自古以来崇尚高尚医德，晋代杨泉《物理论》：“夫医者，非仁爱不可托也；非聪明理达不可任也；非廉洁淳良不可信也。”唐代孙思邈《备急千金要方》：“人命至重，有贵千金；一方济之，德逾于此。”“凡大医治病，必当安神志，无欲无求。”南宋《小儿卫生总微论方·医工论》：“凡为医者，性情温雅，志必谦恭，动必礼节，举止柔和。”

古希腊名医希波克拉底的《希波克拉底誓言》指出：“健康所系，性命相托。当我步入神圣医学学府的时刻，谨庄严宣誓：我志愿献身医学，热爱祖国，忠于人民，恪守医德，尊师守纪，刻苦钻研，孜孜不倦，精益求精，全面发展。我决心竭尽全力除人类之病痛，助健康之完美，维护医术的圣洁和荣誉，救死扶伤，不辞艰辛，执着追求，为祖国医药卫生事业的发展和人类身心健康奋斗终生。”由此可知，古今中外，人们均非常重视医德医风建设。

（一）医学核心价值观的内容

医无德者，不堪为医。医学教育尤其应强调以医德为先，将培育和践行社会主义核心价值观融入医学生培养的全过程中。医德教育融入课堂教学，加强与思政课、医学伦理及法律法规相关课程的渗透融合，强化医德典型案例教学，培养医学生关爱患者、尊重患者、敬畏生命、团队合作的良好职业素养。医学生本着以患者为中心，为患者服务的观点，牺牲个人利益，在更大程度上处理好人民健康利益、集体利益和个人利益的关系。医务工作者应恪守职业道德、忠于职守、精益求精、医风廉洁、平等待患、文明礼貌、慎言守密。

（二）践行医学核心价值观

核心价值观和医生职业素养的培养应从以下几个方面着手：

（1）职业生涯中坚持一切为人民服务的宗旨，理解并认同医生的职业生涯；工作中，正确处理人民群众健康利益、集体利益和个人利益之间的关系；善于接受他人对自己不足之处的批判与指正，并积极改正。

（2）培养核心价值观，包括利他主义、追求卓越、淡泊名利。医生应坚守利他主义、追求卓越、淡泊名利、矢志不渝；在有限的医疗条件下，守护人民的健康；工作上求真务实，以正确心态面对个人利益得失。

(3)真诚守信，具有较强的责任心，热爱职业；恪守救死扶伤的社会责任；按照要求完成工作，履行岗位职责，践行医疗服务承诺；保护患者的安全、隐私及健康；热爱职业，具有职业荣誉感；爱岗敬业，精益求精；积极参加公共机构的公益活动。

(4)具有同情心，患者至上，维护患者权利、隐私和利益；换位思考，理解把握患者的情感状态，尽可能给予安慰与帮助；坚持患者利益至上，避免导致患者身体、精神上的损害；自觉维护患者的权利；追求医学人道主义思想，坚持患者至上理念；不断提高自身的同感能力、认识能力、道德水平和沟通艺术。

(5)行业自律，廉洁公正；依法行医，遵守医疗卫生相关法律及法规，遵守医疗技术操作规范；依法行医，尊重患者的隐私；履行知情同意及告知义务；不利用职务之便，谋取不正当的利益；拒绝接受医疗设备、仪器、耗材、药品等各种名义、形式的回扣。

(6)具备严谨、细致及敏锐的洞察力；遵循科学发展规律，保证医疗技术的科学性、合理性；规范行医；慎言慎行，准确地为患者提供诊断、治疗方案、及时提供患者的诊疗文件，构建和谐的医患关系；使用适宜的诊疗技术和药物，因病施治，开展适合患者年龄、性别和心理身体和精神状态检查。

(7)具备耐心和耐力，以及良好的心理调适与抗压能力；情绪完整，在挫折、困难、压力面前保持情绪稳定；意志坚定；心理健康；心胸开阔；自信心强，保持积极、乐观、向上的精神状态和情绪；具备良好的心理调控能力，保持健康积极的心态。

(8)坚决杜绝任何与营利及利益相关的商业行为；杜绝收取回扣或提成；不私下推销药品；不做不必要的检查；不开虚假医学证明；不超标准收费；不私自收费；尽量节约医疗费用；以患者集体及社会利益优先。

(9)公平而合理地运用医疗服务资源；保证合理检查，合理用药，合理实施诊疗方案；一视同仁对待患者；为患者提供优质的医疗服务；公平、合理地利用有限的医疗资源。

(10)具备正当的职业防护意识；熟悉《中华人民共和国职业病防治法》《医院感染管理办法》等相关的法律法规；执行医院感染管理制度，有职业防护意识；按要求穿工作服、隔离衣、口罩、帽子；具备标准预防的观点及意识；定期进行健康体检。

(11)保持自我保健能力；合理饮食、运动、休息，定期体检；合理安排工作，饮食规律，注意营养均衡，戒烟限酒；坚持运动锻炼；能调节工作及生活压力。

医务工作者应具备高尚的医德医风，“以患者为中心”，充分发挥自身专业知识与技能，为患者提供优质的医疗服务，同时进行健康宣教，促进患者重新恢复健康。

二、临床思维能力培养

临床思维能力是指医生或医学生运用医学科学、自然科学、人文社会科学和行为科学的知识，通过与患者充分的沟通和交流，进行病史采集、体格检查和必要的实验室辅助检查，获取临床病例资料，结合其他可利用的最佳证据与信息，根据患者临床症状、患者职业、家庭和人文背景等多方面信息，进行分析判断和总结，制定初步疾病诊断、治疗、康复和预防的个性化方案，并执行和不断修正的思维过程及思维活动。

临床思维能力是医生综合能力的体现，需要以医学、自然、人文社会、行为科学等为指导思想，同时树立“以患者为中心”的理念，综合分析症状、查体、既往史及相关辅助检查，诊断明确某疾病，并结合患者的情况，制定个性化的治疗方案，促进患者恢复健康。

(一)临床思维能力的培养

临床思维能力的培养对医学生临床见习、实习以至后期的胜任临床相关工作，均具有重要的意义。医学思维能力的培养强调日积月累，是学习过程中形成的重要思维方法，有助于发现问题、思考问题及解决问题。临床思维能力的培养应遵守下列原则：理论与实践相结合，循序渐进，部分与整体相结合，同时提倡多反思自主式的学习模式。

良好的临床思维能力的培养，主要应从以下方面入手：

(1)注重基础理论的学习，不断提高临床思维的能力，前提是要具备坚实的医学理论知识基础。医生在进入临床工作之前，需要经过医学院校的系统学习，掌握坚实的基础理论知识是临床工作的基础。所谓基础理论，并不单纯指掌握生理学、解剖学、病理学、生物化学等专业基础课程或专业课程，还应熟悉各类疾病的诊疗理论，包括学科之间与纵向和横向的联系。

(2)坚持实践第一。医学的特殊性决定医学实践性极强。对于医者来说，医学理论知识的学习固然重要，但需要理论与实践相结合。医学实践增加了对医学生的感性认识，将理论知识合理运用于实际病人，使患者受益。只有不断反复进行临床实践，才能不断丰富并增加感性认识，提高临床思维能力，锻炼思维的正确性及敏捷性。

(3)全面收集临床相关资料。临床思维的基础来自医者对患者的病史、症状、体征及辅助检查结果的感性认识。只有全面收集临床相关资料，才能得出正确且符合实际的思路和诊断。全面收集疾病相关病史资料，包括疾病的病因、诱因、临床特点、症状体征(不仅包括阳性体征还包括阴性体征)、发病过程、治疗过程，同时密切观察患者对治疗药物的反应。

(4)深入疾病本质。临床思维培养在于反复思索临床问题，分析总结得出经验。疾病的发生、发展及演变各不同时期表现不同，不同患者临床表现也各不相同。临床思维的锻炼应该透过疾病的表面现象看本质，勤思考，多总结，不断积累经验，提升自身能力。

(5)不断更新知识。医学发展进步极快，知识不断更新换代，医学不断进步的同时，医学生也应与时俱进，不断更新知识及疾病相关临床指南，应用新技术、新方法、新器械及新药品，造福患者。

(二)临床思维能力培养的原则

临床思维能力的培养对医生的职业生涯意义重大，不仅能指导临床工作顺利地开展，而且对疾病认识更加深入及深刻。培养临床思维能力的原则如下：

一元论与多元论原则：一元论观点是尽量用一种疾病去解释多种临床表现；如有两种或几种疾病同时存在则不应受此限制，则须将所患疾病分清主次，先后排列，此为多元论。

常见病与多发病原则：疾病的发病率可受多种因素的影响，疾病谱随不同年代、不同地区而变化。对主要症状或体征进行分析做出诊断时，首先应考虑产生该症状或体征的常见病或多发病，同时必须结合患者的性别、年龄、职业、发病季节与地域等具体分析。

器质性疾病与功能性疾病原则：器质性疾病是指由多种原因引起的机体某一器官或某一组织发生的疾病，并且造成该器官或组织损害。功能性疾病是指由支配器官的神经系统失调引起功能性症状，器官组织无明显损害。两者都有生理功能异常的表现，区别在于有没有组织器官的明显损害。临床实践中，若疾病属功能性，虽也可以正面分析，协助诊断，但仍需排除器质性病因后才能给予功能性的诊断。

可治性疾病原则：当疾病诊断有两种可能时，一种是可治且疗效好，而另一种则是目前尚无有效治疗方法且预后甚差，这时，在诊断上应首先考虑可治且疗效好的疾病，有利于及时处理。当然，对不可治的或预后不良的疾病亦不能忽略。实事求是原则：医师应客观对待临床现象，不能仅仅根据自己的知识范围和局限的临床经验任意取舍。不应将这些现象牵强附会地纳入自己理解的框架之中，以满足不切实际的所谓诊断的要求。

简化思维原则：在紧急状态，争取时间进行抢救是接诊医生的首要任务。为尽早决定治疗方向，应迅速建立诊断假想，这时，医生就不可能按部就班地去参照疾病的多种表现逐一对照、逐一排除，然后再确立诊断构想，而是简捷地把多种诊断倾向迅速归纳到一个最小范围中去选择最大可能的诊断，这就是简化思维原则。

(三)临床思维的特点

临床思维能力的提升来源于临床实践，实践又需要牢固的理论知识及科学的思维方法作为基础。在全面收集了解患者病史资料的基础上，进行正确的思考，从而得出正确而符合实际的思路与诊断，同时应透过现象看本质，勤思考，多总结，不断积累经验，提升自身临床工作能力。

临床思维的特点如下：

(1)主体和客体性的交错和相互作用：医生和病人的关系似乎是单纯的主客体关系。医生是临床认识和行动的主体，在临床思维中其起主导作用，决定着病人的前途。但这只是事情的一个主要方面，另一方面还要看到，由于病人是具有主观能动性的人，其不同于自然界中一般的客体。在临床上必须同时注意病人的客体性和主体性，既注意研究疾病的客观表现，又注意对病人主观能动性的调动和正确引导。

(2)个体性：疾病虽有其共同的特征和规律，但在每一个病人身上的表现都会有所不同，疾病的共性寓于临床病人千差万别的个性表现之中。

(3)时间的紧迫性和资料的不完备性：对急重病人，必须在很短的时间内做出决断并进行治疗，也就决定了临床判断往往要在不充分的根据上做出。尽管临床检查手段多种多样，临床医生也不能对一个患者遍行各种检查，而只能有目的、有选择地进行某些项目的检查。因此临床医生只能在很不完善或不太完善或接近完善的资料基础上做出判断和决策。

(4)动态性：临床思维的认识对象是活的病人，是正在不断发展变化着的疾病，这就要求医生的认识具有明显的动态性，是一个反复观察、反复思考、反复验证的动态过程。

(5)逻辑与非逻辑的统一性：临床思维是一个逻辑思维过程，有时也包含一些很重要的非逻辑的因素。一个医生作为思维的主体方面，除了有逻辑推理之外，还可能有“直觉”，以及尚未或不能用明确的概念表达出来的“个体经验”等非逻辑式的成分在起作用。临床判断不仅为逻辑推理所决定，还要考虑到伦理学问题和社会经济情况等内容。

(6)周期短、重复性：与其他科学研究相比，临床思维显然具有周期短、重复机会多、正误揭晓快的特点。医生能在比较短的时期内，多次从临床实践中重复从感性具体通过抽象到达思维中的“具体”这个不断深化的认识过程，并有机会用实践的结果反复检验自己的主观认识是否同客观实际相符，这对于提高临床思维能力是一个很有利的条件，应当自觉地加以利用。

三、疾病预防与健康促进

(一)疾病的预防

随着对人类和环境认识的不断提高，人们逐渐发现主动预防疾病比被动治疗疾病更具有实际意义。因此，医学生应逐步树立多层面、全方位的大健康、大卫生、大医学的观点。疾病预防也是现代医学的重要部分和终极目标。

预防医学主要研究人群健康状况及其影响的因素、疾病预防和健康促进的集体效果以及防治疾病的组织和管理方式等，学科领域涵盖流行病、卫生统计、营养与食品卫生、社会医学等多学科。

1. 预防医学的主要任务

预防医学的主要任务包括：阐明环境因素对人群健康的影响规律及方式，提出相应的预防对策；利用健康研究中卫生统计学、流行病学和生态学等原理和方法，认识环境与身心疾病的内在联系与规律；提出健康促进、疾病预防的政策与策略；采取有效的个体和群体预防措施，预防疾病发生、蔓延和恶化等。

2. 疾病病因多元论

医学生应认识疾病发生发展是生物学因素、环境因素、生活方式等多因素综合作用的过程，生物—心理—社会医学模式各因素影响人类健康及疾病，如心血管疾病以生活方式为主，意外事故以环境因素为主，传染病则以卫生服务为主。如图 5-1 所示。

因此，预防控制疾病的发生、发展及演变，应从多因素着手，制定多维度的疾病预防的策略。疾病预防的目标是防止疾病在人群中发生；疾病控制的目标是为了减少疾病在人群中发生和发展。

3. 疾病预防

目前疾病预防的主要措施如下：个体预防和群体预防；三级预防；公共卫生监测以及突发公共卫生事件处理等。

个体预防是针对个体所采取的预防疾病措施，主要是强化个体的健康意识，同时结合周期性健康检查。群体预防是国家层面通过改善社会环境、消除潜在危险因素、减少环境污染等措施，主要开展城乡社区卫生活动，达到保持健康及预防疾病的目标。

三级预防是预防医学的主体。第一级预防是病因预防，即疾病尚未发生时针对病因及危险因素等所采取的综合性预防措施。一级预防主要通过健康促进、健康保护等方面，预防疾病的发生。一级预防常采用全人群策略与高危策略相结合，重点突出，全面覆盖。重

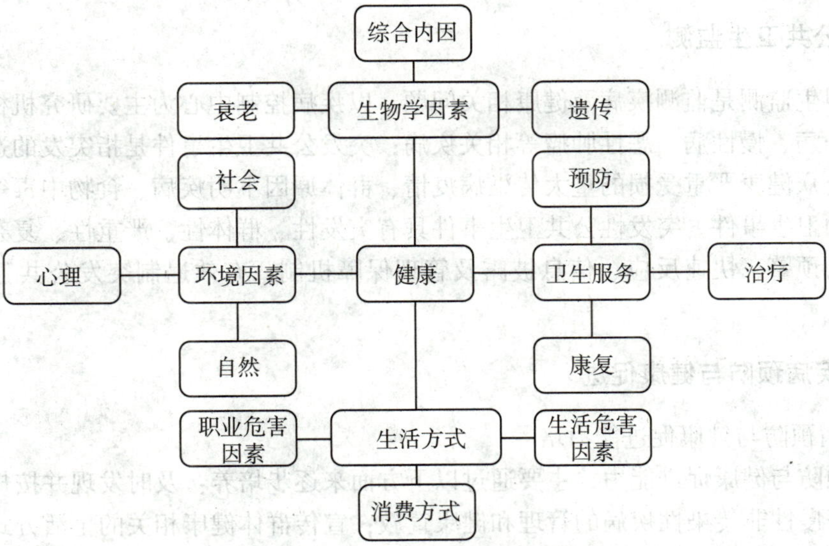

图 5-1　生物—心理—社会模式各因素间的关系

点人群预防主要涉及老年人、妇女、儿童。不同人群的特点及预防重点各不相同。老年人预防保健的重点：注重老年人生理、心理和社会因素对健康的影响，延缓衰老，减轻语言、记忆和行为障碍，提高生命质量；妇幼保健的重点：加强青春期、婚前期、孕产期、哺乳期及更年期的保护，调节生殖生育，确保母婴安全与健康。二级预防是发病前及发病早期实施的预防措施，早期发现、早期诊断和早期治疗疾病，又称“三早”预防。二级预防重点是传染病与慢性病，两者预防特点及重点各不相同(见表 5-3)。三级预防又称临床预防，是对已经发病的患者进行适时、有效的处置，加速生理-心理和社会康复，减少并发症和后遗症的发生，避免因病致残。三级预防的理念贯穿于疾病发生、发展及演变的全过程，“未病先防、已病防变、病后防复”。

表 5-3　　　　传染病与慢性病预防的比较

内容	传染病预防	慢性病预防
病因	有特异性的生物学病因，一定的潜伏期和明确的传播途径	病因多样，有些病因不明，病程起点不确定
病因预防	特异性预防措施有效，直接预防效果明确、迅速、可测量	综合性预防措施可有效，直接效果不明确，需长时间评价观察
发病机制	单纯、容易阻断	复杂，不易阻断
病程	短，或治愈或死亡	长，甚至终生带病，需连续性的三级预防
传播	具传染性，群体预防的效果极佳，以公共卫生人员和政府的责任为主	无传染性，群体预防的效果不突出，以个体的责任为主
预后	后遗症少而单纯，单一的功能康复即可	多器官多系统损害，需要综合性功能康复

(二)公共卫生监测

公共卫生监测是监测疾病及健康相关问题，以疾病控制中心为主要研究机构，检测流行病、传染病、慢性病、恶性肿瘤等相关疾病；突发公共卫生事件是指突发的造成或可以造成社会公众健康严重受损的重大传染病疫情、群体原因不明疾病、食物中毒等严重影响公众健康的卫生事件。突发性公共卫生事件具有突发性、群体性、严重性、复杂性，同时建立应对的预警、快速反应、信息披露及管理保障机制，有效遏制突发公共卫生事件的进展。

(三)疾病预防与健康促进

1. 疾病预防与健康促进能力培养

疾病预防与健康促进能力，主要通过以下方面来逐步培养：及时发现并按规定上报传染病；做好慢性非传染性疾病的管理和健康宣教；宣传群体健康相关的生活方式、环境和社会等因素；了解医生的岗位职责，积极与卫生系统管理人员合作；了解医疗卫生体制的结构与功能；合理利用有限的医疗卫生资源；了解公共卫生政策对人群健康产生的影响；了解国际卫生状况和全球健康；积极参与健康教育与健康促进；建立与维护社区居民健康档案；了解社区和人群的健康需求和健康状况；开展基本的精神卫生服务；组织指导社区健康教育工作；组织指导社区护理工作；组织开展家庭卫生服务(访视、咨询、换药等)；了解卫生财政政策；保护社区的重点人群；及时完成社区卫生服务各项统计分析及总结；了解社区人口动态。

2. 疾病预防与健康促进的意义

疾病预防与健康促进是预防医学的核心内容，主要针对疾病发生、发展、分布等规律以及影响健康的各种因素，制定相应的预防对策和措施，预防疾病、促进健康和提高生命质量。

预防医学在医学中意义重大，与基础医学、临床医学、康复医学一起构成了现代医学四大支柱。医学生应努力学好预防医学相关知识及技能，并在实际工作中积极运用相关知识，指导周围人群预防疾病，促进健康。

四、终身学习能力培养

(一)终身学习能力的重要性

世界经济、社会发展和科学技术进步影响着人类的学习、生活和交往方式，同时也将医学教育推向一个新的发展阶段。21 世纪，医务工作人员需要面临越来越复杂的社会与工作环境，高等院校教育完全不能满足人们更新知识的需求，终身教育是社会发展的必然趋势。

高等医学教育包括三个阶段，即医学院本科教育、毕业后医学教育和继续医学教育。医学生必须树立不断学习、终身学习的理念，通过毕业后教育、继续医学教育获得更多的更新的知识及技能，运用于工作实际中，并促进患者恢复健康。

医学知识和终身学习的能力是岗位胜任力及核心能力的重要因素。终身学习能力的培养，是毕业后医学教育的重要组成部分，也是加强和提高临床医生培养质量的重要手段。

(二)终身学习能力的培养

终身学习能力的培养可从以下几个方面获得：

(1)学习生物医学基础知识。牢固掌握医学相关基础知识、基本理论，对常见病和多发病的生物医学基础知识之间相互关系和复杂机制较熟悉；能完成基本的诊疗服务，掌握学科最新动态；利用所学知识，解决医疗问题，开展科研活动。

(2)学习行为科学、社会科学以及医学伦理学。掌握行为科学、社会科学、医学伦理学和卫生法规等相关知识，临床工作中做出正确的决策和合乎道德的临床实践。

(3)掌握与应用临床医学知识。掌握学科相关的临床知识，培养良好的临床思维，及时识别危急重症患者并积极处理；熟练、准确、规范采集病史，系统进行全身体格检查及规范书写病例；对常见病及多发病做出正确的诊断及预后评估；关注行业新进展、新技术及新方法，并将其运用到临床实践中；参与患者医护相关诊疗活动，与社区工作人员协同工作。

(4)执业实践中不断更新知识和专业技能。具有终身学习的意识，根据科技发展和医学模式转变，不断适应社会和行业发展；以培养核心能力为导向，以循证医学为载体，不断更新知识与技能，与时俱进。

(5)积极参加继续医学教育与继续职业教育。熟悉行业及专业发展的重要性，定期参加医学教育和继续职业发展活动；根据职业发展的不同阶段，提出不同的目标及重点；改进自身的医疗与教学；积极分享经验与教训。

(6)能认识自身优缺点，并不断改进专业上的不足。认识自身知识及技术的局限性；积极回应他人的评价信息，适时改进自身工作；反思自我行为，在实践中不断完善自我。

医学是通过科学或技术的手段处理人体的各种疾病或病变的生命学科，随着科学技术不断发展及认知水平的不断进步，人们对疾病的发生发展等机制不断深入及完善，未来势必研发出更多新的疾病相关预防、治疗、诊断方法。因此，医务工作者绝对不应仅仅满足高等院校内教育，而应养成终身学习的能力及习惯，勤于思考，举一反三，不断总结临床知识及技能要点，将所学知识积极运用实践当中，并不断进行观察、评价及总结。

终身学习是社会中每个成员为适应社会发展和实现个体发展，贯穿一生的持续性学习过程。终身学习是医学修成的必经之路，医务工作者必须紧跟时代步伐，适应现代社会的需求，不断学习、思考、进步，成为真正的有用之才。

五、医患沟通能力培养

沟通是为了设定的目标，将信息、思想和情感在个人或群体之间传递，达成共同协议的过程。医患沟通，是指医患双方在医疗活动中围绕患者的诊断治疗方案及预后不断进行深化的信息交流，交流的信息既包括疾病诊疗相关的内容，还包括医患双方的思想、情感、愿望等方面的表达。

良好的医患关系是沟通交流的前提。在首诊患者时，医生应注意从各个方面温柔善待患者及家属，为其排忧解难，建立良好的互动互信的医患关系，并为后期沟通交流奠定较好的人际基础。

(一)医患沟通的内容

医患沟通的主要内容包括：病情沟通、诊疗方案沟通、知情同意、权利和义务沟通、费用沟通、特殊问题沟通等。下面将较详细的介绍医患沟通的内容：

(1)病情沟通。疾病诊疗过程中，搜集疾病相关的信息，并分析整理，做出疾病的诊断，根据患者情况，制定个性化的治疗方案。病情沟通主要形式以询问病史及体格检查为主。

(2)诊疗方案沟通。在全面且充分了解患者病情的基础上，提出进一步诊疗计划，即下一步检查和治疗方案。同时，与患者沟通相应检查与治疗可能存在的风险与获益，让患者在充分了解风险与收益的情况下做出判断，并尊重患者的选择。

(3)知情同意。知情同意的主体是患者，在特殊治疗或特殊检查上，需充分沟通后，签署书面的知情同意书，并签字同时备注时间。

(4)权利与义务沟通。医患沟通过程中，医务人员应告知患者自身的义务，让患者了解医疗活动中自己所具有的权利；同时也要强调患者的权利及在医疗活动中的义务。

(5)费用沟通。特殊药品、手术、特殊检查以及费用较高且无法报销的检查级诊疗，均应提前告知患者大概的医疗费用，然后再给予相关的清单。

(6)特殊问题沟通。对医学伦理产生的问题以及因纠纷产生的问题，如医疗投诉、医疗纠纷、意外事故等，应积极主动沟通解决问题，而不是一味推卸责任、逃避问题。

(二)医患沟通技巧

医患沟通能力是医务工作者的核心能力，需要具备一定的沟通技巧，如尊重关心患者(了解患者的情感、态度、价值观及文化背景)；“移情”(理解患者情感)；倾听患者的意见；提供积极的帮助。医患沟通是人际沟通能力在医学中的具体体现。

一般来说，可从以下几个方面提升医患沟通技巧，避免或减少医疗相关纠纷或事故的产生：

(1)注意倾听，收集与综合和患者问题相关的信息。建立相互尊重、平等互信的医患关系，平等待患；把握和运用医德情感。

(2)理解，信任，尊重患者及其家属，保护患者隐私权。以真诚、平等的态度给予患者尊重与理解；考虑患者个性特点及文化背景，对患者情感表达做出恰当的评价。

(3)维护患者知情权，有技巧地获得知情同意。充分履行告知义务；有意识地向患者传递必要的医学知识；主动告知和解惑，使患者明白诊断、治疗、预后、用药及费用相关的知识。

(4)妥善应对在医疗过程中的伦理问题。及时发现伦理问题，正确地评估，养成伦理学意识；自觉运用并遵守伦理原则和规范，预防伦理问题发生。

(5)安抚患者愤怒和误解负面的情绪。及时观察患者的情绪变化；准确地把握引发不良情绪的原因；进行相应评估，排除和消除原因；安抚患者，与患者进行心灵沟通，并得到患者的认同。

(6)积极预防及化解医患矛盾。治病救人的同时，应注重人文关怀；建立互相尊重、信任、平等、合作的医患关系，预防医患纠纷，体现医者仁爱之心。

(7)有技巧地向患者传达等负面消息。清晰理解沟通内容，能恰当告知患者或家属负面消息，对无思想准备、承受能力较差者把握告知尺度；因人而异，充分认识患者的文化、性格、家庭及社会背景，有计划、有步骤、循序渐进告知负面信息。

(8)与患者和家属共同商议决策。医疗决策的制定，需秉承"以患者为中心"的服务理念；向患者提供疾病相关的重要信息的同时，引导患者及家属积极参加医疗决策；告知患者疾病的诊断以及各种检查、治疗方案的利弊，并对预后及医疗费用进行充分沟通。

(9)有效的口头表达和传递信息能力。医患沟通中不仅利用语言，而且利用表情、动作等肢体语言，用患者易理解的非专业术语，告知病情相关的信息；准确传递及解释病情，让患者及家属能了解医生所提供的医疗服务，明确医患双方的责任、义务，形成医患共同体。

医患沟通是临床工作中的重要环节，医务人员应在全面收集疾病相关信息后提出较全面的诊疗方案，充分告知患者风险及获益，争取患者的知情同意；医患双方均需履行各自的权利与义务；涉及费用项目，提前告知，充分尊重患者知情权及决定权。

六、信息管理能力的培养

21世纪医学与生命科学的迅猛发展，医学日新月异，进步迅速，医学相关信息呈现几何级数增长。信息技术及网络在医学领域日趋广泛应用，临床医疗和科研工作信息化程度越来越高，未来医生及医学研究人员将面临不断扩大的工作领域和日益复杂的临床诊疗和科研工作。以信息获取、利用、处理及评价为核心的信息管理能力，是医学人才综合素养的核心。信息管理能力，是临床医疗及科研工作的重要条件和必备保障。

(一)信息管理能力的主要内容

信息管理能力包括信息意识、信息知识、信息能力、信息道德等多方面。信息意识是指人对各种信息的自觉心理反应，它反映医生在信息活动过程中的认识、态度、价值趋向和需求。医生具备较强的信息意识，形成良好的信息习惯，善于捕捉、分析、判断及吸收医学领域信息知识，有助于培养信息敏感性及洞察力。信息知识是与信息相关的理论、知识和方法。掌握医学信息基础知识、现代信息技术知识和外语，有助于扩宽信息知识面，涉猎更多的相关信息。信息能力是指有效利用信息技术和资源获取信息、加工处理以及创造和交流新信息的能力。信息能力主要包括以下几个方面：信息工具的使用及信息技术的应用能力；信息获取及识别能力；信息加工及处理能力；创造、传递信息的能力；信息素养终身学习能力。信息道德，即信息伦理道德，是指在信息的获取中了解信息相关的伦理、法律法规和社会经济问题；遵守信息获得、存储、交流、利用过程中的法律法规和道德规范。信息道德强调尊重信息知识产权。

(二)信息管理能力的培养

信息能力的培养应从以下几个方面提升：

(1)利用不同的数据库等途径，检索收集并组织分析相关医学信息。具备较强的计算机操作水平；从不同的数据库中准确检索、系统收集、科学分析文献数据及生物医学信息；熟练运用电子图书馆系统及在线医学信息资源。

(2)有效利用信息技术进行患者医护与患者教育。要具有较强信息技术能力，能够熟悉使用电子病历系统、医院工作系统等医疗常用软件及数据库；遵守医疗记录及数据相关的法律法规；善于运用信息技术指导临床医疗实践，协助疾病的诊断、治疗和预防；利用科学思维识别、阐明和解决患者的疑难问题。

(3)能合理控制患者医疗费用。了解国家医疗收费政策、医保政策的基本原则；熟知医保政策；熟知医疗机构收费标准，尽量选择低价高质的医疗服务；减少不必要检查，科学有效地控制医疗成本，节约医疗资源。

(4)有效安排临床工作和职业生涯规划。合理安排日常工作和职业规划；科学分配医疗、科研及教学工作；定期制订学习计划，参加继续医学教育培训；对工作定期进行记录、总结、分析、反思和提升，实现终身学习。

(5)时间管理，处理工作具有计划性。制定具体工作目标及重点；选择有效利用时间的方法与策略；集中精力，有效控制干扰；及时处理事件。

(6)医疗实践中不断提高组织协调和领导力。了解管理学、教育学基本理论，具一定的组织领导能力；指导并管理一定数量的下级医生，监督下级医生的诊疗过程，加强沟通与交流；积极参与多种形式教学活动，包括教学查房、疑难病例讨论、专项技术培训等。

(7)掌握一门外语。具备较强的外语能力，能够进行日常的沟通交流；理解并翻译相关领域的外文医学文献综述、论著及著作；阅读进口药物及医疗仪器的外文说明书；撰写外文摘要。

(8)应用教育学知识向医学生或其他人提供辅导及实习管理。客观鉴定和评估下级医生及医学生的工作表现及综合能力；采用结果性考核及过程性考核多种考核方式相结合，多角度评价医生综合素质。

(9)积极参与专业内部评审和外界检查。了解各项评审与检查的意义；积极配合医院内部评审及外部医疗检查；提供真实可靠的评审资料。

一名优秀的临床医生应较系统且熟练掌握至少一门外语，掌握信息管理的基础知识，了解多媒体技术计算机在医学中的应用、人工智能、图像处理、文献情报检索、生物信息的检测与分析；了解互联网经常使用的搜索引擎及国内外知名的医学站点、医学高校、医学学术机构、网络电子期刊等，并将上述最先进的医学知识与技术运用于救治患者的临床实践当中。

“远程医学”是信息管理与医学相互交联后产生的新兴学科，是指计算机技术、远程通信技术与医学专业相结合，实现信息的远程采集、处理和查询，有利于医学跨地域的交流与合作，服务患者，并可能在不远的将来改变医生的工作模式。

七、团队合作能力的培养

古人云：“三个臭皮匠，顶个诸葛亮。”由此可见团队合作的重要性。团队内信息互享，可获得更多知识，产生更大的合作效应。团队合作是指一群有能力、有信念的人在特定的团队中，为了共同的目标，相互支持合作奋斗的过程。

医疗团队中每位成员的学历、资历、级别都各不相同。不同层次的住院医师、主治医师和主任医师能力及职责范围各不相同，应充分认识到团队中成员的优缺点及个体差异，齐心协力，发挥出更大的创造力。良好的团队对个人的成长也起积极的促进作用。因此，培养医务工作者团队合作能力意义重大。

(一)团队合作的原则

医疗团队必须遵循以下五个原则：目标一致、职责分工明确、互相尊重及信任、必须保持有效的沟通、进行考评的质量检测。

(二)团队合作能力的培养

培养团队合作能力可通过以下几个方面入手：

(1)积极与同事合作，尊重同事的能力与贡献。充分认识到团队成员的优缺点，尊重每位成员的工作能力及贡献；信任团队中其他同事，善于倾听同事意见和建议；以团队的整体利益和荣誉为目标。

(2)以团队合作的方式制订患者的诊疗计划。通过认真讨论、口头交流、电话、会议等形式与团队中的同行及时分享信息；共同参与并制订患者的诊疗计划；关注疾病治疗的进展，根据病情调整诊疗计划；团队讨论中提出建设性意见。

(3)乐于关心和帮助同事。关心医疗团队中每个成员，主动帮助同事；心胸开阔，与同事之间关系融洽，互相谅解，共同完成诊疗任务。

(4)了解团队中其他成员的角色和职责。了解同事在团队中的角色和基本职责；承认并尊重其他成员不同的工作性质和岗位职责；善于处理医际关系及医患关系；督查患者管理，参与学术讨论。

(5)善于协调与团队成员关系，避免矛盾冲突。及时协调上级、同级及下级及医护之间的关系；保持与团队成员在工作、生活等方面的交流与沟通；洞察冲突发生的可能性、及时预防冲突发生。

(6)与其他科室建立良好的合作关系。认识到良好合作关系的重要性；在规定时间内及时处理患者的会诊及转诊；以患者为中心；遇到疑难复杂病患者，积极提出见解和治疗建议。

(7)适当参与其他专科学习活动，培养合作能力。主动参与其他学科团队学习活动；鼓励参加多学科交叉的学术活动；实现跨学校、跨学科间知识与技能的互补。

培养团队合作能力对医疗工作会起极大的促进作用，各成员均应积极发挥自身优势，并彼此碰撞思想的火花，共同商议，制定方案，并根据治疗效果及时调整方案，以“患者为中心”，力求患者最大化受益。团队合作过程中应平等友善、善于沟通、谦虚谨慎、调解矛盾、接受批评、发挥创造力，以真情之心，接纳团队成员，互帮互助，为团队的集体荣誉建言献策，并贡献属于自己的力量。

八、科研能力培养

科研能力主要是指运用科学的思维方法、严谨的科研设计，以及现代技术手段进行科学研究、实验和创造性劳动的技能，是科研工作者共同具备的能力，主要包括创新能力、观察能力、思维能力、实际操作能力等。医学生必须具备一定的科研能力及科研素养，及时发现问题，查询相关资料，分析问题、解决问题，并最终撰写科研论文。

(一)科研能力的培养

医学生的科研能力应从入学开始培养，培养的先决条件是科研思维能力。科研思维主要包括批判性思维、创新性思维及创造性思维能力的培养。整个学习过程中医学生应重视科研能力的培养，有意识地反复思考问题并分析问题，最终解决问题。

科研能力的培养应该从以下几个方面做起：

(1)在职业活动中具备批判性思维能力、创造精神和对事物进行不断研究的态度。在学习及临床医疗活动中表现批判思维，具有质疑和对事物进行深入探究的态度，在学习及临床工作中营造批判性研究的氛围；了解科学思维的重要性以及局限性；对临床上专业领域的重要问题，有独立的思考和独特见解

(2)理解医疗活动中应考虑到问题的复杂性、不确定性和概率。医疗实践中，正确理解临床上问题的复杂性和疗效上的不确定性；能独立分析相关问题，准确收集病例资料；了解可确定因素和不确定因素对临床问题发生的概率；分析及解决问题的过程中充分考虑问题的复杂性、不确定性和概率。

(3)用批判性的思维处理各种来源信息，恰当地做出医疗决策。能够自主、慎重、准确和明智地应用目前可获得来源于科学研究的依据；有效地整合当前能获得的最佳证据，分析判断证据对目前患者的适用性；不断获取信息的更新，利用新知识，应用科学设计和统计学的方法对临床研究、诊断、治疗效果进行评估。

(4)综述学术文献，传播和应用知识。能及时了解并掌握专业科学前沿动态，熟练掌握医学专业文献的查阅方法；有选择地吸收医学科学文献；独立、自由地讨论，用已查询获得的文献支持判断；指导和运用医学研究知识，从事临床工作及医学教育。

(5)提出问题和假设，培养创造性思维和创新能力。善于在临床工作中发现问题；能够与上级医生主动沟通、共同探讨，提出合理的假设，并进行科研设计；具有辩证的科研思维模式，具有较强的创造性思维。

(6)积极参加本专业领域的科研活动。对科学研究兴趣浓厚，善于思考，积极参加各种学术活动；利用各种检索工具进行自主学习，利用不同的数据库和数据源检索、收集、组织、分析，归纳和整理相关医学信息，深入了解研究领域的前沿动态。

(7)积极撰写并发表科研文章。具有一定临床工作能力，积极阅读本专业的外文书籍；根据临床工作，积极开展科学研究；善于在工作中整理原始资料；依托科研工作，积极撰写科研文章，并发表专业论文及综述。

科研能力的培养需注意理论与实践相结合，具备广博的基础知识，掌握宽厚的医学理论知识和扎实的技能；注重培养医学生的批判性思维、创新思维与创造力；不断学习及更新理论知识，培养终身学习的习惯；重视循证医学。在实践上，尊重科学；对任何学术权威进行批判性阅读；运用医学相关知识时，牢牢把握整体和局部的关系；明确典型及不典型临床症状及体征；了解疾病的复杂性，根据患者不同的背景，制定优化效果方案。在科学研究过程中，以坚实临床证据为基础，重视科研结果更应重视科研过程。

(二)培养科研能力的意义

医务工作者应明确科研与临床是密不可分的整体，在临床工作中发现问题并通过数据库查阅相关资料后，反过来分析思考问题，并提出相应的解决办法。优秀的临床医生不仅具有扎实的临床基础，而且还具有较强的科研能力。临床经验促进科研工作顺利进行；科研工作反过来也可以在一定程度上为临床提供更好的诊疗方案。优秀的医师应同时具备牢固的专业技术知识及科研能力，不断探索发现问题、解决问题并分析及总结汇报，发表学术论文，为学科的发展添砖加瓦。

第六章 学习方法

学生的学习能力主要是在掌握知识的学习实践中逐步形成和发展起来的。而长期以来，在高校课程结构中占主导形态的学科课程，“满堂灌”的授课形式，难以使学生比较充分地获得主动思考、实际锻炼的机会，限制了学生学习的自主性和创造性，使学生的兴趣、爱好和个性特长难以得到充分发挥，不利于学生学习能力的迅速培养。法国政治家埃德加富尔在《学会生存》一书中阐述：“未来的文盲，不再是不识字的人，而是没有学会学习的人。”法国著名哲学家、物理学家、数学家笛卡儿也说过：“没有正确的方法，即使是有眼睛的博学者也会像瞎子一样盲目摸索。”因此，有关学习方法的知识是最有价值的知识。学生掌握丰富、系统的学习方法，是形成学习能力的基础。

第一节 课程学习方法

课程学习是大学学习的基本形式。其分类一般包括：基础课程、专业基础课程、专业课程；必修课程、选修课程；课堂教学课程、实践教学课程，等等。下面我们分别叙述各类课程的学习方法。

一、基础课程的学习方法

学习基础课程是大学学习的开端，除了基础课程的自身特点之外，由中学到大学学习中的诸多不适应将集中在这个学习阶段表现出来，为此，在学习中必须注意以下要领和环节：

(一)分清主次——掌握基本概念

基础课程中的每一门课程都将引入一系列联系紧密的基本概念。基本概念形成了该门课程的知识要点，是大学生学习理解的重点。要掌握好基本概念，首先，要深入理解这些抽象概念的建立过程；其次，要理论联系实际，将抽象概念与其所代表的具体事物建立联系，比如数学中的函数对应平面曲线等；再次，还要搞清楚相关概念之间的联系和区别，鉴别出相似或相关概念间有什么共同点，有什么不同点；最后，还要在实际应用中加深理解。

(二)思考总结——提高抽象思维能力

与中学课程相比，大学课程的理论性更强，抽象程度也更高一些，需要在学习中认真思考，不断提高抽象思维能力。要做到这一点，第一，要在实际事物中充分了解抽象的基础。例如，借助物理中速度的概念建立数学中导数的概念，要仔细体会由平均速度到瞬时速度间的不同，在实际事物中建立起“变化率”的概念。第二，要认真掌握有关的基础概念。如上例中要掌握平均速度、瞬时速度等概念。第三，要搞清楚抽象的方法，如上例中要搞清楚极限的抽象方法。第四，要建立和充分理解抽象定义的准确的语言表达形式，对经典定义的每一个字和每一个符号都要掌握其确切的含义。第五，要在实际应用中反复体会抽象概念和定理意义。经过循序渐进的严格训练，抽象思维能力就可以逐渐提高。

(三)理解记忆——提高记忆效率

基础课程学习的信息量很大，需要记忆的概念也较多。要善于在海量信息中找出其规律，并加以理解记忆。例如，在有机化学课程中，可以把数以万计的有机化合物按照分子的碳架结构特点，分成开链化合物、碳环化合物(脂环族化合物类、芳香族化合物类)、杂环化合物等。理解时，不但要注意各知识点的纵向联系，还要注意它们的横向联系。例如，不仅要注意同一类有机化合物间的异同以及性能上的差异，同时还要联系到相关的其他学科中的知识，不断加强综合运用多学科知识的训练，使记忆了的知识在不断应用的过程中得到强化。

(四)学会自学——培养阅读能力

在大学阶段，必须努力培养自己的阅读能力，在教师指导下，选择性阅读参考书，帮助自己深入理解与掌握教材。由于著者的研究途径、思维方法、理论架构等不同，同一内容可能有不同的描述方式，包括例题的选配等，因而每本书都有着各自的特色。在这本教材中不易看懂的部分，很可能在某本参考书中进行了很浅显、简洁的说明，使读者豁然开朗。另外，广泛阅读参考书，可拓宽视野，提高从不同的角度去分析问题与解决问题的能力。

(五)善于提问——及时弄懂疑点

在学习基础课的过程中，不可避免会遇到许多问题。有些问题可以通过同学间讨论或阅读参考书得到解决，但也有一些问题无法解决。经过自己的思考而无法解决的问题就应该及时向教师求教。当提不出问题或不知道该如何提问题时，一般就意味着自己的学习还不够深入，遇到了障碍，这时就应该提高警惕。而教师在教学过程中，为了帮助学生解决学习中的问题，往往会规定一个答疑时间，解答学生提出的问题并指导学习。同学们必须抓住这个机会，将自己学习中存在的问题与教师交流，以取得教师的指点和帮助，这对提高学习质量会起到事半功倍的效果，所以人们常说：“学问，学问，就是一学、二问。只学不问，怎能做学问。”

二、专业基础课程的学习方法

专业基础课程是基础课向专业课程的过渡，是专业课程的理论基础，更是新知识的增长起点，理论性很强，有一定的深度，有时相当抽象，学习难度较大，学习进度也相当迅速。学习专业基础课程的方法除有些与基础课有类似要求以外，还需注意以下几点：

(一)提高归纳总结能力

理论是科学的抽象，它来源于实践。科学的结论建立在对大量现象的观察、分析和科学概括上。自然科学的研究对象是自然界，其现象十分复杂，影响因素很多；而人文社会科学更是研究错综复杂的人类社会。基础课理论通常排除各种复杂因素，抓住最本质的东西进行理论分析；而专业基础课理论则要纳入实际中的复杂因素，进行归纳总结分析，在基础课程与实际应用之间架起一座桥梁。因此，在学习中不仅要牢记教材中的研究结论，还要归纳其中所应用的研究方法，总结提高自己基于基础理论观察、发现和提出问题的能力。要能从纷杂的现象中去伪存真，用科学的分析方法对现象进行概括加工，找出其本质。

在专业基础课程学习中，可以遵循"初步整体认识—局部深入理解—整体综合提高"的步骤，这样比较符合认识规律。例如，解剖学一般是医学专业学生最先接触到的专业基础课，其研究对象是复杂的人体解剖结构，涉及多种器官和多种系统，学习难度较大。学生可以通过参观标本室，对各种人体的剖面层次外观形态有一个初步的立体空间印象，在头脑中形成人体结构初步的整体知识框架。这会对以后各章节学习有很大帮助。还可以将人体各系统归纳总结，分析各系统内和系统间的解剖特点和区别，在此基础上形成一个整体的认识，这样，便可对解剖学的系统性和内在逻辑性有较清晰的认识，形成知识网络，减少了零乱。

(二)重视实验技术和动手能力

实验是人们认识客观世界的最重要手段，在自然学科中占有非同寻常的地位。理科专业的专业基础课程有的是实验性很强的，有的则是训练本专业所需要的实验技能必须熟练掌握的，认真练习实验步骤，掌握实验技能，不仅有利于专业基础课程的学习，而且可以培养动手能力和科研思维，养成良好的研究习惯。一个科技工作者如果没有过硬的实验技能，要想在事业上有所成就，是不切实际的。因此，大学生认真地完成实验，有助于学好专业基础理论，应细致观察实验过程，反复练习实验操作，正确掌握各项实验技术。

(三)恰当阅读参考文献资料

专业基础课涉及的知识已接近本专业知识的前沿，是研究前沿中相对稳定的核心部分，发展较快。不断涌现的新进展都有可能引起理论的新发展。教科书由于严谨治学或出版周期等原因，常常不能及时更新研究理论和发现，这就需要我们恰当地阅读参考文献资料。通过查阅相关文献，如专业期刊、摘要、会议论文、科研报告、专刊等，了解本学科发展的新动态，补充新知识，跟上科学发展的步伐。

科学是不断发展的，科学家们从各自所处的不同环境出发，对同一学科，可能会构建起不同的理论体系。通过查阅最新的参考文献，可以了解不同的科学家在研究理论和研究方法上的异同，进而通过对比，结合自己的思考，学到教材上学不到的知识。

查阅参考资料有许多专门知识和检索方法。为提高效率，要做到：①学会使用辞典、索引、手册、年鉴、资料汇编等工具书。②掌握图书情报体系各自的检索体例、编目方法。要特别注意本学科知名的学术团体学会组织出版的学术刊物并及时查阅。查阅资料还要尽量利用“综述”之类的文章，因为这类文章能够及时从各类刊物上摘录重要论文、要点要目，是查阅文献资料的方便工具之一。③学会收集观看会议直播、视频音频等媒体资料和学会在国际互联网上查阅信息。随着现代科学技术的迅速发展，产生了纷繁多样的资讯传播手段和方法，因此，大学生必须熟悉现代化视听资料的使用以适应这一新的变化。在阅读参考资料的同时，要认真做好卡片、读书笔记，以增强记忆，加深理解，提高阅读效果。

三、专业课程的学习方法

专业课程的特点是与专业的生产、社会实践有密切关系，而且随着科技和生产的发展，这些学科自身的发展和更新很快，因此学习专业课程除了更自觉地运用前述各种方法外，还需注意以下几方面：

(一)理论和实践相结合

专业课程是实践性、应用性很强的课程，课堂知识与生产实际、社会实际联系密切，学习时要把专业基础课的知识和技能与专业课知识结合起来，利用教学实习、生产实习、社会实践等提供的条件，在实际中反复实践，对课堂上所学的理论进行验证和深化理解。同时，不要只注意专业知识本身，而是要掌握其所包含的方法论知识，并注重解决实际问题能力的培养。

专业课程的课堂教学，不仅讲授系统知识和基础理论，而且更加注重讲授科技前沿知识和创造性内容。这些内容往往是教师以其渊博的学识、精深的专业根基对教材的重要论点进行了拓展，不是学生能直接从教科书或参考书中可以获得的。要能掌握教师讲授的精粹，必须注重做课堂笔记。

(二)积极参与科研实践活动

高等学校所培养的各类专业人才，不仅要掌握一定学科领域的理论知识和技能，还要具备较强的创造性思维能力、资料查阅能力、规划设计能力、实际操作能力、交流表达能力、组织管理能力和开发创新能力等，这些能力在一定意义上有赖于通过科研实践培养。进入专业课学习阶段，大学生已具备一定的知识和能力基础，教学内容又更加接近实际，更具有探索性，任课教师一般又都承担有科研课题，为学生参加科研创造了有利条件，因此应当充分把握好这个时机，积极参加科研活动。

四、选修课的学习方法

为了适应国民经济发展和科技进步的需要，贯彻因材施教的原则，调动学生学习的积极性和主动性，拓宽学生的知识面，满足学生个性发展和全面提高的要求，大学里开设了大量的选修课。

选修课按性质可以分为以下五类：①加深专业纵向知识；②拓宽专业横向知识；③开

阔思路、完善知识结构的相关知识和跨学科知识；④发挥特长，提高能力的新技术知识；⑤陶冶情操，提高素质，发展个性的人文社会科学知识。

选修课给予学生选择学习内容和方向上有一定的自由度，但这并不意味着可以任意地爱选什么就选什么，大学生应该在教师指导下进行选课。任意地没有指导地选课，将导致所选课程杂乱无章、支离破碎，不利于建立优化的知识结构。选课一般应遵循以下几条原则：

(1)全面性原则。广泛阅读的视野、全面的知识结构有助于改进思维方式，形成多角度深入认识事物的能力。文理互通是形成广泛知识基础的重要环节，很多知名教育家提倡人文科学与自然科学的融合。因此，理科专业学生应在选修课中加强人文科学及社会科学课程所占的比例，文科专业学生应当多选择自然科学方面的课程。同时，作为一个接受高等教育的人，要注重提高自己的思想修养，有意选修一些哲学、美学等课程，可以使自己能站在更高的思想高度审视社会，把握人生。

(2)个性原则。发展个性是为了培养创新人才。班级授课制固有的缺陷是不利于学生的个性化发展，这可以在选修课中加以弥补。选课的过程，实际上是构建和优化自己知识体系、形成特色的过程。所以选课时，在适应社会需要的前提下，要根据个人的兴趣爱好和基础、特长，选定发展方向，选择与自己相适应的课程，充分发挥特长和潜力。

(3)量力性原则。选课时既要考虑课程的难度，又要控制自己的学习总量，根据自己的实际水平，提出适当的难度要求和总学习量的要求，以取得最佳的学习效果。但是，如果仅满足于完成学校规定的最低选修学分要求，或者只选修一些学习难度不大、学分相对容易取得的课程，消极适应自己现实的能力水平，就可能丧失学习知识的大好机会。所以，在选课中贯彻量力性原则的关键是掌握好选课的“量”，要以积极的态度在自己力所能及的限度内，最大限度地获取知识。

(4)循序渐进原则。循序渐进是人认识活动的基本规律之一，也反映了科学知识的内在逻辑结构。人的认识活动总是从简单到复杂、由易入难、由浅入深渐进的。学校安排选修课程的时候，也充分考虑各种课程之间的衔接关系，在一些课程的选修条件中也提出以先修完某一门或几门课程为先决条件，在选课时，应该充分注意到这些条件，如不顾条件去选修课程，不仅无法完成学习任务，而且将导致获得的知识零乱散碎，不成体系。

(5)进攻性原则。在必修课学习中，学生可以获得从事本专业工作所需要的基本知识，但要真正在本专业的工作领域做出更大成绩，仅仅满足于书本知识是不够的，还需要从不同方向选修一些拓宽知识面的课程。同时，要考虑到现代科学大分化、大综合的发展趋势，不仅要选本专业的课程，还要选涉及相关学科或边缘学科、交叉学科等跨学科的课程。除此之外，还要具备一定经济、管理等其他学科的知识，使自己在创造性的工作和科技创新中有较强的进攻性。

五、课堂教学学习方法

课堂教学中的学习，是学生在教师直接指导下的一种自主性活动，这种学习形式是围绕完成课堂教学任务而采用的学习方法。课堂讲授是班级教学的基本形式。通过教师系统而有重点地讲授课程内容，使学生获得系统的知识，同时激发学生积极思维，并给学生思想上的影响。与此相适应，课堂学习是课程学习的主要方式，是学生学习的中心环节。因此，听好课是学生学好课程的关键，要最大限度地提高课堂学习的效果，必须把握好以下环节：

(一)重视课前预习

课前预习并了解教师讲课的主要内容，对学习多有裨益。首先，能紧跟教师的讲课进度和思路去听课，化被动听课为主动听课。其次，可以基于问题听课，快速掌握预习中已经弄懂的内容，听课时就可以更关注和思考预习中没有理解或仍存在疑问的内容，可以集中注意力去听讲，使听课有针对性。再次，听课时可以合理分配注意力和精力，选择性地做好笔记，把主要注意力放在听课上，提高听课和记忆效率。最后，预习中对过去学习过的有关知识的回顾和复习，可以扫除因知识准备不足而产生的听课困难。

(二)积极锻炼思维能力

听课时除了全神贯注、集中思想之外，更重要的是要随着教师讲课的思路，积极思维，多方联想，善于提出“为什么”，主动地去探索知识，实现与教师的信息传递同步思维，达到共鸣。

(三)学会记笔记

高等学校教材内容较多，教师在课堂上只讲授重点，而讲的内容教材上又不一定完全重合，所以学生需要边听课，边记笔记。

课堂学习中做好笔记，需要同时运用多种感官，耳听、眼看、手记并举。由于初读大学，多数学生没有听记并举的习惯，常常感到听课和记笔记有很大矛盾，顾了听，顾不了记；忙于记，又影响听。总的说来，笔记应该基于听讲。听懂是第一位的，记好是第二位的，逐步做到既要听懂又要记好。

做好课堂笔记有几点要求和诀窍：①要把教师讲授和教材的重点、要点以及自己理解上的难点、疑点快速记下，以便课后复习。②要详略得当，力求简略。一般来说，定理、定义要准确，教师的推理、判断可较详，其余的可以简略。要抓住知识的内在规律性，记清教师讲授的思路、逻辑推理方法、纲目要点、基本结论等，尤其要记录下教科书上没有的内容。③记笔记最好以理解为基础，用自己的语言表达。如果确有一些内容当时没有理解，也应该快速记下教师的原话，以便课后再理解。④笔记以自己看懂为原则，可用符号、略语。⑤笔记要有明显区别、标记，条理清晰，笔记本每页的左(右)侧以及段行之间要留有空白，以便自学时修改或补充。

一般说来，下列几个方面容易被忽视，做好课堂笔记时应予以重视：

1. 注重引言部分

每门课程、每个章节，甚至每个知识点的开头，课堂教学常有一段引言，或称做开场白。这类话往往被一些学生视为闲话，不注意听，更不去做笔记，这是一个很大的误区。一些高水平的教师，这些“闲话”往往讲得较多，并且教材和讲义上难以找到。这些话，要么是承上启下的关键，要么是教师的经验总结，贯穿着严谨治学的思想方法，值得认真听，迅速记。

2. 注意教师提出的要求

对每一堂课程教学，教师都会提醒学生需要注意的重点，并提出理解或记忆的要求，教师的要求一定要记下来。这些一般都是构成理论大厦的结构部件，必须真正掌握。而讲课中教师展示的预先写好的定义、定理或图表等内容，尽管是重要的，也需要记在笔记上，但不一定完全在课堂里记，课上记不全的，可以留下空白，课后去补。因为这些内容教材上都有。

3. 重视每个章节的结论

每次课堂教学正文讲完了，教师往往还要总结几句。这种结论性的话，一般是教师自己对这一章节内容的概括性理解，是智慧的结晶，对该章节的学习有着画龙点睛的作用，如果把正文的知识视为"金子"的话，其结语往往具有"点金术"的味道。例如，教师用了很长的时间讲述了洛尔定理和拉格朗日中值定理的证明后，用一句话做了总结："证明拉格朗日中值定理或称微分学中值定理的关键是引入一个满足洛尔定理条件的辅助函数。"有了这句话，通过联想和推理就可以自己把定理证出来了。

最后值得注意的是，听课中遇到障碍，没有听清或听懂，不要用太多的时间去苦思，不妨在笔记上做个标注，暂时忽略，积极跟上教师的讲课进度，把障碍留到课后专门去解决。否则，长时间纠缠在某个难懂的问题上，会影响后面的听课。

4. 加强课后复习

遗忘规律决定了复习的必要性。任何初学过的知识，只有经过及时规律的多次复习才能得以掌握和巩固。

复习可分为日常课后复习，章节或阶段小结复习和课程结束后的总复习。课后日常复习主要是针对教师课堂讲授的内容，结合笔记钻研教材，参阅参考书进行系统的再学习，进步消化、巩固和深化所学的知识，强化记忆，发展自学能力和思维能力，它是学习过程中的一个重要环节。日常复习可采取以下步骤：

(1)课后回忆。下课后合上笔记立即用 2 分钟时间把这节课的内容回忆下，也就是人们常说的"过电影"，这样用时不多，对巩固上节课的学习内容作用却很大。

(2)系统复习。利用一段较完整的时间对所学内容进行系统再学习。系统复习可先用一小段时间对当天的课程内容再系统回忆一遍。教师讲了些什么内容，重点是什么，哪些内容听课时比较清楚，哪些内容觉得还没有理解或存在疑问等，然后再依照笔记系统阅读教材。对课堂上已经听懂的内容加深理解和记忆，对课堂上存有疑惑的内容反复思考，若仍不懂，需借助于参考书、找教师答疑或与同学讨论，直到弄懂为止。

(3)整理笔记。这是把书本的、教师传授的知识内化为自己的知识的重要环节。整理笔记的要点是：①将听课时漏记或记得不完整的部分补记上；②将笔记中记得不准确或条理不够清晰的地方加以修正；③将参考书中有启发的内容补充进去；④写上经过复习思考后的体会、收获或小结；⑤必要时，可用不同颜色的笔对内容进行批注或将要点、重点圈划出来。一般情况下，整理后的笔记没有必要再抄一遍。

(4)多做习题。做习题是检验听课和复习效果的最好方法之一，也是巩固所学知识的重要环节。不应仅满足于完成教师布置的题目，应该尽可能多做些习题，还要注意寻求一题多解，并且培养发现错误的本领。作业中遇到困难，不要急于寻找答案，应经过深思后对有关内容进行再复习，找出困难所在，使学习内容真正得以掌握。

做习题时，思想要高度集中，并记录每次完成作业所用的时间，这将有助于科学地支配时间，以提高学习效率。

六、实践性教学环节的学习方法

(一)实验课的特点及学习方法

实验课是在教师指导下，学生运用实验手段，观察自然或某些社会现象的动态变化，获得感性认识，培养实际动手能力，从而加深理解或扩大知识领域的教学形式。实验课的任务不仅是验证、巩固和加深理论课教学所学到的基本理论知识，还要在实验过程中培养学生的实验操作、实验观察、搜集和处理实验数据、描述实验过程、绘制实物图像、综合分析问题和解决问题等能力。这是从事自然科学研究所需要的基本功。在实验过程中，还要养成良好的科学习惯，严肃认真、实事求是的科学态度和严谨的工作作风，以及爱护公共财物的品德。如果所做的是探索性的实验，那么这种实验还是激发求知欲和进行科研训练的有效方法。

1. 实验课的类型

根据实验在教学过程中的作用，高等学校的实验课一般具有如下三种类型：

(1)演示性实验，指由教师操作讲解，学生以观察为主的实验。这类实验一般安排在课程某章节内容学习之前，目的在于为理论教学打下一定的感性基础。

(2)验证性实验，指验证所学理论的实验。这类实验一般安排在课堂理论讲授之后进行，目的在于加深理解和巩固记忆理论知识，培养基本的实验操作技能和严谨的科学实验方法。大学的实验多数属于此类。

(3)设计性实验，指学生自主性很强并且有综合性、研究性的实验。设计性实验教师通常只提出实验题目和要求，由学生自主设计实验方案、制定实验步骤、选用仪器、操作实验过程、分析总结实验结果，目的在于培养学生的创造意识和初步的科学研究能力。这类实验多在高年级学生中以专题实验形式进行。

2. 实验课的特点

相对于理论课而言，实验课有如下四个特点：

(1)依赖性：实验课上的实践活动不是盲目的、随意的，而必须是在正确理论指导下进行的。

(2)实践性：教学环节中学生进行的实际操作和某些观察活动。例如，亲自动手组合仪器，观察记录实验数据，描绘实验曲线等。

(3)主动性：在实验课学习中，学生主动学习是一个最明显的特点。教学过程主要靠学生自己的亲身实践，学生自己看书，自己亲自动手操作，独立分析问题、解决问题。而不像听理论课那样，主要是教师讲学生听的方式。在这里，教师只起启发、诱导、答疑解难的作用。学生要积极思考，在教师的引导下自己掌握教学过程，通过自己的努力完成学习任务。

(4)综合性：要上好实验课，学生必须综合运用所学知识，运用相关技能来解决复杂的问题，如对实验数据进行处理，对实验曲线进行分析等。

3. 实验课的学习方法

根据实验课和理论课讲授的关系，以及实验内容在课程中的地位和占有的分量，实验课可以作为一门课程的组成部分，也可以单独开设，有独立的大纲，形成独立的实验体系。不论何种形式，要做好实验都必须注意以下几点：

(1)实验之前，应当做好预习。大学的实验课教师一般只讲要求和主要的操作过程，不为学生安装仪器设备，由学生自己操作。所以，要做好课前预习，做到心中有数。

首先，应预习实验指导书上的内容，了解实验的目的、内容与要求，熟悉操作过程和仪器使用方法，这些内容不预习好，做实验就无从下手。其次，对与该实验有关的教材内容也应尽量全部复习一遍，这不仅有利于巩固所学的理论知识，而且还可以养成理论和实践相结合的良好研究习惯。

预习后应做一个简单的预习报告，并对实验中可能出现的情况做出估计，做到心中有数。

(2)实验中，注意力要高度集中，详细观察实验中出现的现象，如物理、化学变化过程或器官形态特征、显微结构形式等，记录并分析实验所产生的每个现象与理论是否一致，有何特殊现象，应该如何解释等。

针对实验发现的问题，必须做好实验记录，认真思考，具体分析，并独立解决，实在有困难，可与同学讨论，或适时请教教师。实验中，要求操作规范，力求准确、迅速，养成良好的操作习惯。要严格遵守实验室规则，确保不会因为疏忽而损坏仪器或导致失败。

(3)实验产生的原始数据，要真实记录并妥善保存，通常是附在实验报告后面备查。这些原始数据或现象记录是自己亲自观察到的真实情况，即使与理论不符，也不能任意修改，要保存原始记录。对那些和理论不符的数据，应该分析其原因，力求正确地解释它，这样才能达到实验的目的。

(4)写好实验报告。实验结束后，要及时对数据进行处理和分析，认真地解答思考，并且对于实验中出现的问题、所得数据及误差作出分析和结论必要时要参阅有关资料。在这些的基础上，严肃认真地写好实验报告，这样可以培养大学生从分析现象入手，总结规律性，找出事物本质的能力。

(二)现场教学的特点与学习方法

现场教学是根据教学计划和大纲精心组织的在生产现场进行的实践教学活动。它的主要形式是参观。

参观是指到实际现场进行生动的直接观察，认识实际事物和现象，以补充和丰富课堂所获得的知识。这种教学形式能给予学生具体的感性认知，激发他们的兴趣和热情。

参观通常是配合一门课程进行的。有时不限于一门课程，而是配合整个专业的教学进行的。教学参观，有的在理论课前进行，学生从参观中获得生动的印象，提出许多“是什么”“为什么”的问题。带着这些印象和问题去上理论课，学生求知欲望更强烈，学习自觉性更高，效果更好。更多的教学参观是在理论课后进行。讲授理论之后，到现场学习，使学生获得具体的感性认识，以补充和丰富课堂所未能获得的知识。还有一些教学内容，通过课堂讲授或书本学习抽象乏味，难以理解，可以移到现场，通过观察，结合必要的讲解，教学效果更好。现场教学的学习要领主要有：

1. 复习理论知识

现场教学的思维路线是，课堂教学中学习的理论知识在实践的现场进行验证，经过自己的理解和总结，上升为自己所掌握的理论知识。由此可知在现场教学前复习理论的重要性，还应把在现场教学前并没有真正理解的理论知识疑点整理出来，带到现场中去解决。

2. 提倡综合思维

在现场教学过程中，要思想集中，注意观察，验证并深化所学的理论知识，随时做好记录。综合运用各有关学科的知识，分析和思考观察到的现象。例如，在植物病理学课程的现场教学中，不但要看到发病的植株，还要重视造成植物发病的各种因素，注意观察发病田块的水、肥、气候、植物的密度等，才能真正理解植物的发病机理和环境因素的作用。同学间还可以自由交换意见，如有问题，随时向教师提出。现场教学结束后，应写出报告，最好进行一次讨论，以巩固所获得的知识，强化效果。

3. 注意关键细节

在现场教学全过程中，要根据教学要求分清重点部分和辅助部分，尤其要善于抓住关键性的细节。关键细节往往反映了现象或事物的特点，是现场教学的精华。如果只是看到生产场面和有趣的东西，而忽视了关键细节，那么这次课就没有收获。

4. 提高观察能力

在现场教学中，生产实际中导致一个现象出现的因素很多，要自觉运用感知规律去分析各种因素，抓住主要因素，提高自己的观察能力。

(三)社会实践课的特点与学习方法

社会实践是在实践教学体系中近期发展起来的一种教学形式，它是针对多种内容开展的各种专题社会活动(包括政治性的、学术性的、知识性的、社会公益服务性的、社会调查性的活动等)，让学生接触社会、接触生产、接触群众。这种社会实践活动，无论是在德育，还是在智育方面，都弥补了单纯学校教学的不足，促进了学生的自我完善，达到了“受教育、办实事、做贡献、长才干”的目的。

通过社会实践活动，学生亲自体验社会、体验生活，缩短从学生到社会成员之间角色转换的距离，使自己走向工作岗位后能很快就进入状态，缩短适应期。社会实践课的形式是多种多样的，而且主要是靠学生自行组织、自己管理、自我学习，学校和教师只进行有限指导。要真正在社会实践活动中取得成果，需要注意以下几点：首先，要放下大学生的架子，真正深入到社会中去，成为人民群众的一分子，才能了解到真实的情况，得到真切的体会，取得真知灼见。其次，进行社会实践活动前，需要拟定较详细的活动提纲。阅读有关书籍资料和类似的实践报告，做好充分的准备，对可能出现的情况做出预计，考虑好解决的方案。在活动中，应根据实际情况选择适当的方案，有时还需对方案进行调整，以期取得较好的效果。切不可仓促上阵，盲目行事。最后，还需写出社会实践报告，对活动进行总结。社会实践活动的内容不同、社会实践报告的形式也不同，可以是调查报告、科技小论文或是实践活动总结等。不论是哪种形式，社会实践报告都需要言之有物，要有观察，有分析，有结论。通过社会实践报告，使自己的实践经验上升到理论的水平，使思想得到升华，同时使分析、总结和撰写报告的能力得到锻炼。

(四)实习的特点与学习方法

实习是学生在掌握了一定的理论知识的基础上，在教师的指导下运用所学理论知识，到实践中去锻炼、培养能力的活动。

实习包括教学实习和生产实习。教学实习是在教学过程中为配合一门课或几门课的学习而安排的实习。其规模小，时间短，常以获得本专业基础生产实际知识和学习操作技术为目的，进行某项系统操作的实践训练。通过教学实习，使学生掌握生产中的局部环节或某项实验操作技能。例如，工科各专业的金工实习，生物专业的昆虫标本的采集与制作实习，医学各专业的解剖实习等。教学实习一般在校内外的教学实习基地，以及附近的工厂、农村和其他的生产单位中进行。

生产实习是一次内容较全面、综合性较强的教学环节，是指在完成了理论教学和实习教学之后，在毕业前的实践活动，是专业人才培养体系的重要组成部分。生产实习是学生由学校到社会的关键性过渡环节，是学生进入工作岗位之前的必要的职业培训。生产实习的主要目的是通过全面参加专业实践，将所学到的理论知识和基本技术与技能正确地综合运用于实际工作中，从而巩固和充实理论知识，进一步掌握专业的各种技能，培养学生的思维能力、优良作风和职业道德，为毕业后独立从事专业工作打下坚实的基础，并可以为毕业论文收集材料，在生产实习的基础上写毕业论文。

1. 实习的特点

与实验课教学相比较，实习的高度综合性、实践性和独立性更强的特点尤为突出。具有以下特点：

(1)实践性。是指学生综合运用所学理论知识和技能，分析问题、解决问题的过程。无论是生产实习，还是毕业实习，这项教学过程的完成必须以实践为主要手段。

(2)独立性。在参加生产实习过程中，学生初步接触社会性的技术工作，参与生产的组织与管理，有时还要带着某些高新技术开发项目参加生产，这种学习显然与课堂里的学习方式大不相同。学生通常要在这一特殊的教学过程中为完成自己的毕业论文或毕业设计做必要的准备，因此，就必然要对学生独立工作的能力提出一定的要求。首先，学生能够独立收集所需资料，并能够对其进行科学的加工整理。其次，学生需根据毕业论文题目及毕业设计题目的要求，进行可行性论证。再次，学生需独立地进行设计或研究，认真考察设计和研究的现实性、科学性、经济性。独立地分析、评价设计和研究结果。

(3)综合性。实习课要求学生能够综合运用所学理论知识包括已经学过的和现在正在学的及相关技能来综合解决问题。因此，同以往课堂学习不同，这不单是以往所学知识的运用，也是工作能力的锻炼，是一种新的全面的学习。

2. 实习的学习方法

教学实习和生产实习中应该注意：

(1)要以一个实际工作者(工人、技术员等)的身份参加实习，具有生产或工作的责任感和科学态度，而不是以一个旁观者的身份。要有甘当小学生的学习态度，虚心向有实践经验的普遍劳动者学习，不要轻视实际工作者。

(2)理论和实际的结合。要防止两种偏向，一种是不注意理论知识的应用，单纯模仿操作技术；另一种是只满足于一般了解情况，抠定理、背条文、抄数据，忽视实际经验的学习与操作技能的训练。既要积极参加生产实际活动，勤学苦练，又要应用所学，理论分析问题，总结经验。要锻炼和提高在实践中学习的能力。

(3)认真写实习日记。要逐日记录客观现象、实习内容、完成任务的数量和质量、实习收获等，培养综合分析资料的能力，并为写实习报告积累材料。实习日记要防止不加选择和分析，有问必录；也要防止过于简单或图表草率、数字不准而失去实际意义。记录的现象和数据一定要坚持符合客观实际的要求，不能有半点主观，即使不符合自己的预计，也应如实记录，客观对待，不得任意更改。应该在实习中培养自己的科学作风，贯彻"三严"(严肃、严格、严密)的学风，在学习中、工作中，甚至在生活中，都应以一个科学工作者的标准要求自己，为自己今后的发展打下深厚的基础。

第二节　自主学习方法

一、自主学习的概念

自学能力是大学生重要的学习能力之一。广义的自主学习是指学生自己独立有目标、有计划地学习，进而取得知识和技能。狭义的自主学习则是指学生在课堂学习以外，通过自己课外学习来获取更多的知识。

大学生自主学习根据学习动机可分为限定性自学、主动性自学和自主性自学等几类。限定性自学是指学生根据教师的指导进行的自学活动，包括预习、复习以及为完成作业而由教师指定的少量课外阅读学习活动。主动性自学是指学生为进一步理解课堂教学内容，主动阅读学习参考书籍和参考文献资料等的学习活动。这种自学并不由教师严格指导和限制，但还是局限于教学计划和课程内容。自主性自学则是指完全根据学生的兴趣爱好，或扬长，或补短，为提高自身综合素质而自发进行的学习活动。三类自主学习方式在层次上是由低到高，前者是后者的基础，后者是前者的发展和进阶。通常所强调的自主学习主要指的是自主性自学。

自主性自学是一种独立自主学习以获取知识的活动，要实现自主性自学并高效率、高质量地达到学习目的，必须具备相应的能力——自主学习能力。自主学习能力是指一个人包括多种智力因素和心理因素的一种综合能力。培养自主学习能力，首先要学会正确树立学习目标，还需要学会根据学习要求制订学习计划，学会充分利用和创设自主学习的环境和条件，以及自主学习相关的各种必要手段，掌握自主学习的方法和技巧。

二、自主学习的方法与技巧

(一)科学利用时间

科学利用时间，指的是有计划地分配时间，从而在单位时间内实现最高的学习效率。

每天的学习时间是有限的，一天中除去睡觉、吃饭、上课之外，空余时间所剩无几，那么如何保证自主学习的时间呢？一要靠合理计划，分清主次，有序安排，提高时间的利用效率。二要充分利用零碎时间。鲁迅先生说："时间就像海绵里的水，只要愿挤总是有的。"数学家苏步青也曾说，要善于利用"零布头"，也就是要善于利用时间的"边角废料"。正所谓：善抓零头琐碎时，可干惊天动地事。合理计划的基本要求就是要自学者制定一个最适合个人情况的学习计划时间表，遵循时间表安排按时完成计划相应的各项任务。通常，制定学习计划时间表可分为三步：

第一步，安排非自主学习所占用的时间。包括课堂学习和饮食、休息、运动、娱乐等非学习活动，每天或每周尽可能有固定时间。

第二步，计算可用于自主学习的剩余时间。

第三步，根据剩余时间特征，制定一份每周自主学习活动时间表，把自主学习内容安排到合适的时间中去。其中，非自主学习活动所占时间可以通过以往的记录或经验统计确定；有多少时间来自主学习一般应根据教学需要、个体智力、体力和学习目标等情况确定。根据大学的学习要求，一般每周要保证 50～60 小时的课堂和课外学习时间，随着年级的增高，课堂学习时间逐渐减少而自主学习时间不断增多。

制定自主学习时间表应注意以下几方面：

①安排一天中感觉最好、思维最活跃、精力最旺盛的时间段用于自主学习。

②安排自学内容要主次分明。例如，先完成课后复习和作业，后完成阅读参考书籍或文献。

③安排合适的时段和时间多少根据学习内容而定，通常，早晨时间用来记外语单词，晚上时间用来复习和写作业。

④单次持续学习时间不要过长，一般不超过 2 小时，中间还应预留短暂的时间来休息和放松。

⑤在长时段的自主学习中，应安排两种以上的学习内容，不同的学习内容带来不同用思考方式，能够起到调节大脑的作用。例如，连续几小时背诵学习，后期的记忆能力和效率将会大打折扣，学习效率低下。

⑥合理利用零散时间。例如，在等车、课前、体育活动后休息时，可以学习或背诵单词，或者进行课外阅读，比如阅读报刊小说。

（二）学会高效读书

读书，是人类获取知识的一种重要手段，也是自学的主要途径，读书本身就是一种技能和知识。

1. 高效读书的基本要求

（1）读书要有目的性。有了目的也就有了努力的方向，才能达到预想的效果，漫无目的地读书对于自主学习不仅无帮助，反而还会影响学习效率。

（2）读书要有选择性。学海无涯，人生有限。世界上的书即使同类书籍也浩似烟海，一个人终身苦读，能读完的书也只能是沧海一粟，所以读书要有选择性。当确立了读书目的，如何从同类书籍中选择合适书籍，一靠教师指导推荐，二靠自己筛选。自己筛选时，可以选名人名家的经典之作或反映时代特点的最新之作，总之要选择内容符合学习目标，程度适合于自己的书籍，或者内容覆盖面广、信息密度高、具有独特见解的书籍等。

(3)处理好精读与泛读。读书时，有的书需要精读，有的书仅泛读就可以了。精读可以实现真正读懂，读通几本基本的教材和参考书，对于以后的学习会起到十分重要的作用。精读一般第一步从头到尾快速浏览一遍，对全书有一个整体了解；第二步是逐章逐节反复阅读并思考和记下问题；第三步是抓住重点，深入钻研，逐字逐句推敲；最后一步是进行复习、总结和巩固，做读书笔记。泛读的书只要快速游览一遍，略知其大意即可，需要时可再查阅。当然，同一本书阐述中心问题的部分可以精读，其他部分则只要泛读就可以了。

(4)勤做读书笔记。读书时应勤于动笔，养成经常记笔记的习惯，既有利于理解书中的内容，更有助于训练提高思考能力和语言组织能力。有人说：读书不记笔记，犹如"熊瞎子掰苞米"，记笔记犹如"燕子垒窝"。这形象的比喻，说明记笔记与否效果迥异。又如，列宁虽记忆力过人，但依然很重视做笔记，50余万字的"哲学笔记"就是在他大量读书笔记的基础上加工整理而成的。毛泽东同志素有记笔记的习惯，此外，他还常常在书页空白处写评语，做眉批，一生留下了大量的读书笔记。

做读书笔记更是一种基本功。不少青年立志要钻研一门学问，从而在事业上有一番成就，但读书不愿意做笔记，结果眼底匆匆，手头松松，心里空空，日复一日，年复一年，成绩寥寥。因此，要想真正地做好学问，勇攀科学高峰，就应当在读书或阅读文献资料时养成"不动笔墨不读书"的习惯，认真做好读书笔记。下面介绍几种读书笔记的形式和方法：

①标记。可边读边在自己的书上面做记号，对于书中的重要观点、精彩描述、关键内容、精辟论述、发人深省的警句，或者是有疑问、值得研究或商榷的地方，都可以用不同符号标记出来。符号有多种，最常用的是圈点或画线，以及问号和感叹号等。圈点有圆点或圆圈；画线一般可用直线、曲线、单线、双线等。圈点或画线不能过多、过密，否则，不仅会影响阅读，而且也不能突出重点。此外，每种符号所代表的意思要尽可能一致，养成自己的习惯，倘若随心所欲乱画，就失去了标记的作用。

②批语。在书籍的空白处写上相应的要点或自己的心得体会、评语或疑问等。书本的空白处一般有限，因此，批语应当尽可能简明扼要、言简意赅。此外，要注意字迹清晰，避免乱涂乱画。

③摘录。把书中的重点、精彩的句子或段落等抄录在笔记本或卡片上，可摘录原文或整段整句地照抄。此外，如果在摘录时，前后或中间不需要摘录，相应文字可用省略号代替。每次摘录都应当清楚地注明出处，以便今后查对。摘录时，可把含义相同或相近的语句摘录在一起，以便于总结分析和研究引用。

④概括。阅读后根据自己的理解，自行组织语言，把书籍的基本内容、主要论点、中心思想精练明确地概括出来。概括时，必须注意把作者的论点和自己的观点区分开来，不能以自己的主观想法代替作者原意，更不能随意曲解。同时，要善于总结内容，语言详略要得当。这样的概括笔记，可以帮助我们较深刻地理解中心思想和主要内容，锻炼我们的分析、总结、概括和表达能力。

⑤提纲。把书刊的内容要点以简洁的语句、清晰的条例依次记下来。有的书籍篇幅较长，不便记忆，归纳总结出提纲式笔记，条例清晰，重点突出，有利于全面掌握书的内容和逻辑结构，也便于加深记忆。

⑥心得笔记。阅读一本书后，把感想、收获以及意见建议和值得商榷的问题用笔记下来，这种心得笔记也叫读后感。心得笔记可以记录零碎的观点，也可以体现系统的见解，少则几句，多则成篇。心得笔记应以自己的理解为主，必要时也可引用原文，其目的只是为了帮助自己记录心得体会，所以最好避免大段大段地引用，应突出自己的思想，结合学习、工作和周围的实际来记录。受读书的启发而产生的新观点、新思想、新办法更要及时记录下来，因为这种“一闪而过”的观念和感触可能是绝妙的佳句、创造性的构思、百思不解的问题的答案，有时甚至可能是新的发现或重大发明。读书后，应当注意经常写心得笔记，可以锻炼分析思考能力，提高写作水平，而且读书笔记本身就是一篇短文，写多了，稍加整理总结，便可成为有事实、有观点、有血有肉的论文或专著。恩格斯的《自然辩证法》一书就是很好的典范。

⑦综合笔记。把不同书籍和多种文献资料中的相似内容综合整理到一个专题下面。有时我们读到的几本书或几篇文章，讲的虽属同一主题，但作者的观点可能不尽相同，甚至相差甚远，或者看问题的角度不同，支持材料不同，阐述的深浅程度和重点不同。为了高效学习和研究，可以把它们的相似内容综合在一起，形成一份内容观点均兼顾的笔记，这就是综合笔记。综合笔记可以从各个方面和不同角度进一步弄清有关某一问题或某一事物的基本观点，提高自主思维和判断能力，并且通过集思广益、博采众长，不断丰富我们的知识，提高我们的综合能力。

2. 读书方法

读书方法很多，下面介绍一种目前流行的五步阅读法，或叫五步学习法。所谓“五步学习法”，即在读书时要依次经过浏览、提问、阅读、复述和复习五个阶段。

在浏览阶段，要求自学者着重阅读书的序言或绪论目录提要、书中的大小标题、图表、重要注释及参考文献等。迅速浏览全书，了解书的概貌，对全书有一个直观大体的印象，以便确定阅读的计划。

在提问阶段，着重针对阅读的重点、难点内容提出问题，有的可以自己对所提出的问题做尝试性解答。

在阅读阶段，带着第二步提出的问题深入阅读，尤其对书中专门性术语、关键性文字和重点段落要特别注意深刻领会。边读边做读书笔记。若是属于个人的书，可在书中圈点、画线或写提示性批语。

在复述阶段，阅读完毕后要进行回忆性复述。方法是：合上书本，对书中的问题，主要是前面针对重点、难点提出的问题给予解答，回忆各章节的主要内容。如发现尚不能解答的问题，则进行重点突破。

在复习阶段，在复述的基础上，根据回忆中所发现的薄弱环节和理解不够深入的内容，再对不同的内容进行复习。有的可隔若干天安排一次或多次重点复习，也可以系统复习，以利于理解和记忆，巩固阅读成果。

(三)学会积累、整理、分析资料

1. 积累资料

积累资料是进行科学研究和创新的必不可少的准备和基础。邓拓同志说："古今中外有学问的人，有成就的人，总是十分注意积累的。所谓真正的成就，也就是在前人知识和经验的基础上有所发展，没有积累就什么也谈不上。"我国著名历史学家吴晗同志也说过："资料工作和研究工作实际上是一回事，从来没有一个做研究工作有成绩的人是不搞资料工作的。"邓拓、吴晗同志高度概括了积累资料之重要。这是因为不管继承前人的知识还是探索未来的领域，无论是解决实际问题还是从事理论探讨，都不能依靠凭空想象，必须占有大量资料，在此基础上，经过精心提炼和加工，才有可能获得成功。而这占有大量资料的过程，也正是积累的过程。有的人在研究中经常能提出些好课题来，更有的人能挥笔成章，这一切并非天生所致，更非朝夕之功，其奥妙就在于坚持日积月累，点滴汇集。日久天长，则获益匪浅。

成才之道，善于积累是重要的一条。纵观古今中外的历史，大凡在事业上有所建树者，无不重视资料积累。马克思为写《资本论》花了40年的时间，阅读和摘抄了500多种书籍，写下了至少100本读书笔记。列宁为写《帝国主义是资本主义的最高阶段》一书，曾经对资本主义发展的事实资料进行了多年研究，仅在《关于帝国主义的笔记》中就亲手摘录了不同作者用不同文字所写的148种图书和232篇论文。我国气象学家竺可桢，从研究气象科学之日起，就坚持每天测试和记录天气情况，几十年时间，记了40本日记。他一生中发表的气象学论文，所用的资料就是从日记本中摘录出来的。我国伟大的文坛巨匠鲁迅先生在重视资料积累方面堪称世人楷模，他一生勤奋搜集、积累了大量的资料，这为他成为一位不可多得的知识渊博的大师奠定了基础。

我国古代学者在积累资料方面也为我们做出了表率。北宋诗人梅圣俞每逢外出总是随身携带一布囊。有一次，他坐船到京城汴梁去，一路上，同船的人看到他时而抬头观看，时而低头沉思，时而又拿出纸笔来写上几个字，投进随身带的布囊之中，大家都很奇怪。为了探个究竟，趁他上岸游览时，便将布囊偷偷打开来看，原来纸条上写的或是诗句，或是观察所得。这时大家才醒悟到，梅圣俞的诗之所以写得那么好，和他平时勤奋地搜集和积累资料是分不开的。司马迁继承父业，立志著述史书，虽因出"李陵之祸"，身受腐刑，但矢志不移，苦心积累14年，终于写出了"究天人之际，通古今之变，成家之言"的鸿篇巨制《史记》。李时珍跋山涉水，风餐露宿，四处考察，花费了27年的心血终于积累了大量第一手资料，写就了名垂青史的宝贵医学专著《本草纲目》。

2. 资料的整理与分析

积累资料的目的是利用和创新。因此，当资料积累到一定数量时，就需要进行整理、分析。这样做，一是能增大知识存量——记得多；二是可延长时间——记得牢；三是取用方便——容易找。否则，搜集的资料再多，也毫无使用价值。英国哲学家培根说，我们不应该像蚂蚁，单只收集，也不可像蜘蛛，只从肚中抽丝，而应该像蜜蜂，既采蜜，也加工，这样才能酿出最甜的蜂蜜来。古往今来，青灯黄卷，沉潜书海，苦心积累，然而面对搜集来的堆积如山的资料，泛泛然不知所措，理不出端倪，最终毫无成就者也不乏其人。

英国人阿克顿在不同的国家受过教育，他曾搜集了许多关于自由史和法国革命的资料，打算写出重要的著作。但是，由于他对资料不善于归纳整理，又加上缺乏组织运用材料的能力，结果，他的这一宏伟计划未能实现，一生没有写出自己的著作来。由此可见，对资料只搜集，不整理，搜集也就失去了意义，搜集者最多只能成个收藏家。而只有既搜集，又整理，使“死”资料变“活”，才能达到“为我所用”之目的。

(四)学会利用图书馆

图书馆是收藏图书资料，供人们阅览学习的地方。图书资料记载着从古至今人类历史的发展和演变，记载着人类征服自然、改造自然的手段、进程和成果，是人类宝贵的精神财富。图书馆不仅是保存人类文化遗产、交流科学技术成果的阵地和攻克科学城堡的战场，而且是锤炼和造就人才的肥壤沃土。因此，图书馆常常被誉为“知识的宝库”“智慧的海洋”等。对广大的学生而言，图书馆是课堂教学的延伸、扩展和深入。在学校，专业知识的传授主要是通过课堂教学进行的。随着教育改革的深入，单一的课堂教学已不能适应培养具有独立思考和自主学习能力、积极进取、勇于创新的新型人才的需要。课堂教学受教学大纲、教材内容、课程时数的限制，不能完全发挥学生的聪明才智。而图书馆藏有丰富的文献资料，可以让学生广泛阅读和涉猎，帮助学生消化、充实、扩展课堂学习内容，同时扩大视野，增加信息量。当前，大学教育注重培养学生独立获取知识的自学能力，在传授知识的基础上更注重“教会学生怎样学习”，而图书馆正是培养自学能力和创造能力的最好场所。高等学校的图书馆是大学生自学成才的摇篮。当今信息技术飞速发展，图书馆保存和提供知识信息的方法和手段也日益多元化，除书刊以外，还有大量的音像资料、电子书刊等，当代大学生更应加倍重视，努力掌握，充分利用。

图书馆在一个人的一生中占有极其重要的地位。大学生如果在大学期间能充分利用图书馆掌握知识，那么将来他走向工作岗位时，也很可能得心应手。反之，如果不了解图书文献的基本知识，不能高速准确地获得最新知识，将来走向工作岗位后，就会走弯路，造成不必要的重复劳动。例如，我国某科研单位曾耗费 10 多年时间和大量资金研究以镁代银做保温瓶镀层，后来他们在检索资料时发现，美国早就研制成功了。这一事实表明，及时准确地查阅图书文献资料，在科学研究过程中具有十分重要的意义。

那么，大学生怎样利用图书馆的条件自学呢？根据以往的经验，可以从以下两个方面入手：一是掌握检索书刊资料的具体方法和工具；二是学会使用各种工具书。这两方面可阅读有关书籍或向图书馆工作人员请教。

(五)合理利用学习工具

1. 掌握使用工具书

工具书是广泛汇集特定方面的有关资料，提供信息及信息检索条目的一类图书。它的功用是解释疑难，指明阅读范围，提供参考资料。工具书种类很多，下面主要介绍中文工具书。

(1)字典、词典。字典、词典都是注释字、词，按一定次序加以编排，并加以解释的工具书。字典、词典种类很多，除普通字典、词典外，还有许多专门性的字典、词典，如成语词典、现代科学技术词典及各学科的专科词典等。

(2)年鉴、手册。年鉴是系统汇集一年内重要时事和统计资料的工具书，按年度编辑出版。年鉴分综合性的，如《世界知识年鉴》；专业性的，如《中国林业年鉴》；地区性的，如《山东年鉴》。年鉴多取材于政府公报、文件和报刊记载的报道资料，带有总结的性质。手册是汇集经常需要查考的文献资料的工具书，分为综合性的和专业性的。它的内容通常包括某一专业的基础知识以及一些基本公式、数据、标准、规章和条例。

(3)百科全书。百科全书是内容广泛、涉及人类一切知识领域的大型图书，它资料精确，释文严谨，文字简明，具有权威性，代表一个国家、一个学科的学术水平，如《中国大百科全书》等。

(4)书目、索引。书目是图书目录的简称。索引又名"引得""通检"。它们都是对一种或一批相关的图书文献资料的揭示与记录。

2. 学会利用现代化学习工具

随着科学技术的发展和社会的进步，现代化的学习工具被越来越多地使用。从早期的幻灯(幻灯机和投影仪)、电声设备(收音机、扩音机、录音机无线话筒)和电视到现在的计算机电子显微镜、语音实验室、VR/AR 实验室等，QQ、微信等，各种学习工具已被广泛使用。移动学习正成为大学生新的学习方式，大多数学生采取碎片化学习，学习时间、学习地点灵活。网络已成为当今社会获取信息和知识的主要途径，因此，有人形容当代和未来大学生是"网上的一代"，大学生自主学习时，使用网络学习会使学习事半功倍。特别是在当代，随着信息技术的迅速发展，网上互动式学习的自身优势，弥补了课堂单向传播教学的不足，将线上互动与课堂教学混合应用，可以有效引导和激发学生的学习兴趣，同时也为教师提供更加高效、灵活的教学手段，有效地推进了课程运行，及时有效地解决了学习过程中出现的问题，保证了良好的学习效果。近几年 MOOC 在国内快速发展，越来越多的人利用网络平台提供的数字化课程进行学习，整合多种社交网络工具和多种形式的数字化资源，形成多元化的学习工具和丰富的课程资源。突破传统课程时间、空间的限制，依托互联网，世界各地的学习者在家即可学到国内外著名高校课程。在校学生已经成为 MOOC 学习者的主力军，MOOC 课程在高等院校的推广与应用，促进了优质教学资源的共享，促进了我国高等教育的发展。

三、医学专业自主学习方法

2008 年教育部、卫生部印发的《本科医学教育标准——临床医学专业(试行)》(教高〔2008〕9 号)中，有一项重要的指标就是考核医学生的自主学习能力。该教育标准认为，医学是一门复杂且更新极快的专业，高等医学院校应当将培养学生终身自主学习意识作为重要目标。生物医药作为当前科学研究的热点，大量转化医学和临床研究使得很多高科技成果在医学领域应用，医学知识更新速度越来越快，医学信息每隔 3~5 年就要更新一次，如在研究最热的肿瘤学领域，每隔 1 年甚至几个月就可能更新肿瘤诊疗指南。为此，医学人才需要自主学习，需要终生学习。医学生在学校从书本学习到的知识，大约只占职业生涯知识总量的 10%，其余 90%则需要在以后的工作中根据科学研究和医学发展不断补充和更新。强化自主学习能力，将是一名优秀的医学生必须学会的技能之一。同时，自主学习也是临床工作中最主要的学习方式，是衡量个人能力的重要因素。医学生承担着将来救死扶伤的神圣使命，唯有将最新、最成熟有效的临床诊疗技术用于临床实践，才能让更多的患者获益。当前医学模式的转变，对医学生的能力提出了更高的要求。对今天的医学生来说，具备自主学习能力远比掌握现有的知识更具有现实意义。因此，医学生不仅需要从大学学习中学习扎实的医学知识，更重要的是锻炼和掌握自主学习的能力。

但当前我国医学生自主学习能力尚不理想。其可能的原因在于：一是部分学生在高中与大学的转换中过度自我放松，主观上不再或很少期待再次学习和自主学习；二是多数高等医学院校在专业设置、课程安排及教学方法中相对滞后，学生课业任务过重，既不能够激发学生学习的主观能动性，学生也没有足够的时间开展自主学习；三是缺乏正确的指导和必要的支持。许多学生主观上意识到自主学习的重要性，但没有指导和支持的帮助，很难找到正确的学习方法、形成良好的学习氛围，进而始终如一地自主学习。基于此，结合当前医学教育领域应用的前沿教学方法，下面以问题导向学习、基于团队的学习和基于案例的学习为例，阐述在这些教学方法中自主学习能力的养成。

(一)问题导向学习

问题导向学习(Problem-Based Learning，PBL)最早起源于20世纪50年代，由美国的神经病学教授Barrows在加拿大的麦克马斯特大学首次提出。PBL是基于现实世界问题的以学生为中心的教育方式，强调把学习设置到复杂且有意义的问题情景中，通过学生的合作来解决实际问题，从而学习隐含在问题背后的科学知识，形成解决问题的技能和自主学习的能力。PBL目前已成为国际上较流行的一种教学方法，先后在60多所医科院校中得到推广和改良，与此同时，包括教育学院、商学院、工程学院以及部分高级中学在内的院校也逐渐采用这种方法进行教学或教学改革。

PBL以信息加工相关的心理学和认知心理学为基础，是建构主义教学改革设想当中的“一条被广泛采用的核心思路”。与以知识点为基础的传统教学方法相比，PBL强调以学生的主动学习，而非教师的讲授为主，比如设计真实的任务，将学习与任务或问题相结合；鼓励自主探索，激发和诱导学生的高水平思维；鼓励讨论；引导对学习内容和过程的反思等。与传统教学方法相比，PBL有一些新的优势，比如强调以解决问题为中心、多种学习方式相整合，强调社会性交流合作的作用，强调支持与引导等。PBL旨在培养学习的内部动机，使学生构建起宽厚而灵活的知识基础，提高有效解决问题的技能，发展自主学习和终生学习的技能并成为有效的合作者。

PBL的基本要素有以下十个方面：

(1)学生必须对自己的学习负责；

(2)PBL中的问题必须是结构不良的、适合自由探索的；

(3)教学内容应该涉及较宽泛的学科或多学科的整合；

(4)强调学生之间的团结协作；

(5)在自主学习中，学生所学到的能够用来分析和解决问题；

(6)基于问题开展自主学习分析并对所涉及的概念和核心知识进行讨论和延伸；

(7)在每一个问题完成和每个课程单元结束时，要进行自我评价和小组评价；

(8)PBL 中所涉及的问题必须在现实世界中有一定价值；

(9)学生的考试必须依据 PBL 的目标去评估学习效果；

(10)PBL 必须符合学科教学法的规律。

PBL 教学一般具有以下步骤：

(1)教师安排学生代表提前准备病例所涉及的相关检查资料，分发 PBL 课程所需的各种表格，课前准备好相关教具。

(2)教师和学生准时到达教室，教师应坐在合适位置，且能看清楚每一名学生。

(3)教师首先做课程介绍，第一次课程还可引导同学做简短的自我介绍。

(4)教师确定学生主席和记录员。

(5)教师将课程现场交给学生主席，同时请记录员将讨论要点全程记录在黑板上。

(6)课程问题分幕呈现，学生主席本人或由其他学生轮流介绍本环节“案例内容及提示问题”，并请所有学生有针对性地展开讨论。

(7)一名学生主动就案例场景和启发问题的因果关系或感兴趣的内容提出自己的观点，并抛出问题供其他学生讨论。

(8)学生主席鼓励其余学生对上一位学生提出的观点进行补充或质疑，并发表自己的意见。

(9)当案例的一幕场景反复讨论完毕，学生主席进行简短小结，由记录员记录要点，并抛出下一幕场景供学生讨论，进入下一讨论循环。

(10)整个案例讨论完毕后，学生主席请记录员简短总结本案例的主要知识点，并请教师总结本次 PBL 课程。

(11)教师布置 PBL 教学课后作业。比如 PBL 课程结束后，一周内每人交一篇课程讨论记录和自我评估，由学生主席收集后交送 PBL 课程教师。讨论记录主要内容应包括：主要讨论内容，课程感想、自我贡献，自己在课前收集的材料和课堂讨论中的优缺点，参与 PBL 课程的困难(知识储备、语言技术、情绪管理等)，未来的提升应答策略；也可以评价 PBL 课程小组的整体水平、其他组员的参与度，如参与讨论的积极性、聆听态度、沟通协调、课前准备、表达能力等，作为每位学生成绩的参考及将来改进课程的依据。

教师于讨论课结束后一周内，汇总并评阅 PBL 课程小组中每位学生的小组讨论记录和自我评估。同时，教师撰写本次 PBL 教学小结，包括教案的优缺点及改进措施；学生课堂讨论的优缺点及改进措施等。

成功的 PBL 课程常常需要注意 PBL 教学中的关键环节——问题的设计。

问题是 PBL 教学的起点，PBL 中应该提出什么样的问题？如何设计、形成结构不良的问题？问题的设计应具备以下特征：

(1)问题与所学领域概念原理相关。在设计或选择问题时，首先要明确学生已经掌握及需要掌握的基本概念和原理，由此出发设计要解决的问题。

(2)问题应该是结构不良的(ill-structured)、开放的(open-ended)、真实的，比如真实的病例、没有绝对正确的唯一答案的问题。问题应该具有一定的复杂性，既包含相互关联的部分，又包含相互区分的部分。问题应该参考或者基于真实世界(real-world)问题，从而能够与学生的经历或体验产生共鸣。PBL 教学将学习置于复杂的、真实的问题情境中，学习知识的情景与以后临床情景具有相似性，可促进知识的实践应用；在解决问题的过程中掌握概念、原理和方法，可提高学生在面对新问题时的自主学习能力；另外，之前学习的实例可以应用到与此类似的问题解决中。

(3)问题应具有一定的趣味性和层次感，能够激发学生的动机和积极性，鼓励他们去探索和学习。

(4)好的问题能够在每一幕讨论后及时给教师和学生提供必要的反馈，让参与者能很好地对新知识、推理分析和学习策略的有效性进行评价，并促进大家进行必要的调整。此外，从整个 PBL 课程来看，核心概念应在几个问题中多次涉及，从而使学习者建构起更灵活的知识，同时避免重要概念的遗漏。另外，问题的选择要具体考虑教学目标以及学生的知识、技能水平和动机态度等因素。

此外，在具体 PBL 教学中呈现问题时有两个值得注意的地方：

(1)把学生带入到问题当中，把问题看成自己的而不是别人的。

(2)确保所呈现的场景条件没有把问题的关键因素提前暴露出来。不要使用所给条件与所需条件完全对应的问题。当然，研究者们对于到底应该设计什么样的问题也有争议，比如是否一定要使用贴切情境的真实问题等。“问题”在 PBL 中具有关键意义，而目前研究者和实际工作者采用的问题各式各样，教师和学生对 PBL 教学中的问题在教学过程中不断完善修正提高是非常必要的。

PBL 教学中学生的角色与任务如下：

(1)学生是 PBL 课程的主体，师生地位平等。PBL 以建构主义理论为指导，是以学生为中心的教学方法。在基于问题的学习中，学生们是从开放性的问题切入学习的，教师对这些问题也没有现成的、唯一的标准答案，而且，查询资料与归纳总结等活动又是学生们所不难胜任的，位于学生的最近发展区内。因此，教师与学生站在同等的位置上，学生们无须完全听从老师的指示和解答。

(2)学生自主学习并自我建构。从知识的获得途径看，学生是在解决问题的过程中通过查询资料、动手做事、相互讨论以及思考总结而理解和获得知识，不同于直接从教师和课本中获得知识。更重要的是，知识的意义和价值取决于学生自己所建构的知识之间的一致性，目的在于解决问题的成效，而不是与权威观点之间的一致性。这意味着学生所需要的知识并不完全掌握在教师和课本之中，学生对教师的依赖性大大降低，教师不再是唯一的知识来源，而是自我知识建构的促进者，对学生起帮助和引导的作用。

(3)学生具有自主权和主观能动性。在 PBL 中，学生获得知识主要靠自己，这自然而然会使他们意识到学习知识是自己的事，进而对自己的学习负责。因此，必须发挥自己的自主性、主动性和独创性，主动建构自己的知识，不断反思以及批判性地思考问题，否则，将一无所获，甚至还不如在传统的讲授教学中的效果，因为连现成的知识结论也没有教师会直接灌输了。

(4)学生小组具有社会性。学生不仅要发挥自身的主体性，还要充分发挥讨论小组的社会性，作为一个学习共同体承担责任和任务。通过分配一定的工作给各人，彼此在知识建构上是紧密相连的，小组内的合作具有实质性的作用，学生不再像以往那样只重视自己与教师的交流而忽视与同学的交流。因此，学习不再只是自己一个人的事，而是大家的事。

(5)学生具有自主学习的能力。在 PBL 教学中，贯穿学习活动始终的问题——解决活动能够促使学生持续付出努力，这正是自主学习的动力所在。

PBL 教学中教师的角色与任务：在 PBL 教学中，学生是积极主动的学习者，但这并不意味着可以忽视教师的作用。教师能否运用促进性的教学技能对 PBL 教学的效果具有决定性意义。通过因素分析，Wilkerson 发现教师的作用主要涉及以下两类：

(1)引导讨论小组的工作：包括提供反馈，针对学生的分析过程进行提问和启发，鼓励学生对信息进行批判性评价，帮助学生在问题讨论中协调和整合基本知识与实际技能等。

(2)支持讨论小组的积极互动：鼓励学生对学习过程的调控，建立良好的小组成员关系。教师要引导学生逐步体验 PBL 的各个环节，监督小组活动，以确保所有学生都参与到活动中，鼓励学生分享他们的思维过程并相互评论。教师要起到示范专家思维过程的支架(scaffolding)作用和教练(coach)作用。通过提出能探发学生深层理解的问题，来示范高水平的思维技能，比如，教师作为促进者，总是问"为什么?""你是什么意思?""你怎么知道这是对的?"广泛了解大家对问题的理解，看小组内的理解是否一致，以此来示范批判性思维。另外，教师还要示范如何对自己的推理和理解技能进行自我评价。

教师一般不直接在课堂上表达自己的观点或提供有关的意见，尽量不利用自己关于问题内容的知识去问一些能把学生"引到"正确答案上的问题；相反，教师经常在元认知水平上提问，针对的是问题解决过程中的计划、监察、控制和评价活动，而不涉及具体领域的知识，比如，"在这时我们应该问什么问题?""你还需要弄清什么?""怎样才能弄清这个问题""小组的意见一致吗?"等等。

在讨论小组活动的开始，教师需要更多地发挥支持作用，而随着活动的进行，教师会慢慢地隐退，更多地让位于学生的独立探索。一个好的促进者不会限制学生对各种可能的未知领域的探索，但他会精心地把学生引导到问题空间的关键侧面，从而更好地利用问题所提供的学习机会。

PBL 教学具有以下五大特征：

(1)基于一个需要解决的问题开始学习，这个问题被称为驱动问题(driving question)。问题必须是学生在其未来临床专业领域可能遭遇的"真实世界"的结构不良的问题，没有固定的解决方法和过程。这一点相当考验教师课程设计的功力，好的问题设计是教学成功的一半。

(2)学生在真实的情境中对驱动问题展开探究，解决问题的过程类似学科专家的研究过程。学生在探究过程中学习及应用学科思想，从以教为中心转变为以学为中心。

(3)教师、学生、其他成员协作完成教学活动，共同寻找问题解决的方法，与专家解决问题所处的真实情形类似。偏重小组合作学习和自主学习，较少讲述法的教学，学习者能通过社会交往发展社交能力和协作技巧。

(4)自主学习给学生提供了"脚手架"，帮助学生在活动的参与过程中提升能力。教师的角色是指导自主学习技巧的教练，从教知识变为教学生学会学习；教师职能的转变，对现有教师是一个相当大的挑战，这也是目前实施 PBL 教学法的难点。

(5)基于问题所进行的讨论分析，延伸出课程所要求的知识要点，还包括过程中的沟通提问技巧等，是课堂学习的成果，是可以公开分享的。以结果为导向，为结果负责，让学生真正感受到学习的成果。

PBL教学中的自主学习能力：在PBL教学中，学生通过自己查阅参考书籍或文献、请教教师或专家、检索网络资源等方法寻找问题的答案，其目的是锻炼学生通过各种途径获取知识。显然，这一过程必然涉及学生的自主学习能力。学生的自学能力不仅是顺利解决PBL教学中问题的重要条件，也是PBL教学的一个重要内容和目的。对于刚开始接触PBL教学的学生，让其用一种相对陌生的学习方法去了解一个未知领域内的知识的话会感到束手无策。此时，如果教师任由学生自己去决定学什么和怎么学，无论学生有多大的激情和愿望，也难以进行有效的自我学习。因此，教师应对学生进行必要指导，帮助他们制订学习计划，使学生知道所学内容的深度和广度。提前熟悉PBL教学方法、实施过程以及注意事项。在第一次小组学习结束之前，学生应对目前所面临的问题有一个清晰的认识，即已经知道了什么，还需要知道什么。要鼓励学生提出一些有意义的问题，并按问题的重要程度进行排序。教师必要的引导与学生自学能力的培养并不矛盾，并且是使PBL能够顺利进行的重要保证，学生的自学能力也会在PBL的具体实践中得到锻炼。

Albanese和Mitchell认为，在PBL的教学过程中，学生要经历三个阶段。在第一阶段，学生只是对PBL这种新的教学方式感到好奇和新鲜，尚不能提出一些具有挑战性的问题，缺少批判性思维，小组成员之间的争论也较少，问题的解决也常是依靠“集体的智慧”。第二阶段为“疲劳阶段”，学生们会感到医学知识浩瀚无穷，自己所知甚少，且学习效率低下，不能将获得的信息和知识在小组讨论前做好归纳总结，甚至有时还无法完成老师布置的任务，从而对PBL这种教学方式产生了怀疑。对于学生来说，在PBL教学过程中同时培养其自学能力，确实是一个相当痛苦的过程。但当学生进入第三阶段后，就会觉得，运用PBL方法学习虽然是一项艰苦的工作，但能从中学到一些在传统学习方法中无法得到的知识和技能。经过艰苦努力，学生不仅掌握了PBL教学的一些规律，而且学生的自学能力，诸如总结分析、归纳概况、从大量信息中提取精华的能力以及应用所学知识解决实际问题的能力等，均会有很大提高。由此可见，PBL教学不仅能使学生学到应该掌握的基本知识，而且能帮助其自学能力提高。

此外，在医学专业的PBL教学方式中学生的自我评估能力十分重要。自我评估能力是个人在学习过程中搜集自身学习信息的能力，是学生自我判断学习数量、质量以及是否达到学习目的的能力。在PBL学习方式中学生需要勇于承认自己知道什么、不知道什么，每个学生都能准确地或坦诚地这样做吗？传统教育一直质疑这一点，事实上，一些自认为已掌握的东西在同学或老师看来却是一知半解。如何能确保学习效果呢？既往许多研究调查了医学生在PBL学习中自我评估结果与老师评估结果的比较以及PBL与传统教学的比较，调查结果表明外在学习效果的评估与学生自我评估很不一致。有研究调查了91名进入临床学习的医学生，问卷调查法调查医学生的自我评估能力，包括考前问卷和考后问卷。考前问卷主要是预测自己的学习效果，比如“你能完成提出的问题吗？”考后问卷主要是评估自己在考试中的表现，比如“对自己的答案有多大把握？”考试由老师随机口试考生随机抽到的题目，题目是PBL学习中需要由学生自己解答的问题。研究结果表明，自我评估好坏与考试结果优良无线性关系，考前对自我学习效果的评估并不能准确地反映出实际考试中对知识的掌握程度，考后的自我评估反而更符合考试的水平。所以在 PBL 学习前应教会医学生如何提高自我评估的能力。

当以教材为学习主体时，按 PBL 方法提出问题指导学生学习，学生很容易读完相关章节很快找到答案就自认为已经掌握了知识，不再深入学习。实际上教科书提供的知识一是很概括，二是并不是最新的知识，三是并不提供综合思维(鉴别诊断)能力的培养，所以，在 PBL 学习方式中提出的问题要复杂，要以临床实例作为切入点，这样做，一则学生读完教科书后找不到答案，督促他们正确评估自己的知识水平，有利于进一步学习；二则更接近临床实际情况，告诉医学生们临床中的问题没有直来直去的，或仅有唯一的答案，或一定有答案。事实上临床时常会发生误诊，要避免误诊就要有触类旁通的丰富知识和集体讨论交流的习惯。三则督促医学生除了利用教科书，还要学会利用网络、利用生物信息学技术获得更多的知识，以及其他学生解决类似问题的方法。医学生接触的知识越多，就越会感到自己知识的贫乏，越会做出准确的自我评估，从而督促自己的学习。与学前的复杂提问相反，考试应简单且注重基础知识的考察。所以，PBL 中提出问题的技巧十分重要，临床教学中注重的是教会医学生们寻找病因的手段，而不是仅仅某个疾病，医学生们学会了这种解决临床问题的方法，就会在今后的临床实践中受益匪浅。

(二)基于团队的学习

基于团队的学习(team based learning，TBL)最早是 1982 年由美国的 Larry Michaelsen 教授等提出的，用于商业学校大型班级的教学。2004 年，Larry Michaelsen 教授又调整了 TBL 教学的应用场景，开始以小组的形式进行教学。在高等医学教育领域，早在 2002 年，美国贝勒医学院就在基础医学和医科进修教育学科部分应用了 TBL 教学。随后，美国莱特州立大学医学院将 TBL 更加深入地应用于医学人体解剖学和胚胎学两个学科，并收到了可观的效果。如今，国内、外多所医学院校都在积极尝试将其应用在医学教育基础和临床的各个学科。虽然 TBL 教学法的提出已有一段时间，但其真正在医学教育领域的应用时间并不长，目前仍是医学教育领域中一种较为新兴的教育模式。

TBL 是一种以学生为主体、以教师为引导、以小型团队为基础的学习知识的教学模式，有助于促进学生提高团队协作能力和对新知识应用的探究性、灵活性与实践能力。TBL 的目标绝非简单覆盖全部内容，而是更强调培养学生应用课程中的概念去解决实际问题的能力。TBL 注重将理论基础与实践经验相结合，有效地将小组学习与大课讲授相结合。换句话说，TBL 可被定义为一种基于发展表现良好的学习团队来增强学生学习质量的教学策略。

1. TBL 教学的主要步骤

(1)事前准备。根据学习任务，学生进行自主学习，安排和准备即将面临的学习任务。例如，学生负责在课堂之外，以教科书作为参考读物，熟悉和完成相关学习任务。

(2)准备保证。主要包括四个步骤：首先，学生接受个人的准备保证测试(individual readiness assurance test，IRAT)。该测试着重于对现有资料的回顾而非应用，是为了评估前期的学习准备是否充足。IRAT 结束后，团队再以小组形式重新接受相同的测试，即小组准备保证测试(group readiness assurance test，GRAT)。所有小组成员采用即刻反馈评估方法(immediate feedback assessment technique，IF-AT)共同找出答案，直到答案全部正确为止。此时，学生需写出他们仍然不能理解的问题。最后，由指导教师就学习过程中出现的各种学习内容的误解和不足进行讲解。

(3)应用阶段。学生基于已学会的内容在小组内讨论解决问题，该过程称为应用练习。设计问题应遵循以下原则：各小组的问题相同，问题得到充分讨论，根据正确答案提出具体的解决方案，讨论结果在小组之间同时汇报。如果问题有多种解决方案，还可以展开辩论。整个讨论过程中指导教师起引导和推动作用。

2. TBL 教学模式的重要组成部分

(1)事前准备与任务设计。事前准备是 TBL 的第一步，是学生有效掌握讨论问题相关专业知识的坚实基础，为顺利开展后续讨论保驾护航，也为学生在 TBL 中相互配合和知识拓展提供保证。这一阶段对学生自主学习有较高的要求，然而这种学习的主动性与任务的设计又息息相关。难度适中、易于拓展的学习任务不仅关乎后期学习讨论的效果，而且对于前期准备阶段的积极性也有很大影响。

(2)团队组成。团队一般由 5~7 名学生组成，尽量随机组队。团队中的学生提倡具备不同的学习背景、学习经历和学习能力，以促进不同思维方式的碰撞与交流。保持组内成员最大程度的多元化，更有利于讨论和解决问题。由于医学生走入临床后，往往面临着和相关科室医务人员的交流、配合与协助，在 TBL 中引入不同专业的医学生，更真实地模拟临床实践，可以切实培养医学生处理临床实际问题的能力。

(3)准备课前测试。指导者应设置适当的调查问卷或测试试卷，检验每名学生学习前准备情况，再以小组为单位接受同样的测试，并记录小组分数。准备保证测试的实施，不仅有利于指导者对班级内学生知识掌握情况的整体把握，还可对学生的课前准备起到督促作用，为 TBL 教学模式提供数据支持。

(4)应用训练。这一部分是学生将已掌握的知识与临床实践相结合的关键，应尽可能模拟临床真实情景，紧密结合临床实践中的复杂性进行相关知识和能力的拓展。应用训练与临床实践越贴合，学生的亲身感受越真实，对今后的临床实践帮助越大。

(5)反馈与评估。TBL 教学应实时、迅速地反馈教学效果。教师在 TBL 教学过程中，应及时调整个体和小组的思考方向，及时消除曲解和错误，以确保 TBL 的顺畅进行。各小组讨论的问题应实时汇总，统一解答，遇到难以解决的问题时也应及时向教师反馈，才能达到省时且高效的效果。组内成员之间的相互评价可以帮助及时发现成员的不足，并加以纠正，更准确地评估小组成员的学习表现。

3. TBL 教学的优缺点与特点

TBL 教学模式与其他教学模式有诸多不同。以 PBL 为例，PBL 鼓励学生学习识别那些为了解决临床病例所需要的知识。而在 TBL 中，学生学习应用在课前准备中所获取的知识来解决问题，以达到预定的学习目标。在 PBL 中，教师向学习小组反馈信息，并引导他们认识所存在的问题。在 TBL 中，教师需要就所学内容纠正误区、解答问题、总结关键的知识点，并且在测试之后提供新的观点和视角。但不同于 PBL，在各个小组中都需要更多的教师参与，TBL 小组学习更多的是需要自主性，指导者负责在课程的关键阶段加以推动和引导。考虑到上述这些，基于团队的学习相较于其他促进学习积极性的策略有一定的优势，尤其是在教师和学生的人数比例超过 1∶7 的情况之下。

4. TBL 教学在医学教育中的意义

(1)理论与实践相结合的需求。医学教育面临的现实是，既要使学生掌握鉴别不同疾病的相关知识，又要其具备在真正地患者面前能够高效判断其所患疾病的能力。这两者有着很大的区别，但同时都在医学教育中占据重要地位。在传统的医学教育中，基础知识往往在课堂上以授课的方式进行传授，而真正面对患者进行疾病的鉴别则是在之后的临床实践中进行学习。在这种教育模式中，知识容易产生断层，不利于学习的推进。医学教育者尝试很多种方法促进基础知识与临床应用的结合，TBL 无疑是最为行之有效的方法之一。它能让学生在及时将所学知识付诸实践的同时，体会临床工作的相互配合；在夯实临床知识的同时，培养多种临床应变能力。

(2)团队协作能力的培养。医疗工作者需要具备多方面的能力来满足患者的需求，除了专业的技能、良好的医患沟通能力、批判的思维能力等以外，还应具备组织临床工作的能力、临床各部门相互沟通协作的能力、在团队中充分发挥自身作用的能力等。这些能力的掌握构成了医学教育独特的框架结构，影响着医学教育课程的设置与发展。而 TBL 在上述能力培养方面的优势，是其他教育模式不可媲美的。

(3)临床实践能力的培养。传统的教学是以老师和课程内容为中心。在这种学习模式中，学习目标是由教师将知识传递给学生。学生的角色更倾向于记忆老师所传授的知识，而不是理解并实践所学的内容。在这种教育模式下，学生往往会误以为他们已经很好地掌握了知识并能付诸实践，从而忽视了理解与实践的重要性。TBL 的教学模式能够使学生切身体会到理论与实践相结合的重要，进而端正学习态度，完善学习方式与方法。

(三)基于案例的学习

基于案例的学习(case-Based learning，CBL)的理念历史由来已久。古希腊、罗马时代的“启发式问答法”是可追溯的最早的类似学习方法，苏格拉底经常采用对话式、启发式的教育方法，向学生提问和质疑，制造思维上的冲突，引导学生进行思考总结，培养独立思考的智慧。Langdell 在 1870 年首次将 CBL 教学法运用于法律教学领域。1969 年，加拿大麦克马斯特大学的神经病学教授 Barrows 首次在医学教育领域应用 CBL 教学法。1989 年，大卫·肯迪教授做了案例教学的专题讲座，详细地讲述了 CBL 教学法运用于医学教学的优势与具体的操作方法，开启了 CBL 教学法在世界及我国医学教育界的发展。

不同研究者基于不同的理论和实践方法，对于 CBL 教学法的定义各有不同。Shulman 把 CBL 定义为把案例作为教学媒介的一种教学方法；Yoo 认为，CBL 是教师利用具有代表性的案例为学生创设学习情境，引导学生对案例进行讨论分析，以掌握相关理论知识；Kowalski 认为，CBL 是在临床案例的基础上传授知识、概念以及理论，同时训练学生的思考能力以及解决问题能力的教学方法。在医学专业临床课程教学实际中，CBL 一般由授课教师根据实际教学目的和课程设置需求，将临床教学内容融入医学真实案例教学，然后通过小组成员间的讨论以及师生间的互动，发掘临床实例及各种相关案例中所隐含和关联的机制及相关问题，引导学生发现和思考问题，激发学习兴趣，培养独立思维和系统思维模式，逐步养成独立思考学习和解决问题能力。

1. CBL 教学课堂的一般教学模式

CBL 教学是传统医学讲授教学方法的补充，能够有效引导学生主动学习与独立学习，课堂教学过程比较简单，从某个临床案例开始，通过 CBL 课堂学生间的讨论即可达到教学目的。CBL 教学通常由 5~6 个学生组成一个学习小组，4 个小组构成一个教学班级，每班配 1 名专业教师。在讨论时，多采用临床真实案例为主线，常常具有“头脑风暴”的特色。在临床教学实践中，CBL 教学成功的关键在于教师的课前准备。在编写教学案例材料时，教师设计案例及问题应按照临床教学大纲要求，围绕教学的基本内容以及重难点，以案例为基础，设计难度渐进式的系列相关问题，注重知识点之间的逻辑关联性，突出医学基础知识与医学临床知识的衔接以及学科之间的相互联系。

2. CBL 教学模式的步骤

(1)准备案例。案例是 CBL 教学法的基础和关键所在，准备典型病例资料、精心构思系列问题是教师课前必备的。然后，教师将具有代表性的典型临床案例一次性呈现给学生，同时将问题等材料布置给学生，按小组进行预习，按照“查阅资料文献—分析问题—讨论总结结果”的顺序，鼓励并引导学生主动思考，积极主动与小组成员沟通，在增加对疾病的直观和感性认识的同时，锻炼社交能力。

(2)教师授课。在教学过程中，学生应预先查找参考文献资料并收集病例相关材料，由教师围绕案例进行讲解。授课时，突出重点、难点和疑点，进行系统性、有针对性地讲解和分析病例。力求将知识点系统化，知识要点条例化，把依据典型案例展现的系列问题逐一解决，为学生学习更深层的知识起到承上启下的作用，把教学实践宗旨落到实处。

(3)小组讨论。小组讨论是 CBL 教学非常的重要环节，学生间的讨论、教师的引导是 CBL 教学法的主要特点。在讨论过程中，学生首先讨论自己提出的难点、重点问题，在各抒己见、集思广益的讨论后，教师开始引导、启发和提问，并针对提出的难点、重点问题，鼓励同学有理有据地进行分析和总结，引导学生尝试将多种观点和理论进行归纳整理，了解案例疾病相关的生理生化、病因病理、临床表现、诊断及治疗、一般预后，从而使知识点更加具备关联性和系统性；最后，教师根据学生的讨论意见，进行启发、点评和分析，引导学生对学习内容进行最终归纳整理，并形成最终的讨论结论。

(4)教师总结。教师应重点对病例进行系统性分析，结合案例和相关真实案例做好分析和归纳总结，对讨论中具有典型代表性的教学重点问题做出综合解答，通过倒推法、排除法等启发学生逆向思维能力，培养学生运用知识点及各种思维方式发现问题、分析问题、独立解决问题的能力。最后教师自我完成评估：教学大纲是否落实，教学效果是否最佳，预期教学目标是否达到。

3. CBL 教学的特点与优势

CBL 教学形式多样，主要特点是以案例为基础、以问题为线索、以学生为主体、以教师为主导的小组讨论式教学法。CBL 教学法在实践中要根据教学大纲要求并基于学生实际学习情况编写案例，最重要的两个基本特点是教师为主导和学生为主体，强调在互动中达到教学目的。CBL 教学法的应用，大大提高了课堂教学效果，培养了学生独立主动思考问题和综合查阅参考文献的能力，促进了学生间、师生间良好的沟通和合作意识，将理论与临床实践有机结合，锻炼了学生的临床思维和临床技能。与传统的填鸭式及单纯病例示教教学法相比较，CBL 教学法具有以下优势：(1)课堂气氛活跃，调动了学生积极性，激发学生认真思考能力；(2)激发了学生的学习兴趣，有助于主动掌握理论知识；(3)提高了逻辑思维能力，增强综合分析问题及解决问题的能力；(4)锻炼了学生自主学习的能力，提高了自主查阅文献资料和获取信息的能力；(5)拓宽了学生知识面，有助于知识实际运用，使基础知识与临床技能紧密结合；(6)提升了学生表达水平，教师更了解学生的真实想法与实际需求；(7)培养了团队协作精神，让学生学会了与他人(包括同学和老师之间)进行有效的沟通、交流。

近年来，讨论式教学的引入推动着我国医学教育教学模式的变革，CBL 教学作为讨论式教学的重要形式，在灵活性、实用性、主动性等方面，尤其在临床教学的过程中，是传统教学模式的补充，能够助力实现临床教学所需要达到的培养综合能力的目标。

(四)SP 与情景化学习

SP 及情景化学习是近年来医学教育研究与实践的热点，在培养学生创造性思维、提高解决实际问题能力、发挥学生主观能动性等方面逐渐发挥出积极作用。两个板块相互交叉、互相补充，是连接理论教学与实践教学的桥梁。

标准化病人(standardized patient，SP)是指从事非医务工作的正常人或真实的患者，经过培训后，模拟病人的症状体征和(或)病史而接受医学生问诊和查体，准确表现病人的实际临床问题，恒定、逼真且可重复地复制真实临床情况，发挥扮演患者、充当评估者和教学指导者三种功能。而 SP 所呈现的临床场景即情景，能够将医学生带入贴近临床的诊治活动，实现情景化学习。所谓情景化学习，是指教师在教学过程中或学生在自主学习中有目的地引入或创设具有一定情感色彩的、以形象为主体的、生动具体的场景，以引起学生一定的态度体验，从而帮助学生理解和获取知识或技能，并使学生心理技能得到发展的方法。因此，SP 是情景化学习的“造梦师”，为医学生搭建丰富多样的医学情景，使医学生在模拟诊疗过程中，完成理论和实践的结合。

1. SP 与情景化学习的实施

近年来，SP 教学模式在国内多所医学院校应用，不仅能够提高教学质量，还能在很大程度上缓解当前高等医学教育中存在的矛盾，解决临床教学实践中所面临的困难，具有较好的教学效果。典型的 SP 与情景化教学过程通常以学生小组为单位，通过情景设置、角色扮演等团队协作，完整地模拟一个带有典型症候的患者临床就诊的过程。教师提前布置教学任务及具体要求，创作临床典型病症的案例剧本，对 SP 进行编排测试，对剧本的设定及测试中存在的问题，教师给予专业指导及审核。学生以小组为单位，先后从疾病的发病情况(发病时间、起病缓急、前驱症状、可能的原因或诱因)，主要症状特点及其发展变化情况(主要症状的部位性质、持续时间、程度、缓解或加剧因素以及演变发展情况)，伴随症状，发病以来诊治经过及结果，此次就诊的主要症状等进行问诊及查体等操作。SP 既可作为模拟真实患者的教学工具，又可作为教学评估者和教学指导员。学生通过 SP 与情景化学习，能够较快地掌握临床诊疗的实践过程，灵活运用理论知识，掌握不同专业的规范性的问诊和查体要点，训练学生应对各种特殊情况的技巧。SP 结合学生接诊的实际情况和评分标准及亲身感受进行评分，反馈学生病史采集中遗漏的内容及人际交往中的不足，为评价学生学习提供了逼真且全面的临床过程和真实感受，而且可以指导学生如何观察患者、安慰患者，确实做到换位思考，从而取得其信任。这种考评方法更加客观、全面，达到考核与教学的双重目的。

2. SP与情景化学习的优势

(1)调动学生学习主动性。理论教学采用SP教学法，充分发挥案例和临床问题在学习过程中的指导作用，把疾病信息的采集交给学生，使学生在问诊和体检中探索寻找解决问题的方法和技巧，充分调动了学生的主观能动性，使学生变被动接受为主动思考。更重要的是，通过生动、有趣、形象地模拟临床诊疗真实情景，使学生在主动学习、角色扮演的过程中，加深对疾病的认知，从而解决了传统教学法对于疾病具体理解不足的问题。

(2)提高医患沟通能力。医患沟通能力是目前影响医患关系的重要因素之一，是临床能力的重要组成部分，良好的医患沟通能力是医学生应具备的基本技能，有助于医生更准确有效地收集临床信息，做出正确合理的临床决策，还可以改善患者的就诊体验，提高患者对治疗的依从性，减少医疗差错和事故的发生。通过SP反馈，学生能够发觉诊疗过程中可能存在的问题，不仅包括掌握的专业知识是否全面、操作是否规范，还包括医患沟通的细节是否完善。比如，问诊时不能够耐心倾听，打断患者的讲述方法过于粗暴和频繁，过分关注“病”，而忽略了对“人”的关注，缺乏对患者身体及心理方面的关注和同情，等等。在SP与情景化学习中，学生身临其境，和患者面对面交流，能够从医患关系的建立、信息的搜集和反馈、换位思考、信息共享和知情同意等多个方面直观地对医学生医患沟通能力进行更加有效和客观的培训和评价，提高医学生的医患沟通能力。此外，医学生也可以经过训练成为SP，在模拟就诊过程中“扮演”SP的学生模拟完全不具备医疗知识的患者，预先设立沟通障碍，亲身体验临床患者的就诊过程，包括身患疾病的痛苦、对自身疾病的认识、与医生沟通时的障碍等，真切体会到患者的感受，在人文关怀及沟通中换位思考、关爱患者，达到与患者共情的目的，使学生在以后的临床工作中，能够正确面对和处理医患间的突发事件，通过达到共情目的，反过来又可以促进医患的良好沟通。

(3)提高临床操作技能。临床操作技能是医学生培训的重点，但对于没有临床经验的医学生的诊疗操作技术的培训不能以患者为教学对象，医学生的临床技能受到很大限制。学生通过理论教学及自主学习，掌握了基本的医学知识，但是如何运用到临床实践当中，需要一个转换的过程。在SP上实践各种问诊与查体操作，并逐渐提高难度，操作过程中教师做到及时发现学生存在的问题，并示范和纠正每一个不规范动作；同时，在操作过程中，SP可以及时地反馈信息，指出学生的不当之处，针对丰富且特殊的情景，采取不同的操作方法和处理措施，这种以贴近临床真实环境以及可多次重复操作为特点的模拟教学，在临床技能训练方面展示出巨大的优势。

第三节　刻意练习

“刻意练习”这个概念是由佛罗里达州立大学心理学家K. Anders Ericsson首次提出的。该方法的核心假设是，专家级水平是逐渐地练出来的，而有效进步的关键在于找到一系列的小任务让受训者按顺序完成。这些小任务必须是受训者正好不会做但又正好可以学习掌握的。完成这种练习要求受训者思想高度集中，这就与那些例行公事或者带娱乐色彩的练习完全不同。“刻意练习”理论目前已经被广泛接受，在医学专业的学习中，尤其是在临床技能的培养训练中，同样可以从“刻意练习”中获益。

一、刻意练习的概念

最发达的行业或领域，通常受益于数十年甚至数百年稳定进步，其中的每一代人都将他们从上一代人那里学到的经验和技能传承下去，他们的训练方法令人惊讶地一致。比如，深入观察音乐表演、芭蕾舞蹈、花样滑冰或体操等运动项目，都能轻易发现，其练习遵循着非常相似的一系列原则。心理学家 K. Anders Ericsson 从那些针对在柏林学习小提琴演奏的学生的研究中，发现了这种练习，将其命名为“刻意练习”，并在其他许多行业或领域也对这种练习进行过研究。

以小提琴学习为例，心理学家 K. Anders Ericsson 及其同事发表了关于小提琴学生的研究结果：在诸如音乐表演和体育运动之类的领域中，随着时间的推移，人们的水平已得到大幅度提高，而随着个人更大幅度地提高到更加复杂的技能和水平，导师和教练也提出各种各样的方法来教学，这些技能水平的提高，通常与教学方法的发展齐头并进，如今，任何人想要在这些领域变成杰出人物，都需要导师的帮助。由于请得起全职导师的学生少之又少，所以，标准的模式是每周上一堂或者几堂课，在上课时，导师布置一些练习，希望学生在下次上课之前完成。这些活动通常是根据学生当前的能力来设计的，目的是促使他提高当前的技能水平。这正是被其定义为“刻意练习”的活动。

二、刻意练习不只是有目的的练习

刻意练习区别于其他类型的有目的的练习主要在于两个重要的方面。首先，它需要一个已经得到合理发展的行业或领域，也就是说，在某一行业或领域之中，最杰出的从业者已达到一定程度的表现水平，使他们与其他刚刚进入该行业或领域的人们明显地区分开来，包括音乐表演、芭蕾舞蹈和其他类型的舞蹈、国际象棋以及许多个人和团体的体育项目这些活动，特别是根据打分来评判运动员表现和水平的体育项目，如体操、花样滑冰或跳水等。那些并不存在或者很少存在直接竞争的行业或领域，比如园艺和其他爱好，以及当今职场中的许多工作，如企业经理、教师、电工、工程师、咨询师等，在这些行业或领域之中，你可能无法从刻意练习中累积知识，因为它们并没有客观的标准来评价卓越的绩效。

其次，刻意练习需要一位能够布置练习作业的导师，以帮助学生提高他的水平。导师必须已经达到一定的水平，并且有一些可以传授给别人的有益的练习方法。

基于上述，学生可以在有目的的练习(其中，人们想尽一切办法来推动自身的提高)与既有目的、又获得指导的练习之间总结出明显的区别。特别是在刻意练习中，受训者了解表现最杰出者的成就，并且受到后者的指导，同时，他们还理解，这些表现最杰出者在哪些方面表现卓越。刻意练习也是一种有目的的练习，而且知道该朝什么方向发展，以及怎样去达到目标。

三、刻意练习的特点

(1)刻意练习发展的技能，是其他人已经想出怎样提高的技能，也是已经拥有一整套行之有效的训练方法的技能。训练的方案应当由导师或教练来设计和监管，他们既熟悉杰出人物的能力，也熟悉怎么样才能最好地提高那种能力。

(2)刻意练习发生在人们的“舒适区”之外，而且要求学生持续不断地尝试那些刚好超出他当前能力范围的事物。因此，需要人们付出近乎最大限度的努力。一般来讲，这并不令人心情愉快。

(3)刻意练习包含得到良好定义的特定目标，通常还包括目标表现的某些方面；它并非指向某些模糊的总体改进。一旦设定了总体目标，导师或教练将制订一个计划，以便实现一系列微小的改变，最后将这些改变累积起来，构成之前期望的更大的变化。改进目标表现的某些方面，使得学生能够看到他的表现已经通过练习得到了提高。

(4)刻意练习是有意而为的，也就是说，它需要人们完全的关注和有意识的行动。简单地遵照导师或教练的指示去做还不够，学生必须紧跟他的练习的特定目标，以便能做出适当的调整，控制练习。

(5)刻意练习包含反馈以及为应对那些反馈而进行调整的努力。在练习过程的早期，大量的反馈来自导师或教练，他们将监测学生的进步，指出存在的问题，并且提供解决这些问题的方法。随着时间的推移，学生必须学会自己监测自己，自己发现错误，并做出相应调整。这种自我监测，需要高效的心理表征。

刻意练习既产生有效的心理表征，又依靠有效的心理表征。提高水平与改进心理表征是相辅相成的，两者不可偏废；随着人们水平的提升，表征也变得更加详尽和有效，反过来使得人们可能实现更大程度的改进。心理表征使人们能监测在练习中和实际的工作中做得怎么样。它们表明了做某件事的正确方法，并使得人们注意到什么时候做得不对，以及怎样来纠正。

(6)刻意练习通过着重关注过去获取的技能的某些特定方面，致力于有针对性地提高那些方面，并且几乎总是包括构建或修改那些过去已经获取的技能；随着时间的推移，这种逐步的改进最终将造就卓越的表现。由于新技能的学习是建立在现有技能基础上的，因此，导师或教练会为学生提供正确的基本技能，使学生后来能在更高层面上重新学习那些基本的技能。

四、医学生如何运用刻意练习原则

正如定义的那样，刻意练习是非常专业的练习形式。医学生需要技能教师或者临床教授来指导练习的方法，以帮助其掌握必要的操作要领，提高特定技能。技能教师或临床教授不仅要自身操作熟练规范，更要懂得哪些方法是传授这些临床技能的最佳方法。医学行业同样具有一整套高度复杂的操作技能，从初步的体格检查，到复杂的手术操作，再到精密的显微操作等，均是每一代医学家传承发展而来，也同样可以通过刻意训练的方法教授给医学生。

符合所有这些条件，而且能以最严格的意义进行刻意练习的这种技能教师或临床教授相对较少，这一规律在包括音乐表演、国际象棋、芭蕾、体操以及其他一些行业或领域同样适用。

因此，在医学技能培养中，首要的是培养出规范合格、善于教学的教师。但是，即使学生所在的院校或领域不可能以最严格的意义进行刻意练习，学生依然可以运用刻意练习的原则，指引自己发展在所处行业或领域之中可能的、最有效的练习方法。

五、最大限度地运用刻意练习原则

《刻意练习：如何从新手到大师》中以记忆比赛作为一个简单的示例：没有经过刻意练习的普通人很少能记住40个或50个数字，而在近期兴起的综艺节目记忆比赛中，有的人可以记住300个数字，甚至更多。他们怎么做到的？如今，有许多广为人知的方法来训练人们记住冗长的数字串。其核心方法是需要记住一些由2个、3个或4个数字组成的数字块，然后将这些数字块安排到检索结构中，以便事后能够回忆起它们。比如，来自中国的数字记忆专家王峰，在2011年的世界脑力锦标赛上，他创造了当时的世界纪录：当别人以每秒钟一个数字的速度向他念出数字之后，他记住了300个数字。他的方法是：首先勾勒了一组可记住的图像，把这些图像与00~99这100对数字中的每一对联系起来。接着，他又勾画了一幅实际位置的“地图”，他会在自己的脑海中以非常特定的次序逐一参观地图中的位置。在一次试验中，他将6389这4个数字的数字串编码为一只香蕉(63)和一个和尚(89)，然后，在心理上把它们放在一个罐子中；为了记住这个场景，他在心里默念，“罐子里有一只香蕉，和尚把香蕉折成两半”。一旦列表中所有的数字串都被念了出来，王峰就像在心理上沿着地图上的路线依次旅行一样，回忆起那些数字，记住每到一个“站”都有哪些图像，然后将那些图像转换成相对应的数字。因此，尽管在最严格的意义上讲，记数字的训练并非刻意练习，但是抓住了刻意练习的最重要元素(从最杰出的前辈身上学习)，而且有足够的证据证明，通过正确的方法反复练习能够迅速提高人们的技能。

如今，参加记忆比赛的人们，可以从前人那里获取经验。他们辨别最优秀的从业人员，然后确定是什么使这些人如此优异，并发展一些训练的方法，以便他们自己也能练就同样的本领。在他们看来，辨别最优秀的从业人员并不难，因为最终归结为谁能记住最多的数字。当参赛者找不到导师来帮助设计训练课程时，他们能从以前的专家那里获得建议。那些专家的事迹，要么可从书上找到，要么可从媒体的采访中获得。记忆专家通常会帮助其他那些希望获取类似技能的人们。因此，尽管在最严格的意义上讲，记数字的训练并非刻意练习，但它抓住了刻意练习的最重要元素(从最杰出的前辈身上学习)，而且有足够的证据证明，它能够在这一领域迅速提高人们的记忆力。

在医学教育领域，全国高等医学院校大学生临床技能竞赛与记忆大赛十分类似。根据《教育部、财政部关于实施高等学校本科教学质量与教学改革工程的通知》(教高〔2007〕1号文件)、《教育部、财政部关于批准2008年大学生竞赛资助项目的通知》(教高函〔2009〕7号文件)的文件精神，2010年4月，由教育部、财政部、原卫生部主办，教育部医学教育临床教学中心承办的“第一届全国高等医学院校大学生临床技能竞赛”于北京大学人民医院成功举行，共有全国19个高等医学院校参加了此次竞赛，竞赛以“尚医德，兴医术，奉学道，展风采”为主题，旨在培养医学生临床专业技能操作的规范性及运用能力，倡导相互协作的团队精神及创新意识，提升医学生的科学精神及人文素养。希望通过竞赛，能够牢固树立临床技能培养在医学教育和人才培养工作中的核心地位，建立科学化、规范化、标准化的临床技能训练体系，推动临床实践教学模式的改革，培养具有国际竞争力的、全面发展的高素质医学人才。此次竞赛向社会发出了一个信号，是一种导向、一种激励，重新强调了基本技能在医学教育中的重要性，得到了教育部、原卫生部、各医学院校、医学教育工作者和医学生们的高度评价和认同。经过第一届竞赛的成功探索，第三届竞赛时已有113个医学院校参与，覆盖了97%全国以西医为主的高等医学院校，最大限度地调动了各高等医学院校的积极性，在全国范围内掀起了加强医学生临床技能训练的热潮。

技能竞赛发挥着打造临床医学教育教学示范工程的指导作用，推动医学人才培养模式和临床实践教学的改革，从而实现临床医学教育质量的持续发展。从刻意训练方法的角度看，技能竞赛不仅培训了一大批优秀的“导师”，还为参赛及陪练的选手直接提供了扎实的“刻意训练”。正是基于激烈的临床竞赛，全国绝大多数医学院校的技能中心得到硬件和软件上的极大提升。因此，医学生通过刻意训练，提高临床技能比以往更为容易。

尽可能地进行刻意练习，是在任何一项事业的追求中变得更加杰出的基本路线图。如果能够参加临床技能竞赛或陪练，刻意练习可以实行，那么就应当采用刻意练习；如果不能参加，那就要尽最大的可能应用刻意练习的原则。在实践中，首先辨别杰出人物，然后推测是什么使他们变得如此杰出，接着再提出训练方法，这些方法使你也能像他们那样表现卓越。因此，寻求优秀的技能教师或临床教师的指导，向身边优秀的医学生学习，通过刻意训练，不断进步，你就能最终具备扎实的医学临床技能。

第七章 学习效果评价

大学生在学习的过程中或过程后需要对课程或者学习项目的效果进行评价，以检测课程或项目的学习目标或目的是否已经完成，发现学习过程中每个环节是否存在问题，以便在今后的学习中加以改进，提高学习效果。1967 年，Striven 在《评价方法论》中定义：评价指的是根据预定的目标，用可量化的或可比较的尺度进行合理的评判。对于指导教师来说，评价可以指导教师明确课程的内容和目的是否完成；能够评估学生学习的收获和效果；为课程的发展和后续改善获得支持记录；记录课程设计者或指导教师的成果。另外，学习效果评价可为学习者和课程的后续改善提供信息；也能满足职业考核、教学考核等外部需求；同时，也是经验展示和成果总结的基础。

学习效果的评价包含了以下任务：明确使用者和需求；明确评价的问题和优先原则；选择评价设计；选择评价方法与工具；明确伦理问题；搜集及分析数据；提交结果报告等。学习效果的评价应该收集与教学相关的所有个体，对于医学专业来讲，应该包括老师、患者、同行(同事)、护士、住院总医师、实习项目负责人(教研室负责人)、教学指导委员会、用人单位(人事处、科教处)等的所有评价。

根据评价目的的不同，学习效果评价方法分为两大类：形成性评价和终结性评价。形成性评价一般是在教学过程中进行的，可以通过课堂提问、mini-CEX、DOPS 等来实施。形成性评价的目的是了解教学的结果以及学生学习的状况，以便于指导教师及时了解教学中取得的成效和存在的问题，调整或改进教学工作或教学方法，使教学在不断地测试、反馈、改进过程中逐步完善，最后达到教学目的。而终结性评价即为传统的阶段性考核，一般在学期或学年结束时进行，多为简便易行的纸笔测试，主要是通过考核了解学生经过一段时间(学期或学年)的学习，是否达到教学大纲要求，并据此做出终结性评价。终结性评价除了给学生评定学习成绩外，对后阶段学习还具有预测、评估的作用，能确定学生在后继课程中的学习起点。终结性评价除了给学生以学习成绩外，还能确定学生在后继课程中的学习起点，例如进入相应级别的班级或学校，对后阶段学习具有预测、评估作用。终结性评价部分发挥了形成性评价和诊断性评价的功能。传统的教学评价通常把单一的纸笔检测作为全部的评价方式，而忽视了其他评价方式的重要性。

目前在医学教学评价中，上述两种方法常常联合应用，建立医学生学习档案是医学教育形成性评价的主要形式，期末书面考核及毕业 OSCE 的方式是终结性评价的主要形式。综合形成性评价和终结性评价的结果，评价医学生的知识、能力、态度，促进其不断改进、提高，最终达到医学人才培养目标。

第一节　形成性评价

美国毕业后医学教育评鉴委员会(Accreditation Council for Graduate Medical Education, ACGME)将住院医师的核心能力归纳为六大要素：医疗服务、医学知识、基于实践的学习能力、人际交流与沟通能力、职业精神、在医疗系统中的执业能力。终结性评价常以考试成绩作为评定考生能力的唯一依据，主要在于评估学生对临床基础知识的记忆、理解和简单应用，并不能有效地评估学生的学习态度、分析问题能力、临床思维能力、实践操作能力、自主学习能力、人际交流与沟通能力、职业精神等。终结性评价重理论、轻实践、轻能力，缺乏个体化，难以促进学生特长的发展，无法评估学生的学习表现，评价主体较单一，只有局部的评价视角。终结性评价是着重于“过去”的，只是从学生已经掌握的知识和技能多少去发现差异，分层排序，强调的是评价的鉴定和分层作用，因而容易造成学生在职业过程中的“高分低能”现象。以往擅长终结性评价的学生往往注重医学知识的背诵和记忆，但进入临床工作后所需的临床思维能力、自主学习能力、沟通能力等需要较长时间弥补和改善，不利于学生迅速进入职业角色。随着这些弊端的凸显，医学教育逐渐重视学生能力的培养，“以评促教”“以评促学”备受重视，与之相对应的教学质量评价方法也不断更新优化，逐步从终结性评价向形成性评价(formative assessment)过渡。

“形成性评价”于1967年由斯克里芬首次提出，是在教学过程中不断获取有关教学的反馈信息，并以此改进并完善教学过程，使学生对所学的知识和技能达到掌握程度所开展的一种系统性评价方法。迄今为止，在国内医学教育中，已有越来越多的医学高等院校开展了形成性评价，且被广泛应用于儿科、口腔科、康复科、医学影像科、中医、全科等专业的本科生、住院医师、研究生的临床教学和评价中，并取得了较好的效果。

形成性评价主要包括以下部分：指导教师和学生共同认定学习目的、目标及学习结果；指导教师和学生间深入地沟通；提倡有效、及时地反馈，以促进学生改进自己的学习过程；学生积极参与自己的学习过程；指导教师通过调整教学方式和方法，对规定的学习目标和观察到的学生需求做出反应。形成性评价强调评价者和评价对象之间的反馈互动，通过“学习—评价—反馈—修正—提高质量”一系列类DNA螺旋的过程，目的在于探索教学中存在的问题或缺陷，提高学生的自觉性和主动性。形成性评价的主要内涵是“以评促学”，而不是“为评而学”，以学生为中心，以能力评价为基础，核心要素是自主学习以及自我评价，对学生有积极的促进作用，更多地关注学生临床能力的培养。

形成性评价以指导教师、学生、教学者管理者为评价主体，以知识和技能为双重点，在教学过程中，指导教师和学生逐渐进行学与教的螺旋交互过程，最后实现知识与技能同步螺旋式上升发展。指导教师在教学过程中持续记录并且动态观察，观察学生对三基知识、临床技能及医师执业相关技能的掌握情况，分析教学过程的合理性，调整带教方法，与此同时，利用类DNA教学模式倡导教师螺旋式指导学生主动学习。指导教师是该螺旋式教学模式的知识传递者和技能培训者，教师在获悉学生现有知识和技能水平后，以简单明了的方式将大纲要求的知识或技能传授给学生，并在学生理解知识后进一步指导学生开展技能训练，对学生在操作训练中的表现进行评价，促进学生及时改正错误，不断进行更进一步的临床思维螺旋式教学。学生在螺旋吸收知识培养技能的基础上，同时也及时记录、评价、总结和反馈自己的学习过程，及时进行自我思考、自我管理和自我调整，并形成适合自己特点的学习方式，变被动接受知识为主动学习，激发学生的自主学习能力。

根据 ACGME 提倡的能力要求及 CanMED 提倡的角色要求，应用不同的评价方法，可以评价不同方面的能力，形成性评价在交流沟通能力、职业素养以及在医疗体系下职业能力等方面显著优于传统的纸笔考试或计算机模拟考核，见表 7-1。

表 7-1 **考试方法与评价的能力相匹配①**

ACGME 能力	CanMED 角色要求	多选题考试，笔试	计算机模拟病例	不间断的督导和老师临床观察	OSCEs	Mini-CEX	360 度反馈和同行评价	档案和外部资料收集
医学知识	医学专家，学者	***	**	**	*	**	**	*
沟通能力	交流能手，协作者	*	*	**	***	**	***	*
职业素养	专业人员，协作者，健康倡导者	*	*	***	*	*	**	**
医疗照护	管理者，健康倡导者，医学专家	**	**	***	**	***	**	***
在医疗体系下职业	管理者，健康倡导者，协作者	*	*	**	*	*	***	*
临床工作中的学习与改进	医学专家，学者	*	*	*	*	*	*	***

注：*：证据不足；

**：有一些证据但不足够充分；

***：证据基本充分，但对于决策制定有时并不足够。

目前形成性评价的主要方式包括教师自评、学生自评、学生互评、师生互评、其他教学相关人员的评价等几种方式。下面重点介绍目前较常用的迷你临床演练评估、操作技能直接观察评估、SOAP 评估记录和 360°反馈评价。

一、迷你临床演练评估

迷你临床演练评估（mini clinical evaluation exercise，mini-CEX）是由美国内科医学会于 1995 年首次用于评价住院医师的临床技能并兼具教学功能的评价方式，较适用于内科临床基础能力的评价考核。实行方法为：临床带教老师观察学生在采集病史、体格检查和诊

① 参考：［美］Lousis，Pangaro. 医学教育的领导力［M］. 曾学军，黄晓明，译. 北京：中国协和医科大学出版社，2017.

治过程中的表现，仔细评价学生临床工作的过程。mini-CEX 强调及时反馈，目的是促进学习，使学生将观察过程中的缺点及不足逐步改善，从而促进能力的提升。评价者需要仔细观察后，给予学生积极有效的反馈意见，以改善学生的临床实践能力和成绩。

（一）Mini-CEX 测评量表内容

包括：问诊能力、查体能力、人文关怀、临床诊断、交流沟通能力、组织能力、整体评价 7 项，具体能力评价如下：

（1）问诊能力：考查学生病史问诊和沟通的能力，能促使患者讲述自己的故事，并能有效地提问或引导，以获取所需的准确和恰当的信息，适当地打断患者重复冗长的叙述或诊断性术语。

（2）查体能力：查体前告知患者，按系统有序地进行查体，根据诊断及鉴别诊断要点进行重点查体，可以敏锐地观察到患者的反应。

（3）人文关怀：对患者表现出理解、尊重、同情、共情，并建立信任关系；尊重患者的隐私，充分沟通，使患者知情，在诊疗过程中提供必要的安静舒适的环境。

（4）临床诊断：根据获取的病史资料线索，进行合理的临床诊断；获得有必要的诊断依据，并进行鉴别诊断；根据临床诊断进行相应的操作。

（5）交流沟通能力：解释检查或治疗的原理，获得患者的同意，充分沟通，对健康管理开展适当的宣教或劝导。

（6）组织能力：操作过程中整洁、从容、及时。

（7）整体表现：表现出决断、组织、关怀、有效性以及有效率。

（二）mini-CEX 场景设置及流程

可参见表 7-2。

表 7-2　**mini-CEX 场景设置及流程**

场所	患者问题或诊断	临床技能			
		问诊	重点查体	治疗	操作技能
病房（1 个患者）	肺部感染	急性症状（发热、咳嗽、咳痰等）	呼吸系统查体	胸腔穿刺术知情同意	胸腔穿刺术
病房（4 个不同患者）	AECOPD/化疗/CHF/低血压	化疗患者（病史、诊疗经过）	粒缺发热	教育患者自我调整药物	中心静脉置管
门诊（1 个患者）	肩关节外伤	持续性肩痛	肩关节查体	知情同意	关节腔内注射
门诊（4 个不同患者）	下腰痛/甲状腺功能亢进/糖尿病/胸痛	下腰痛	甲状腺及相关系统的查体	甲亢的药物治疗	穿刺术
会诊（1 个患者）	围手术期会诊	心脏危险因素	心血管系统查体	降低动脉粥样硬化风险	运动平板试验
会诊（4 个不同患者）	头晕/腹痛/冠心病/多发伤	眩晕	头晕	治疗	腰穿

(三) mini-CEX 评估记录表

示例如表 7-3 所示。

表 7-3　**mini-CEX 评估记录表**

迷你临床演练评估(mini-CEX)记录表										
评价者：					日期：					
学生姓名：					学号：					
评估地点：										
患者问题或诊断：										
难易程度：较难　　适中　　较易										
	不满意				满意			优秀		
问诊能力	未观察到	1	2	3	4	5	6	7	8	9
体检能力	未观察到	1	2	3	4	5	6	7	8	9
人文关怀	未观察到	1	2	3	4	5	6	7	8	9
临床诊断	未观察到	1	2	3	4	5	6	7	8	9
交流沟通	未观察到	1	2	3	4	5	6	7	8	9
组织技能	未观察到	1	2	3	4	5	6	7	8	9
整体表现		1	2	3	4	5	6	7	8	9
Mini-CEX 时间：观察：　　分钟　反馈：　　分钟										
建议：										
学生签名：					评估者签名：					

二、操作技能直接观察评估

操作技能直接观察评估(direct observation of procedural skills，DOPS)是一种基于工作场所的评价方法，采取的是直接观察后进行重点评价和及时反馈的方法，是兼具教学和考核多功能的新型评价方法，也是目前以考促学的较好方法之一。临床DOPS最初由英国皇家内科医师学会(Royal College of Physicians，RCP)设计而成。早期用于美国住院医师技能的评价，后因其实用性较高、方便操作而获得好评。DOPS是临床带教老师对学生的临床操作过程给予评估及反馈，针对每一种临床操作技术，学生接受不同临床老师的评价及反馈，根据反馈结果调整方法再学习，达到掌握临床操作技能的教学目的。DOPS是在mini-CEX的基础上演变而来的技能操作评估方法，比mini-CEX更着重于对临床操作技能的考核。

(一)具体评估过程

学生熟练掌握操作流程及方法后，独立接诊患者，并进行操作，带教教师从旁仔细观察学生的表现，完成整个操作过程后，先由学生根据DOPS评分表依次进行自我评价，然后带教老师根据DOPS评分表对学生进行评分。

(二)DOPS考核的内容

包括以下11项：

(1)操作前的解释及知情同意：清晰恰当地向患者或家属解释操作的目的、方法及配合要点，并获得患者或家属的同意，签署知情同意书。

(2)操作中告知患者安全及注意事项：操作中及时告知患者相关的注意事项，注意保护患者的隐私，能采取安全有效的防范措施，出现并发症时，能及时处理或抢救。

(3)操作中相关制度、法律法规、行业标准的执行：操作过程中能严格遵守涉及的相关制度、法律法规与行业标准。

(4)适当镇痛、镇静及麻醉：给予适当的镇痛、镇静及麻醉药物，缓解病人的疼痛或不适感，使病人配合操作。

(5)操作技术完成的能力：操作过程步骤清晰、准确、有序，操作熟练。

(6)操作过程中的沟通能力：礼貌地自我介绍、合适地称呼患者，采用通俗易懂的语言，及时、准确、恰当地回答患者的疑问。

(7)关注患者的体验：操作过程中关注患者的感受，使患者感觉舒适且安全。

(8)操作后的处理：操作后用物处理正确、及时，锐器置于锐器盒内，保持病房或操作间环境整洁、整齐。

(9)职业素养：尊重患者，以患者为中心，及时观察到患者的不适感，并能进行人文关怀。

(10)解决问题及寻求帮助能力：面对操作中出现的意外情况或患者提出的问题时，能正确、及时地处理或寻求他人的帮助。

(11)整体行为与能力：整个操作过程中，遵守操作的各项流程、制度和法律法规，解释清楚简洁，充分沟通，并使病人接受，关注病人的感受，并给予人文关怀。熟练操作步骤，操作过程中若出现相关不良问题，应当反应及时，并处理恰当，操作后用物处置正确。

(三)DOPS 评估记录表示

示例如表 7-4 所示。

表 7-4　　**DOPS 评估记录表**

临床操作技能评估(DOPS)记录表									
评价者：				日期：					
学生姓名：				学号：					
评估地点：									
患者问题或诊断：									
难易程度：较难　　适中　　较易									
评估内容	不满意			满意			优秀		
1. 操作前的解释和知情同意	1	2	3	4	5	6	7	8	9
2. 操作中患者安全及注意事项告知	1	2	3	4	5	6	7	8	9
3. 操作中相关制度、法律法规、行业标准的执行	1	2	3	4	5	6	7	8	9
4. 适当镇痛、镇静及麻醉	1	2	3	4	5	6	7	8	9
5. 操作技术完成能力	1	2	3	4	5	6	7	8	9
6. 操作过程中沟通技巧	1	2	3	4	5	6	7	8	9
7. 患者的体验	1	2	3	4	5	6	7	8	9
8. 操作后处理	1	2	3	4	5	6	7	8	9
9. 操作中体现的职业素养	1	2	3	4	5	6	7	8	9
10. 解决问题及寻求帮助的能力	1	2	3	4	5	6	7	8	9
11. 整体行为与能力	1	2	3	4	5	6	7	8	9
mini-CEX 时间：观察：　　分钟　　反馈：　　分钟									
建议：									
学生签名：				评估者签名：					

三、SOAP 评估记录

SOAP(subjective, objective, assessment, plan)评估记录是通过对患者主观、客观资料进行全面总结、分析，评估前期的治疗效果，然后提出下一步治疗方案的一种评价及记录方法，其记录又称 SOAP 病历。SOAP 评估记录是目前国际上最常用的以问题为导向(problem oriented medical record, POMR)的医学评估及记录方法之一，早期主要用于康复医学专业以提高学生的临床思维能力，帮助提高学生分析问题、判断和解决临床康复问题等能力，近年来逐渐发展到临床各个分科、药学、护理学等各个学科的教学中。

SOAP 记录能系统、简洁地记录患者的主观资料、客观资料、治疗方法、治疗者的解释说明及整个治疗计划等。它能帮助明确患者的治疗方案，方便师生或医护人员之间交流，为治疗提供合理而且必要的证据，帮助制订出院后计划，改善质控，开展临床研究，方便医疗赔付以及划分法律及伦理责任。通过查阅学生的 SOAP 病历，指导教师可以发现学生在各个环节的问题，及时反馈，进行有针对性的指导；同时，学生也可以通过自我评价反馈，完成完整的临床思维过程，逐渐形成成熟的临床思维能力。SOAP 记录也存在一些缺陷，其简洁、分项的记录方式无法详述损伤与功能之间的联系、疾病的恢复与功能的改善之间的关系、明确的治疗干预细节、复杂的多脏器功能损伤的诊治细节，等等。

(一)SOAP 记录的内容

包括以下 4 个方面：主观资料(subjective, S)，客观资料(objective, O)，评估(assessment, A)和治疗计划(plan, P)，具体内容如下：

(1)S：主观资料，指患者或其家属提供的资料，包括患者的主诉，一般情况(如年龄、职业等)、疾病发生发展情况、当前症状(包括症状描述、患者的主观感觉和感受、主要的担心和忧虑)、伴随症状、既往史(具体描述及用药情况)、家族病史、社会生活史等。主观的信息都是描述性的，一般不能使用诊断性术语或程序。主观资料主要通过临床问诊获得的。

(2)O：客观资料，是指医生或实习生在诊疗过程中用各种方法所观察到的患者资料，包括患者体检时所获得的体征、临床生化检验结果、影像学检查结果、血、尿及粪便培养结果、心理行为测量结果，以及其他辅助检查获得的资料；此外，还包括观察到的患者的态度、行为等。应注意记录体格检查和辅助检查的阳性结果和阴性结果，相关的阴性结果对某些疾病的诊断和鉴别诊断具有重要意义。

(3)A：评估，SOAP 记录中最重要的一部分，是指医生借助获得的主观、客观资料，通过综合分析讨论，对问题做出判断，包括诊断、鉴别诊断、病情严重程度以及预后判断等，其中第一诊断要符合主诉的描述，待诊的病例应列出可能性最高的诊断。

(4)P：治疗计划，是指根据评估结果，针对患者的问题，体现出“以患者为中心、预防为导向”，按照“生物—心理—社会”医学模式所制订的全方位的诊断和治疗计划或策略，不仅限于开出药物，包括进一步明确诊断还需做哪些检查(诊断性计划)，针对问题应采取哪些干预措施(包括预防、治疗、护理、康复指导、患者教育等)。如果方案中包括治疗药物的改变，则应该具体说明改变的原因、药物、剂型、剂量、用药途径、治疗时间及注意事项。

（二）SOAP 评估记录表

示例见表 7-5。

表 7-5　**SOAP 病例**

一般信息	接诊时间：　地点： 姓名：黄某　性别：　男　年龄：45 岁	
S 主观资料	主诉	左肩部疼痛 2 月
	主要症状 病情演变	患者 2 月前油漆房子后感觉左肩部疼痛，持续性疼痛伴随僵硬，逐渐加重，抬胳膊时加重
	治疗经过	自服阿司匹林 2~3 次/天，每次 650mg，疼痛可稍缓解
	既往史	既往有糖尿病病史，未规律控制；否认手术史和住院史；否认其他用药史及过敏史
	家族史	糖尿病家族史
	婚育、月经史	24 岁结婚
	生活方式	饮酒史：2~3 杯啤酒/日；否认吸烟；饮食方式偏多；未规律运动
	心理社会因素	司机，家庭和睦，无不良刺激等。
O 客观资料	查体	血压：118/76mmHg，脉搏：89 次/分，呼吸：15 次/分，体温：36.5℃ 身高：180cm，体重：79kg，BMI：24.3 神清，无“满月脸”及体毛增多，双侧颈动脉未闻及血管杂音，双肺呼吸音清晰，无干湿啰音，心率 89 次/分，心律齐，各瓣膜听诊区未闻及病理性杂音；腹平软，无压痛及反跳痛，肝脾肋下未触及，双下肢无水肿，无足背动脉搏动减弱。 双侧肩胛无红斑和畸形，右肩主动和被动外展 90 度，触诊无压痛点，落臂试验阴性，无法进行左肩力量检查，双侧上肢感觉正常。
A 评估	1. 黏连性关节囊炎； 2. 躯体功能障碍； 3. 需排除关节炎； 4. 疑诊肩袖损伤； 5. 疑诊急性冠脉综合征（ACS），有危险因素； 6. 糖尿病。	
P 治疗计划	1. 布洛芬每日 3 次，每次 600mg，餐时服用，共 5 天； 2. 左肩部 X 线，心电图，血常规，肾功能，糖化血红蛋白； 3. 关节活动度训练 ROM 训练； 4. 5 天后复诊。	

四、360°反馈评价

360°反馈评价（360° feedback evaluation），又称伞视角考核（full-circle appraisal）、多源反馈评价（multisource feedback，MSF）、全方位反馈评价，是一种从多个角度获取被评价者行为观察资料的方法，评价对象包括上级、下级、被评价者、同事等，也包括顾客（外部顾客和内部顾客），根据评价者对被评价者的评价以及自评结果，向其提供及时反馈，达到促进其提高能力水平和业绩的目的。360°反馈评价最初由英国人于20世纪40年代提出，被应用于"二战"期间选拔和评估士兵。360°反馈评价是评价个人工作表现的一种有效模式，注重评价个体职业发展和绩效管理，已被广泛用于评估住院医师及实习生的临床思维能力、医患沟通能力和职业素养等。美国毕业后医学教育认证委员会也将360°反馈评价作为考核及评估住院医师能力的13种方式之一。

360°反馈评价通过多角度、多层次地收集绩效或能力的相关资料，综合整理、分析、制定合适的评价量表，并且由不同人员通过不同角度对同一个评价对象进行评价，准确地表达了不同人员对评价对象的看法，不同人群从不同角度对一个评价对象的评价结果更具可靠性和真实性。360°反馈评价具有下列优点：同级反馈能够较真实地反映个体在整个团队中的作用，可以提高团队合作能力；不同职位人群评价的角度不同，评价结果具有真实性、全面性；数据结果真实可靠，较少受主观因素影响，可信度高；有效地避免了传统考核方法的片面性，有助于加强师生、医医、医护、医患等关系；将传统的由上级考核下级的考核模式改革为多角度评估，从而避免了传统考核中较易发生的"领导光环效应""有色眼镜""居中趋势""个人利益驱使""评价盲点"等。但也存在一定缺陷：(1)评价目的不明确：评价的可信度和准确度可能因评价目的不同产生差异，如当研究结果用于奖学金评定、职称评定、不同奖励等时，往往对结果影响比较大；(2)较难培训评价者：对于不同职位的评价者，难以制定统一的量表标准，而且对于评价标准的理解若存在歧义，会极大地影响评价结果。

实施360°反馈评价一般包括八个关键步骤：明确评价内容、确定评价者和被评价者、制定360°量表、培训沟通、数据收集、反馈结果、解释数据和为被评价者设计学习或改进计划。

评价对象：一般为医学生、住院医师、医学实习生、实习医师以及带教老师或课程导师等。

评价者：与评价对象有密切工作关系的人，如教学指导委员会、学科（病房）主任、带教老师、其他带教上级医生、管理人员（科教科、人事科或教学主管部门人员）、患者、同学/同行、护士、自己等。

评价方法：通过对被评价者进行匿名的综合评价，从而全面、客观地搜集被评价者的工作表现信息，获得相对公平而全面的考核结果，及时将考核结果反馈给学生本人及带教老师，并采取相应措施逐步提高临床医学生的能力。

评价量表：应以各层级临床医学生的培养目的及目标为主要内容，参考国内外文献，设计医学生能力考核评价构架。通过教学指导委员会或教学项目组的讨论，形成相应能力的评价体系，采用调查表、问卷的形式进行。

例如，表7-6所示住院医师职业精神与沟通能力的360°评测量表。

表 7-6　　住院医师职业精神与沟通能力的 360°评测量表

管理人员、护士、同行、带教老师和自我评价考核的项目：	患者评价考核的项目：
职业道德： (1)有良好的卫生习惯(衣着整洁、规范洗手) (2)尊重患者及家属 (3)尊重管理人员(护士、同行、老师、其他相关科室人员) (4)在患者和家属面前举止得体 (5)在患者和家属需要时能及时联系上 (6)及时回应患者的需求 (7)是否曾辱骂你或者患者/家属 (8)尊重患者选择的权利，注意他们关心的事 **团队合作能力：** (1)与同事相处关系融洽 (2)必要时寻求协商和帮助 (3)在团队中能与他人有效合作 (4)及时回应需要帮助的人 **人际交流与沟通能力：** (1)与患者和家属进行有效的交流 (2)与其他医疗人员能进行有效的沟通 (3)与患者交流有关其诊疗的信息 (4)保存完整的医疗记录 (5)合理处理人际关系 **自我认知与管理能力：** (1)医疗过程中能控制自己的情绪平稳，保持冷静 (2)及时处理案头工作 (3)能够按时完成分配的任务 (4)合理管理压力 **危机应变与决策能力：** (1)需要时，为病人推荐合适的医疗专家 (2)清晰有效地传达治疗方案 (3)站在临床和管理人员的角度处理问题	**职业道德：** (1)有良好的卫生习惯(衣着整洁、规范洗手) (2)尊重患者及家属 (3)在患者和家属面前举止得体 (4)在患者和家属需要时能及时联系上 (5)及时回应患者的需求 (6)医疗过程中能控制自己的情绪，保持冷静 (7)尊重患者选择的权利，注意他们关心的事 **人际交流与沟通能力：** (1)聆听我说的话 (2)在我身上花足够的时间 (3)完整地回答我的问题 (4)帮助我应对恐惧和焦虑 (5)和我讨论治疗方案 (6)第一时间使本人及家属享有知情权 (7)在合理的时间内回复我的消息 **危机应变与决策能力：** (1)需要时为病人推荐合适的医疗专家 (2)清晰有效地传达治疗方案 **服务患者能力：** (1)能促进健康维护培训(常交流沟通预防保健知识，如戒烟、戒酒、控制体重、锻炼等) (2)会经常询问我正在服用的处方药或非处方药(包括保健品、中药等) (3)能清楚地解释我的病情 (4)能清楚地解释我的治疗方案 (5)治疗过程中充分尊重我及家属意见 (6)告诉我药物的副作用 (7)告诉我何时复诊 (8)关注病房的清洁和舒适性
带教老师评价考核的项目： 对该学生做一个整体性评价：	

五、形成性评价的反馈

形成性评价强调评价者和被评价者之间的反馈交流，精髓为“反馈—鼓励—指导”，评价者需要在认真仔细观察后，给予学生正面有效的反馈，以帮助改善学生的各项临床能力，从而促进教学；学生也对自我表现、课程及指导老师的表现进行反馈，促进课程的优化和教学能力的提升。以往的评价常以单个课程为评价模块，只注重于单个课程或亚科的知识或能力，难以反映出学生的综合能力和能力的改进状况，指导老师也难以对课程实施的情况进行评价。通过有效的反馈结果建立学生个人档案，每位学生学习档案均由本人保管，师生可共同使用其中的数据，以便对照各自的学习和教学，进行有效的规划和调整，同时也可以进行回顾分析和评价，了解教学过程中学生能力的改进过程。使老师这个传统教学中的设计者、指导者角色转变成课堂教学的组织者或管理者，根据学生这个被评价者的意见做相应的修改和调整，这是医学教育适应以能力培养为需求的重要改革之一。基于临床实践过程的反馈，特别是多源反馈可以对实践能力产生积极正面的影响，提高学生的自信心和学习的动力；另外，适当的负反馈也可以通过适当的建设性批评，帮助学生找出问题并开展改进计划。

进行积极有效的反馈需要所有教学指导委员会、课程设计者、指导教师、评价者和被评价者参与制定规范的反馈化流程和条款，进行积极有效的反馈，避免批评批判式反馈。有效的反馈应该是一种改善性沟通，主要阐述学生在临床过程中的优缺点，明确学生尚需发展的能力，强化学习过程，促使学生设定改进目标，并帮助学生制定相应的改进目标的策略和方案，促进方案的实施。反馈者应该给予积极的正反馈，如积极倾听、相互尊重、具体的表扬或批评、真诚的帮助、花费适当的精力、课程或考核后及时反馈。课程或考核后评价者可以通过提问的方式引导学生进行思考：回忆（什么？哪个？哪里？有问题），思考（为什么？怎样？如何？），解决问题（如果……会怎样？）。也可以通过填反馈卡片的方式记录学生的表现和相关能力。

反馈的目的是促进改善和提高，而不是批评和批判，应该避免给予负反馈，如当众责骂、老师单方面评论、评价学生的个性、缺乏关爱、过于笼统模糊、过于简短或冗长等。

在学生或住院医师进行临床技能操作或相应课程/项目结束之后，给予5～10分钟的反馈讨论，是形成性评价的重要环节。评价者在进行反馈时应遵守下列原则：①准确性：针对学生的具体表现，明确、具体地指出操作过程中的优点及缺点；②时效性：在项目结束后立即进行反馈，并且在以后的教学中经常且适时地给予反馈；③建设性：鼓励给予矫正性、非批判性反馈的同时，且相应地提出建设性意见、建议、改善及追踪计划；④互动性：评价者与被评价者之间交流时，注意倾听学生的想法、了解学生是否正确理解反馈的内容。

反馈的注意事项：

（1）反馈的内容和方式需要教学指导委员会、课程设计者、指导教师、评价者和评价对象共同商讨制定规范的反馈化流程和条款，不可随意更改内容或方式，进行小范围的试反馈；反馈时第三方督查和监管。

（2）根据学生的能力水平和项目的复杂程度决定反馈的时间。

(3)根据学生的个体特点给予个体化反馈。对做得好的关键点提出表扬；寻找出有待改善的或遗漏了的关键点；商讨出针对学生能力改进的策略；加强自我意识。

(4)给出具体的反馈内容，关注具体的任务是如何做的，以及应该如何做。

(5)强调积极的反馈和沟通，避免消极的负面反馈，注意反馈时的语言和态度。

反馈的改进措施必须是可操作的，可提供一些指导或帮助。

第二节　终结性评价

一、终结性评价的定义

终结性评价是指在一个时间段的教学活动结束后为评判教学效果而进行的评价。在一个单元、一个项目、一个阶段或一个学期教学结束后对最终结果进行的测试或考核，都归类为终结性评价，其主要目的是对学生阶段性学习的教学质量和效果做出结论性评价或进一步给学生分层。“终结性评价”最早由 Striven 于 1967 年提出，是基于外部的终结性的判断，主要区别于为活动主题提供内部持续性反馈的形成性评价的概念。终结性评价的结果通常称为成绩，所有学生在此规定范围内以相同的方式被评判。

二、终结性评价的优点

终结性评价是经典且成熟的评价方法，因其评分客观，操作简便、规范，便于统计，结果具有可比性，区分度高、评价效力高，可以在一定程度上反映学生的学习水平。终结性评价是评价学生学习效果及诊断课程质量的重要方法之一。医学教育课程涉及的系统较多、知识点繁杂，为了评估学生及老师的教学成果，进行分系统、分阶段的终结性评价显得尤其重要，如学期结束的期末考试、执业医师考试等，均可以有效地评估学生的学习效果，并对学生进行分层。

三、终结性评价的方式

以往终结性评价的方式主要是期末闭卷考试，多采用纸笔测试，近年来随着电子信息技术的发展，逐渐引入了非纸笔测试，如主治医师考试采用的人机对话考核。另外，还可采用纸笔+非纸笔测试，如综述、调查报告、学术论文、客观结构化临床技能考试等考核方式，对学生的临床知识、临床技能、人文关怀、资料搜集等能力进行考核。

(一)课堂表现

指导教师根据学生的考勤表现、课堂互动沟通、知识及操作的理解能力等进行评价并打分，成为终结性评价的重要组成部分之一。但该方法仅适用于部分学生，对于不适应授课教师讲授方法或进度的学生，该评价方式难以反映学生的真实学习能力或理解能力等。

(二)期末闭卷考试

期末闭卷考试是终结性评价的主要传统考核方式，考核根据所学内容和相关培训内容进行，在有限时间内以笔试或操作形式考核。考核结束后教师根据学生所答考卷或内容进行评分。因其已成体系、简便易行，可以将学生进行分层，现仍是大多数医学院校医学专业的重要评价方法之一。如内科学考试，根据教学大纲和考试大纲，期末考试题型包括：名词解释、填空题、选择题、案例分析题、综述题等，评阅教师根据标准答案卡给予评分。该评价方法因其实行时间较长，已形成完善的考试题库，可以考核学生对知识的记忆和理解能力、简单的分析问题能力等，已成为学生结业考核或人事考核的重要组成部分之一。

(三)综述、调查报告、学术论文等

课程结束后，按照课程相关内容，学生通过查阅文献，按照文章的结构和要求，撰写综述、调查报告、学术论文等，老师在过程中给予指导，最后评阅教师根据创新性、切题程度、严谨度、论文格式等进行评阅打分，部分优秀论文推荐给相应的期刊发表。该方法是终结性评价的重要改革之一，重点培养学生的创新能力、自主学习能力、交流沟通能力、论文撰写能力、科研思维等。部分优秀学术论文的发表成为职称考核或人事考核的重要内容之一。

(四)客观结构化临床技能考试

客观结构化临床技能考试(objective structured clinical examination，OSCE)，是针对临床医学生、低年医生或住院医师进行临床能力考核的一种考试体系。OSCE 概念由英国 Dundee 大学的 Dr. R. M. Harden 于 1975 年提出，1992 年日本川崎医大开始引进使用。1993 年开始，美国、加拿大等发达国家开始在分阶段教学和考核中加以完善使用，尤其在国家执业医师考试和医学毕业生的结业考核中发挥重大作用。21 世纪初引入我国，首先在包括北京大学、四川大学、武汉大学、汕头大学等高校的医学教育中开展实施，近年来在全国各大医学院校均广泛开展。

OSCE 并不是指某一种具体的考试方法，它是一个客观的、有序的、有组织的考核框架，每一个教研室、医学院、考试机构、医院或医学机构可以根据特定的教学大纲、考试大纲加入具体的考核框架里。在这个考核框架中，主要通过模拟临床医疗场景来考核被考核者的临床知识和能力；并且它也是一种知识、技能和态度并重的临床评估方法。

该考试体系具有客观性、结构化、临床相关的特点。所谓客观性，是指主考人应用标准检验表评定学生的临床行为；结构化是指每一个考生遇到相同的问题，表演相同的操作；临床相关是指整个考试都是面对真实临床场景，在每一个考站考生都需要完成一项或多项临床任务。

1. OSCE 的优势

传统的临床能力评价通常采用纸笔考核和病房床边考核相结合的方式，存在评价方法较单一、评价不全面等问题。OSCE 考核由于其众多的考试内容和不同的考核形式，评价涵盖了教学目标分类学所包括的认知、情感和精神运动三个方面，充分发挥了考试的功能。OSCE 可以切实地检测考生的实践操作能力；OSCE 考核将病例和病人标准化，精简了测试内容的同时增加了其他测试项目，可以得到令人满意的标准化的测试效果；还能通

过考试得到每一个考生对每一个项目的反馈，对以后进行教学改进或改革起到指引作用。除此之外，OSCE 考核在考核临床知识的同时，兼顾了考核资料采集能力、医患交流沟通能力等，而且是在与临床真实环境高度一致的情景中评价上述能力的唯一方法。OSCE 可以考察各种不同程度、类型的临床问题，内容的难易程度可以调整以符合不同层次的教育和考试的需求，目前广泛用于各阶段结业考核中，如本科毕业考核、研究生毕业考核、住院医师结业考核、执业医师实践考试等。

2. OSCE 考核方法

通过采用多站式考核方式，采用标准化病人（standardized patients，SP）、虚拟病人、计算机等手段，公正、客观地评价应试者的临床技能。OSCE 通过模拟临床情景测试医学生的临床必备知识、技能和态度的方法和体系。考生通过一系列预先设计的考站进行评估，考试内容包括：标准化病人、标准化病案、在医学模拟人上实践查体或操作、采集临床资料、评阅影像资料、文件检索等。

3. OSCE 考试的一般模式

（1）每个考生要经过 20 个左右不同的考站，根据考试设置不同考站可有增减，每个考站使用时间为 5~15 分钟，分为长站与短站，所有考生都要通过相同的考站。

（2）每个考站主要评估考生的一种或多种临床能力，每种临床能力的考察可以在一个或多个考站穿插进行。

（3）在一些考站，考生要进行体检或实践操作；在另一些考站，考生可能通过笔试或计算机形式回答问题，该问题可能与前面考站考核过的 SP 病例有关或与同一考站的 SP 问题的相应处理、相应辅助检查有关。

（4）每个操作性考站都有一个主考官，使用预先制作的评分表格给考生打分；SP 考站加入 SP 评分内容，根据学生表现打分。

OSCE 着重于模拟教学（simulation-based education），而由于模拟教学具有诸多优势：①安全且符合伦理，不会让病人处于可能因操作导致的危险中；②可以体验不熟悉的、罕见的情况；③允许出现错误；④提高团队协作与沟通技能；⑤提高对认知和行为的掌控力；④提高实践自信心。

4. 标准化病人（standardized patients，SP）

OSCE 考试的一大特色是使用标准化病人，即一群通过一些培训的健康志愿者或慢性病人，模仿疾病的症状或表现，从而在考试中对考生提出同一类临床问题的考试。SP 会尽力扮演实际临床就诊时的各个过程，这样可以避免引起真实病人的紧张或疲劳，也可以避免一些医学伦理问题。SP 是由经过培训的志愿者按照剧本（病例）来扮演病人角色，这个 SP 必须表演得很逼真，而且每次演出都保证一致。考生可以先在 SP 身上练习各种沟通技巧及临床技能，也不必直接以病人为练习对象；受过反馈培训的 SP 也会对学生的表现以病人的视角给予反馈意见，而在面对真正的病人时，很难获得真实的反馈意见和建议。而且，多位学生可以“重复体验”同一位 SP 来学习相同的技能，而不必担心对真正病人可能造成的疲倦、伤害或激怒病人。对课程教师而言，标准化病人能按照教学目标的需要，配合上课时间来演出教学所需要的剧情（病例），比用真正的病人有更大的灵活性。由于标准化病人被培训得能在每次演出中保持相同的表现，所以在临床考核中使用 SP 来评估学生的能力，可以增加考核的客观性。而针对想要评估的内容与目标来编写案例，则可以明确地评估教学效果如何，课程是否需要改善加强，或学生是否需要更进一步的指导进行教学改进。

因标准化病人在教学与评估过程中扮演的重要角色，中国、加拿大、美国等国也已经将其应用于医师执照考试的临床技能测验部分。

标准化病人的工作内容包括如下几方面：

(1)角色扮演：标准化病人是在模拟真实就诊的情景下，依照剧情来扮演患者，他/她除了必须模仿角色的基本病症和特征，还必须仔细模仿病人的细微表情、动作和情绪。在模拟诊疗过程时，担任医师角色的学生或考生会对标准化病人进行基础问诊及/或进行体格检查。这个过程可能被录音或录影，以供学生及教师进行检查回顾，或用于培训其他的 SP。

(2)问诊：在大部分的模拟场景中，学生会像初诊时的医师一样进行病史询问。在一些情况下，学生会针对疾病、检验结果或治疗方案等问题与 SP 讨论或进行健康教育。

(3)体格检查：在某些模拟情景中，学生或考生会对标准化病人进行全身或局部体格检查，体检操作均为非侵入性检查(如视、触、叩、听等检查)。若一个案例中包含了体格检查内容，则会在 SP 参加培训前就提前告知。

标准化病人在正式表演前，必须先接受培训教师的评估及培训，在经过完整的培训之后，应该要以标准化的方式表演案例的疾病。培训所需时间依 SP 是否需要反馈学生表现而有所差异，若无需评估学生表现，则培训时间一般需要 2~4 小时，培训目的是保证 SP 的演出精确且前后一致；若需要反馈意见给学生，则培训时间至少需要 5~10 小时，其目的是除了要保证表演效果和一致性之外，还要能够精确地完成反馈表格。

培训时先介绍病例，若有培训录影，则先观看录影以了解病例，然后培训教师与 SP 讨论病例需要呈现的内容，要求他/她在下次培训之前理解并记住案例的基本内容。第二次培训时，教师会先与 SP 讨论有疑问的部分并回答相关专业问题，然后依照剧本排练数次。第三次培训时，会邀请临床医师与 SP 练习问诊，请医师给予反馈意见，并校正 SP 的表演。

标准化病人在培训及正式表演时应注意以下几点：不要主动提供答案、不要用语言或动作引导学生、不要脱离所演的角色、不要夸张肢体动作。

标准化病人在接受培训时，会拿到案例的剧本，其中有关于该角色的详细资料，包括年龄、职业、现病史、既往史、家族病史、社会经历、基本性格及情绪状况、外貌、动作及肢体语言等，让 SP 能逼真地表演这个角色。标准化病人应非常熟悉这些剧本信息。

在 SP 考核中常见的检查包括：用听诊器听心音及呼吸音；头颈部、腹部触诊；以检眼镜或耳镜等仪器检查眼、耳、喉、鼻等部位；测量脉搏及血压；检查肌肉力量、反射运动、活动范围及步伐等。检查项目不包括：乳房检查、直肠检查、生殖器检查或抽血、X 光等侵入性或有害性检查。

若案例包含体格检查，则剧本中会详细说明检查的类型、进行过程、病人应有的反应或回答等。SP 培训教师会指导并示范检查的步骤和程序，并告知 SP 应注意学生或考生进行体格检查时的哪些关键动作。标准化病人必须非常熟悉这些检查步骤，以正确评估学生的表现。

标准化病人的一项重要工作就是反馈：为了使学生获得关于他们的问诊及/或体格检查技术是否正确有效，SP 应给予适当的反馈，向学生详细说明学生的长处和不足，以及如何改进。

标准化病人的条件：标准化病人的工作是扮演病人，所以他必须表演出真正的病人的反应，不但要求非常熟悉所扮演的角色，还要能演出该患者的动作、表情和声音。他必须具有良好的沟通技巧，并能接受学生的接触及检查。在进行问诊及检查时能够保持专注，在问诊结束后，能够准确回忆学生的表现并记录下来。除此之外，还需要直接给予学生反馈要点及意见，部分担任指导者的角色。SP 必须在一段时间内重复表演数遍，而他每一次的表演都必须完全相同。担任标准化病人除了需要足够的体力以及良好的记忆力、注意力、沟通技巧外，守时、可信赖、有弹性也是必备条件。

标准化病人在工作时必须的注意以下事项：

(1)在进行 OSCE 考核时，SP 必须注意控制时间，应在指定的时间内完成沟通、反馈或评分流程，并且在铃响时结束。

(2)标准化病人有责任了解其所表演的案例，且依照培训时的剧本内容来表演。除非培训教师有所更改，绝对不可自行更改、增加或删减症状或者社会经历。有时小细节就是需要考察的关键。若对案例内容有疑问，应该请教培训教师。

(3)标准化病人需要给予学生有用且能促进学习的反馈，对于学生无法完成的事项，不要给予负面的反馈，也不要吹毛求疵。选几项“尚需改进”的部分跟学生沟通，并给予一定程度的正面反馈。避免把正面及负面反馈连接在一起，例如：“你做得很好，但是……”

(4)若学生行为不当、怀有敌意、表现出焦虑或沮丧时，标准化病人必须让指导教师知晓，切勿自行安抚学生。

(五)其他

对于医学专业的学生来讲，还有以下几种职业性质的特殊终结性评价方式：

1. 住院医师规范化培训考核

2013 年 12 月 31 日，国家卫生计生委等 7 部门联合发布《关于建立住院医师规范化培训制度的指导意见》(国卫科教发〔2013〕56 号)，住院医师规范化培训是为顺应医学发展而提出的，是培养高素质临床医师的必经途径，是加强卫生人才队伍建设、提高医疗卫生工作质量和水平的治本之策，是深化医药卫生体制改革和医学教育改革的重大举措。住院医师规范化培训的目标是为各级医疗机构培养具有良好的职业道德、扎实的医学理论知识和临床技能，能独立、规范地承担本专业常见多发疾病诊疗工作的临床医师。住院医师规范化培训以培育岗位胜任能力为核心，依据住院医师规范化培训内容与标准分专业实施。培训内容包括医德医风、政策法规、临床实践能力、专业理论知识、人际沟通交流等，重点提高临床规范诊疗能力，适当兼顾临床教学和科研素养。

住院医师规范化培训是医学生毕业后教育的重要部分，对于培养临床高水平高层次医师，提高医疗质量十分重要，为医学终生教育奠定了基础。自 2015 年以来，我国住院医师规范化培训逐渐发展至全国各级医疗及教育机构，各方面规章制度随之逐步完善，也形成了规范化的考核评估体系。教学管理部门、带教老师根据住院医师平时表现进行定时定期考核，主要评估住院医师的临床思维能力、交流沟通能力、病例书写能力、自主学习能力等。在一段时期内进行中期考核及结业考核，考核方式包括笔试和临床技能考核。指导教师根据考生表现综合评估，对于考核通过者给予颁发住院医师规范化培训结业证书。

2. 临床执业医师考试

第九届全国人民代表大会常务委员会第三次会议于 1998 年 6 月召开并通过了《中华人民共和国执业医师法》，首次从法律层面规定了我国全面实施医师资格考试制度，当年 11 月医师资格考试综合笔试首次在全国 31 个考区共约 400 个考点同时同步进行。自 2001 年起，医师资格考试的综合笔试和实践技能每年统一时间、统一试题在全国各考点同步进行，平均通过率为 70%左右。

我国执业医师资格考试由国家医学考试中心负责考务管理，实行国家医学考试中心、考区和考点三级负责制，主要负责医疗卫生行业医师资格考试两级三类的考试方法设计、命题/审题、考务管理、评价反馈管理、统计分析等工作。各省设立考区，考区下设考点。考试前各考区、考点负责考生的报名及资格审核和资料上报，医学实践技能考试和综合笔试由考区、考点负责组织实行。国家医学考试中心主要负责考务培训、指导和监督管理；负责印刷、运输、分发、回收、销毁考试材料等各环节的具体工作和保密安全工作；负责培训实践技能考官。各考区负责进行分析和研究雷同率。

执业医师资格考试为中华人民共和国执业医师法确立的行业准入考试，用于评估申请医师资格者是否已具备从事医师工作所必需的基础理论知识和专业能力，是深化医疗改革和促进中国建设的健康人才的保障。作为临床医师岗位胜任力的一把标尺，报考执业医师考试必须具备以下条件：

(1)具有高等学校医学专业本科以上学历，在执业医师指导下，在医疗、预防、保健机构中试用期满一年的；

(2)取得执业助理医师执业证书后，具有高等学校医学专科学历，在医疗、预防、保健机构中工作满二年；取得执业助理医师执业证书后，具有中等专业学校医学专业学历，在医疗、预防、保健机构中工作满五年的。

此外，基础医学类、法医学类、护理(学)类、医学技术类、药学类、中药学等医学相关专业，其学历不作为报考医师资格的学历依据。

执业医师考试报名网址为：http：//www. nmec. org. cn/。

传统的执业医师考试于每年的 7 月进行临床技能考试(共持续 2 周)，同年 9 月进行理论考试(持续 2 天)。考试内容主要包括基础综合、人文综合、预防综合、临床综合以及临床基本技能，考试结果在当年年底公布，一次考试结果决定是否获得医师资格。2015 年为了深入推进医学教育协同改革，我国临床/中医执业医师资格考试由传统的一段式考试改革为两段式：第一段考试安排在医学生完成临床见习实习时举行；第二段考试安排在医学院校毕业后住院医师培训满一年或医疗卫生机构试用满一年时进行。考试内容包括：公共科目(约占总分值10%)：卫生法规、预防医学、医学心理学、医学伦理学；基础科目(约占总分值15%)：生理学、生物化学、病理学、药理学、医学微生物学、医学免疫学；临床科目(约占总分值75%)：内科学(含传染病学)(32%)、外科学(23%)、妇产科学(约占9.5%)、儿科学(约占10.5%)、神经病学、精神病学。这两个阶段考试均包含技能和理论考试，理论考试采用计算机答题的形式，并且考试难度有所增加，主要体现在出题思路的改变上，例如，传统实行执业医师考试主要是考察记忆相关知识点；改革后则是更加注重知识点的掌握与实际应用。分两阶段考试后，两个阶段考试的侧重点不同：增加基础医学考题量，特别是增加3个基础医学学科的考察；改革后，会以病例的形式考察基础医学知识，看似是临床题，其实是考基础知识。临床学科题目改革后则更偏向于临床。第一段考试主要考察疾病的病因和发病机制、诊断和防治原则，着重于课本知识；第二段则更强调疾病的鉴别诊断以及具体治疗措施，例如某疾病治疗的具体用药和剂量等，考察临床实习、轮转的经验与积累。

查询医师资格考试报名资格有关规定及考试相关信息，可查询相关网站。

3. 卫生专业技术资格(主治医师)考试

卫生专业技术资格考试是评价、选拔临床专业人才的重要手段。临床卫生专业技术人员专业技术考试的结果对于医学人才的培养与高等医学教育改革具有极为重要的反馈和导向作用。

2001年国家人力资源和社会保障部、原卫生部开始在全国实行卫生专业技术资格统一考试——主治医师资格考试，通过考试即可取得主治医师资格。考试科目分为："基础知识""相关专业知识""专业知识""专业实践能力"4个科目。考试成绩在各科目中以100为满分，各个科目成绩达到60分为合格。考试内容分医学基础、医学人文、医学专业、医学临床4个类别，每个类别考试成绩占总分的1/4。医学基础类包括解剖学、生物化学、生理学、病理学、微生物学、药理学等学科内容；医学人文类包括心理学、社会医学、卫生学、伦理学、卫生法律法规等学科内容；医学专业类包括内科、外科、妇产科、儿科等学科知识；医学临床类主要以病例分析为主的各学科综合内容。考试成绩有效期为2年。全部4个科目在2年内全部合格者可申请该级别专业技术资格。

主治医师资格考试网上报名一般在前一年12月份至考试当年1月份；考试时间一般在5~6月。

报考主治医师考试首先要取得执业医师资格。同时满足以下条件：

(1)取得医学中专学历，受聘担任医师职务满7年；

(2)取得医学大专学历，从事医师工作满6年；

(3)取得医学本科学历，从事医师工作满4年；

(4)取得临床医学硕士专业学位，从事医师工作满2年；

(5)取得临床医学博士专业学位。

相关信息查阅及报名可查阅中国卫生人才网 http://www.21wecan.com/。

第三节　形成性评价与终结性评价的比较与展望

通过上述对终结性评价与形成性评价的概述，可以了解到，终结性评价仍是我国临床医学教学中的主要评价方式，而形成性评价仍处在发展阶段。下面就两种评价方式的特点进行比较，并对未来医学教育的发展做一展望。

一、形成性评价与终结性评价的比较

形成性评价的核心在于反馈作用，它强调学习的过程，重视非预期性的成效，特别着重于发现并强化学生的优点。它有助于教师了解教学过程中的不当以促进改进教学方法。而终结性评价通常着重于学生的表现以及课程实用性，并不注重学生对授课方法的态度，也无法有效地调整教师的教学风格和效果。终结性评价体系需要正式的统一的结构化考核，并设置监考委员会，所以需要制订比形成性评价更高效更严密的计划，并且需要学术部门与教学主管部门之间的协调配合。研究表明，在课堂上，高质量的形成性评价开展较少，大多数教师并不明确怎样实施这样的评价。形成性评价目前尚在发展中，教师需要花费大量的精力与时间准备更深入、更广阔的知识体系与范围，并及时给予反馈，对教师而言很费时，并且对职称评定来说不具有高利害关系，所以形成性评价不如终结性评价使用广泛。

综上所述，形成性评价和终结性评价功能不尽相同，它们都有各自的优点及缺点。形成性评价着重于学生的远期发展和全面发展，但是需要教师投入大量的时间和精力，不适合大规模、广范围地应用，并且缺乏一定的可信度。终结性评价具有较高可信度和利害性，但是它只强调评价成绩的重要性，而忽视提出有价值的建议和促进改善的过程。除此之外，终结性评价运用各种方法比较学生的成绩，主要目的是造成同学之间的竞争，而不是促进个人的进步。结果发现，终结性评价结果让低分者感觉到自己“无能”，导致学生逐渐对失去学习信心，也忽视了学生综合素质的培养和临床思维能力的全方位提高。见表7-7。

表 7-7　　**形成性评价与终结性评价的区别**

形成性评价	终结性评价
以学生为主导	以教师为主导
持续反馈	不反馈
分区学习	集中学习
持续学习，教与学不分割	教、学分离
记录个人档案	记录课程分数
效度高	信度高

二、形成性评价与终结性评价的展望

多年来，我国传统的教学评价往往注重对学生进行学习结果的终结性评价，忽视了注重培养学生能力的形成性评价。教师往往根据学生掌握或记忆的教材知识与内容的多少来评测学生的成绩，把知识的记忆和简单运用作为衡量学生学习能力的唯一标准，忽视了学生学习过程中的情感体验、态度、价值观，过分强化了分数的作用。因此，必须改变这种重分阶层、轻鼓励，重结果、轻过程的评价体系和评价方法，逐渐建立起能够促进学生不断发展、教师不断提高的形成性评价体系。

在课堂教学过程中，应处理好过程与结果的关系，并把形成性评价与终结性评价有机结合起来，兼顾过程与结果，只有正确而适当的评价，才能增强学生学习的信心，让学生在师生沟通、互动学习过程中得到全面发展和提高，为学生更好地适应临床工作和终身发展奠定良好的基础。

终结性评价体系应用于小学、中学、大学的各个学习阶段和各个科目，大家对此评价体系非常熟悉并习以为常。自教育部鼓励推广素质教育以来，各级各科目教育工作者及家长逐步开始重视学生素质的培养，也通过教学改革开展了大量的形成性评价体系。在此改革过程中，医学教育为了培养适应临床工作的合格的医生，也开展了大量形成性评价项目及体系，在大量医学教育课程中开展了形成性评价。但该评价结果的均质性和可信度不高，仍需下一步开展大量研究，进行师资培训，并招募更多的专职教师，借助信息化评估提高信度，以达到培养学生综合能力的目的。

指导教师在形成性评价过程中因其目标不同扮演着不同的角色。作为教练和助手，教师运用形成性评价帮助和促进学生的学习，培养学生的核心临床技能以及交流沟通能力、自我学习能力等。作为考官，教师为了明确学习的结果，告知父母或就业单位学生的表现和能力，恰当地对学生的成绩进行终结性评价。医学教育评价应将这两种评价体系有机地结合起来，在基础理论学习的早期阶段以终结性评价为主，在后期临床实践能力的培养过程中以形成性评价为主。

第八章 学习资源

传统医学是在个人经验基础上发展出来，医生、医学生学习教科书和医学期刊上的相关医学知识，接受高年资医生的指导，并在自己临床实践中逐步发展出自己的诊疗过程，这种以经验为主的传统临床医学模式实践使得医学发展缓步向前。随着临床医学模式从经验医学到循证医学的巨大转变，目前临床医学的核心思想是应在现有最好的临床研究依据基础上，同时也重视结合个人的临床经验做出最合适的医疗决策。现代医学生命科学知识的更新日新月异，医生及医学生必须及时更新自己的知识，了解并掌握最新、最有效、最正确的诊疗手段，不断学习满足工作的需要，而且还需要准备各种职称晋升考试、年度考核等。以往医学学习资源多通过专著、讲义、课程 PPT、视频等媒介，随着网络信息技术的发展，现在也逐步发展出了慕课、SPOC 等基于网络的课程资源。除此之外，还有一些大型医疗交流平台，也给医生提供了丰富的经验知识和思辨平台，加强了交流协作。

第一节 教材与专著

一、国家卫生和计划生育委员会规划教材

国家卫生和计划生育委员会规划教材是在国家卫生计生委科教司的领导和支持下，全国 26 所中医药高等院校和研究机构参与，人民卫生出版社承担出版工作的教材。该系列教材根据前版教材的经验、不足再次编写，总结临床研究进展，可供所有医学大专院校相应层级的师生选用。目前最新版的教材如下：

(1)国家卫生健康委员会“十三五”规划教材、全国高等学校教材，供基础、临床、预防、口腔医学类专业用，由人民卫生出版社 2018 年出版发行，包括《医用高等数学》《医学免疫学》《医学心理学》《法医学》《预防医学》《医学遗传学》《医学统计学》(以上为第 7 版)，《医学影像学》《神经病学》《精神病学》(以上为第 8 版)，《医学物理学》《基础化学》《有机化学》《医学生物学》《系统解剖学》《局部解剖学》《组织与胚胎学》《生物化学与分子生物学》《生理学》《医学微生物学》《人体寄生虫学》《病理学》《病理生理学》《药理学》《流行病学》《卫生学》《诊断学》《内科学》《外科学》《妇产科学》《儿科学》《传染病学》《眼科学》《耳鼻咽喉头颈外科学》《皮肤性病学》《口腔科学》《核医学》《中医学》(以上均为第 9 版)，《医用细胞生物学》《医学计算机应用》《体育》《临床药理学》《康复医学》(以上均为第 6 版)，《医学伦理学》《卫生法》《临床流行病学与循证医学》《医学文献检索与论文写作》《医学导论》《全科医学概论》(以上均为第 5 版)；《麻醉学》(第 4 版)，《急诊与灾难医

学》(第3版)，《医患沟通》《肿瘤学概论》(以上均为第2版)等53种。

(2)国家卫生和计划生育委员会住院医师规范化培训规划教材，由人民卫生出版社2014年出版发行，包括《内科学：心血管内科分册》《内科学：呼吸与危重症医学分册》《内科学：消化内科分册》《内科学：血液内科分册》《内科学：肾脏内科分册》《内科学：内分泌科分册》《风湿免疫科分册》《内科学：感染科分册》《儿科学》《急诊医学》《皮肤性病学》《精神病学》《神经病学》《全科医学》《康复医学》《外科学：普通外科分册》《外科学：神经外科分册》《外科学：胸心外科分册》《外科学：泌尿外科分册》《外科学：整形外科分册》《骨科学》《小儿外科》《妇产科学》《眼科学》《耳鼻咽喉头颈外科学》《麻醉学》《临床病理学》《临床检验医学》《发射影像学》《超声医学》《核医学》《肿瘤放射治疗学》《医学遗传学》《预防医学》《口腔医学：口腔全科分册》《口腔医学：内科分册》《口腔医学：口腔颌面外科分册》《口腔医学：口腔修复科分册》《口腔医学：口腔正畸科分册》《口腔医学：口腔病理科分册》《口腔医学：口腔颌面影像科分册》《重症医学》《循证医学》《医学科研方法》《医学伦理学实践》《医患沟通技能训练》《住院医师英语手册》等47种。

二、执业医师考试参考用书

执业医师资格考试的性质是行业准入考试，是评价申请医师资格者是否具备从事医师工作所必需的专业知识与技能的考试。根据《中华人民共和国执业医师法》《医师资格考试暂行办法》《“健康中国2030”规划纲要》《国务院办公厅关于深化医教协同进一步推进医学教育改革与发展的意见》“十三五”卫生计生和中医药改革与发展相关规划精神以及医师资格考试工作改革要求，结合国家对医药卫生人才培养和使用的需要，国家医学考试中心组织专家每年开展临床、口腔和公共卫生类别以及乡村全科执业助理医师资格考试大纲的全面修订，并经国家卫生健康委员会医师资格考试委员会审定颁布。根据考试大纲的要求和特点，国家医学考试中心组织专家全面修订了医师资格考试系列指导用书。该系列指导用书包括临床、口腔、公共卫生执业医师和执业助理医师两级三类的《实践技能指导用书》《医学综合指导用书》《模拟试题解析》，以及《医学人文概要》《乡村全科执业助理医师资格考试指导用书》等共20种，由人民卫生出版社独家出版。人民出版社2019年出版发行了医师资格考试指导用书专家编写组编写的《2019年临床执业医师医学综合指导用书》，是重要的参考书籍。同时，下列参考书籍可供参考：

(1)临床执业医师资格考试专家组. 临床执业医师资格考试[M]. 北京：中国协和医科大学出版社，2018.

(2)郭雅卿，王宇，颐恒. 临床执业医师历年真题考点解析[M]. 沈阳：辽宁科学技术出版社，2018.

(3)郭雅卿，王宇，颐恒. 临床执业医师强化训练5400题[M]. 沈阳：辽宁科学技术出版社，2018.

(4)张银合. 张博士医考红宝书临床实践技能[M]. 北京：科学技术文献出版社，2017.

(5)北京大学医学部专家组. 国家医师资格考试：临床执业医师过关冲刺3500题[M]. 北京：北京大学医学出版社，2018.

(6)医师资格考试指导用书专家编写组. 2018国家医师资格考试实践技能指导用书[M]. 北京：人民出版社，2018.

(7)医师资格考试指导用书专家编写组. 2018国家医师资格考试模拟试题解析[M]. 北京：人民出版社，2018.

(8)全国卫生专业技术资格考试专家委员会. 内科学—2019全国卫生专业技术资格考试指导[M]. 北京：人民卫生出版社，2019.

(9)林连捷，郑长青. 内科学模拟试卷——2012全国卫生专业技术资格考试习题集丛书[M]. 北京：人民卫生出版社，2019.

(10)郑长青，林连捷. 2018内科学精选习题集[M]. 北京：人民卫生出版社，2018.

(11)郑长青，郑锐，邹德玲. 2018心血管内科学与呼吸内科学精选习题集[M]. 北京：人民卫生出版社，2018.

(12)林连捷，郑长青. 2018消化内科学精选习题集[M]. 北京：人民卫生出版社，2018.

(13)贺银成. 考研西医临床医学综合能力辅导讲义[M]. 北京：国家开放大学出版社，2018.

(14)北京大学医学部专家组. 临床医学综合能力(西医)真题解析[M]. 北京：北京航空航天大学出版社，2018.

(15)刘钊. 考研西医综合临床医学综合能力大纲精讲[M]. 北京：北京航空航天大学出版社，2018.

三、经典专业著作

医学是通过科学或技术的手段或方法处理人体的各种疾病或病变的学科。通过不断探索研究，形成了较完善的科学体系，在此过程中总结出的优秀医学专著，多数成为了世界医学院校的主要教材，是我国现阶段课堂教材的重要源泉。许多经典医学专著通过不断再版加入了新进医学研究进展，图文并茂，并配有光盘、网页资料，使世界医学从业者受益匪浅。其中多部英文著作，经过我国医学专家的严谨翻译，形成了我国临床医学语言体系。除此之外，我国在数代医学专家的努力下，也撰写了多部优秀的闻名世界的著作，在华语世界广为流传。医学生可以通过学校图书馆、读秀网或自行购买等途径获取这个经典的专业著作。

(1)[美]古德曼. 西式内科学[M]. 第25版. 北京：北京大学医学出版社，2016.

(2)[美]丹尼斯·卡斯伯. 哈里森内科学手册[M]. 第19版. 北京：北京联合出版公司，2018.

(3)[美]休姆斯. 凯氏内科学[M]. 天津：天津科技翻译出版公司，2002.

(4)陈灏珠，林果为，王吉耀. 实用内科学[M]. 第14版. 北京：人民卫生出版社，2013.

(5)王卫平. 默克诊疗手册[M]. 北京：人民卫生出版社，2014.

(6)Douglas L. Mann Douglas P. Zipes Peter Libby Robert O. Bonow. Braunwald心脏病学——心血管内科学教科书[M]. 第10版. 北京：北京大学医学出版社，2015.

（7）[美]朗格，斯托弗，帕特森. 奈特心脏病学[M]. 北京：人民军医出版社，2015.

（8）[美]奥罗克. 赫斯特心脏病学手册[M]. 第 12 版. 北京：人民军医出版社，2014.

（9）[美] Eric J. Topol. 介入心脏病学[M]. 第 5 版. 北京：北京大学医学出版社，2010.

（10）[美]埃里克 R. 坎德尔，詹姆斯 H. 施瓦茨. 神经科学原理[M]. 北京：机械工业出版社，2013.

（11）[美] Alfred P. Fishman，Jack A. Elias，Jay A. Fishman，Michael A. Grippi，Larry R. Kaisez，Robert M. Senior. FISHMAN 肺脏病学手册[M]. 第 3 版 . 北京：人民卫生出版社，2008.

（12）蔡柏蔷，李龙芸. 协和呼吸病学[M]. 北京：中国协和医科大学出版社，2011.

（13）张之南，杨天楹，郝玉书. 血液病学[M]. 北京：人民卫生出版社，2003.

（14）[美]里奇曼. 威廉姆斯血液学手册[M]. 第 8 版. 陈竺，陈赛娟，主译. 北京：人民军医出版社，2015.

（15）陆道培. 白血病治疗学[M]. 第 2 版. 北京：科学出版社，2012.

（16）Barry M. Brenner. 布伦纳-雷克托肾脏病学[M]. 第 6 版. 北京：科学出版社，2000.

（17）Bruce F. Scharschmidt. 施莱辛格-福德特兰胃肠病学[M]. 第 6 版. 北京：科学出版社，2001.

（18）王宇明. 实用传染病学[M]. 第 4 版 . 北京：人民卫生出版社，2017.

（19）[美]桑福德. 桑福德抗微生物治疗指南新[M]. 第 44 版. 范洪伟，吕玮，王焕玲，周宝桐，葛瑛，译. 北京：中国协和医科大学出版社，2014.

（20）田新平，谢海雁，沈悌. 现代老年医学概要[M]. 第 6 版 . 北京：中国协和医科大学出版社，2012.

（21）GaryS. Firestein，Ralph C. Budd，Sherine E. Gabriel，lain B. Mclnnes，James R. O'Dell. 凯利风湿病学[M]. 第 9 版 . 施桂英，主审. 栗占国，主译. 北京：北京大学医学出版社，2015.

（22）[美]科特尼. 克氏外科学[M]. 第 19 版 . 北京：北京大学医学出版社，2015.

（23）吴孟超，吴在德. 黄家驷外科学[M]. 北京：人民卫生出版社，2008.

（24）黄洁夫. 现代外科学[M]. 北京：人民军医出版社，2003.

（25）[美]K. Francis Lee，Cornelius M. Dyke. 外科查房必备[M]. 华积德，郑成竹，主译. 济南：山东科学技术出版社，2002.

（26）[美]Hamilton Bailey. 临床外科理学诊断[M]. 吴祖尧，郁解非，译. 上海：上海科学技术出版社，1959.

（27）[美]Seymour I. Schwartz. 外科学原理手册[M]. 第 6 版. 孙长怡，译. 北京：人民卫生出版社，1997.

（28）Lawrwnce W. Way，Gerard M. Doherty. 现代外科疾病诊断与治疗[M]. 第 11 版. 王子明，黎一鸣，李宗芳，主译. 北京：人民卫生出版社，1998.

（29）王忠诚. 王忠诚神经外科学[M]. 武汉：湖北科学技术出版社，2015.

(30)段国升. 手术学全集：神经外科手术学[M]. 北京：人民军医出版社，2008.

(31)张亚卓. 脑室外科手术学[M]. 北京：中国协和医科大学出版社，2001.

(32)[美]Jatin P. Shah，Snehal G. Patel. 头颈外科学与肿瘤学[M]. 韩德民，于振坤，主译. 北京：人民卫生出版社，2005.

(33)黎介寿，吴孟超，姜泗长，顾瑞，杨伟炎. 手术学全集：耳鼻咽喉-头颈外科手术学[M]. 第2版. 北京：人民军医出版社，2005.

(34)李大庆. Ballenger 耳鼻咽喉头颈外科学[M]. 第17版. 北京：人民卫生出版社，2012.

(35)张启瑜. 钱礼. 腹部外科学[M]. 第2版. 北京：人民卫生出版社，2017.

(36)黄洁夫. 腹部外科学[M]. 北京：人民卫生出版社，2005.

(37)黎介寿，吴孟超，黄志强. 手术学全集：普通外科手术学[M]. 第2版. 北京：人民军医出版社，2006.

(38)高德明，吴金生. 现代急腹症学[M]. 北京：人民军医出版社，2002.

(39)ChristopherBulstrode；牛津骨科学[M]. 第2版. 李淳德，张殿英，刘晓光，主译. 北京：北京大学医学出版社，2015.

(40)胥少汀，葛宝丰，徐印坎. 实用骨科学[M]. 北京：人民军医出版社，2012.

(41)[英]考特-布朗，洛克伍德-格林. 成人骨折[M]. 第8版. 北京：北京大学医学出版社，2016.

(42)Frederick M. Azar，James H. Beaty，S. Terry Canale. 坎贝尔骨科手术学第6卷：创伤骨科[M]. 第13版. 唐佩福，王岩，卢世璧，主译. 张立海，吴克俭，张巍，张里程，分卷主译. 北京：北京大学医学出版，2018.

(43)[美]麦卡洛克. 脊柱外科微创手术精要[M]. 北京：世界图书北京出版公司，2014.

(44)王澍寰. 手外科学[M]. 北京：人民卫生出版社，2002.

(45)ErnestE. Moore，David V. Feliciano，Kenneth L. Mattox. 创伤学[M]. 第5版. 北京：人民军医出版社，2007.

(46)兰锡纯. 心脏血管外科学[M]. 第2版 . 北京：人民卫生出版社，2002.

(47)JosephA. Smith，Jr Stuart S. Howards，Glenn M. Preminger. 辛曼泌尿外科手术图解[M]. 第3版. 马潞林，主译. 北京：北京大学医学出版社，2013.

(48)吴阶平. 吴阶平泌尿外科学[M]. 2013版. 济南：山东科学技术出版社，2012.

(49)金锡御，俞天麟. 手术学全集：泌尿外科手术学[M]. 北京：人民军医出版社，2012.

(50)[美]希夫，马德里，索雷尔. 希夫肝脏病学[M]. 第11版. 北京：北京大学医学出版社，2015.

(51)吴孟超. 肝脏外科学[M]. 第2版. 上海：上海科学技术文献出版社，2000.

(52)夏穗生. 临床移植医学[M]. 杭州：浙江科学技术出版社，1999.

(53)[美]Rene J. Duquesnoy. 移植免疫生物学[M]. 北京：科学出版社，2000.

(54)王翰章. 中华口腔科学：基础总论卷[M]. 北京：人民卫生出版社，2009.

(55)张震康，俞光岩. 实用口腔科学[M]. 北京：人民卫生出版社，2009.

(56)[美]詹韦，等. 免疫生物学[M]. 第5版. 北京：科学出版社，2008.

(57)[美]Haruey I. Pass. 肺癌[M]. 第2版. 冯玉麟，刘春涛，译. 北京：人民卫生出版社，2002.

(58)[美]Vincent T. 癌 肿瘤学原理和实践[M]. 徐从高，等，译. 济南：山东科学技术出版社，2001.

(59)James F. Holland，Emil Frei，III. 癌症医学[M]. 北京：人民卫生出版社，2001.

(60)爱德华·海普林，卡洛斯·佩雷兹，路德·布莱德. 放射肿瘤学原理和实践[M]. 第5版. 天津：天津科技翻译出版公司，2012.

(61)[美]奇思赫姆-伯恩斯. 肿瘤治疗原理与实践[M]. 第2版. 北京：人民军医出版社，2013.

(62)[美]F. L. 格林尼. AJCC癌症分期手册[M]. 第6版. 毛伟征，等，主译. 沈阳：辽宁科学技术出版社，2005.

(63)[美]Jay R. Harris. 乳腺病学[M]. 第3版. 王永胜，于金明，叶林，主译. 济南：山东科学技术出版社，2006.

(64)邵志敏，沈镇宙，徐兵河. 乳腺肿瘤学[M]. 上海：复旦大学出版社，2013.

(65)徐丛剑，华克勤，李笑天，段涛，李大金. 实用妇产科学[M]. 第4版. 北京：人民卫生出版社，2018.

(66)曹泽毅. 中华妇产科学[M]. 第3版. 北京：人民卫生出版社，2014.

(67)顾美皎. 现代妇产科学[M]. 北京：人民军医出版社，2002.

(68)[美]Jonathan S. Berek，[澳]Neville F. Hacker. 实用妇科肿瘤学[M]. 第4版. 吴小华，主译. 南京：江苏科学技术出版社，2005.

(69)连利娟. 林巧稚妇科肿瘤学[M]. 北京：人民卫生出版社，2008.

(70)[美]吉布斯. Danforthe's 妇产科学[M]. 第10版. 魏丽惠，主译. 北京：科学出版社，2013.

(71)胡亚美，诸福棠. 实用儿科学[M]. 第8版. 北京：人民卫生出版社，2015.

(72)黄选兆，汪吉宝. 实用耳鼻咽喉科学. [M]. 北京：人民卫生出版社，1998.

(73)张震康，俞光岩，徐韬. 实用口腔科学[M]. 第4版. 北京：人民卫生出版社，2016.

(74)王翰章. 中华口腔科学[M]. 北京：人民卫生出版社，2001.

(75)Honorio T. Benzon，Srinivasa N. Raja，Spencer S. Liu，Scott M. Fishman，Steven P. Cohen. 疼痛医学精要[M]. 第3版. 于生元，王家双，程志祥，主译. 北京：北京大学医学出版社，2017.

(76)[美]巴特沃斯. 摩根临床麻醉学[M]. 第5版. 北京：北京大学医学出版社，2015.

(77)[德]R. Tolle. 实用精神病学[M]. 第10版. 王希林，译. 北京：人民卫生出版社，1997.

(78)[美]Barbara A. Bowman，Robert M. Russell. 现代营养学[M]. 第8版. 荫士安，

汪之项，主译. 北京：化学工业出版社，2004.

(79)[美]艾琳斯. WILLS眼科手册[M]. 第5版. 济南：山东科学技术出版社，2010.

(80)李凤鸣，谢立信，朱秀安，赵家良，黎晓新. 中华眼科学[M]. 第3版. 北京：人民卫生出版社，2014.

(81)刘家琦. 实用眼科学[M]. 北京：人民卫生出版社，2010.

(82)刘辅仁. 实用皮肤科学[M]. 第3版. 北京：人民卫生出版社，2005.

(83)陈新谦. 新编药物学[M]. 第17版. 北京：人民卫生出版社，2014.

医学是通过科学以及技术的手段或方法解释疾病的成因、演变、处理人体的各种疾病或病变的学科。医学门类繁多，经典著作层出不穷，经过时间和实践的检验，凝粹其精华。在阅读经典著作前，医学生可通过作者简介、序言、目录了解著作的主要脉络，在临床实习或工作中带着问题反复查阅诵读，比对其他文献内容，逐渐形成完整的临床学术体系。对于现在研究仍未明确的部分，或已有研究证实不妥的言论，医学生应敢于探索和批判，为人类健康事业做出贡献。

第二节 慕课与SPOC

一、慕课

慕课(massive open online course，MOOC)即大规模在线开放课程，2008年George Siemens与Stephen Downes首次设计和开展“连通注意与连通知识”，共有25位来自曼尼托巴大学付费学生和2300多位全世界各地的学生免费地试用了该课程，学生可以用他们自己选择的工具来参与学习，所有课程内容均可通过RSS feed订阅，用MOODLE参与在线交流讨论，发表博客文章，并且同步参与在线讨论。随后全球一大批教育工作者都采用了这种开放课程模式，并且成功地在全球主办了多门MOOC课程。MOOC课程在中国同样发展迅速，2014年开始增长，其幅度迅速超越其他国家，现在每8个新增的学习者中，就有1个人来自中国。目前，我国线上慕课数量已超过5000门，参加学习人数超过7000万人次。大多数医学院校均有MOOC课程，教师也在教学计划中加入MOOC计划，MOOC每门课程定期开课，整个学习过程包括多个环节：观看视频、参与讨论、提交作业、穿插课程的提问、终结性评价，部分课程提供结业证书。

知名MOOC平台推荐：

(1)Coursera：由两名斯坦福大学计算机科学教授于2012年创立，大型公开在线课程项目，目前有超过2700门课程，超过300门医学相关课程：https：//www. coursera. org/。

(2)EdX：2012年4月，麻省理工学院和哈佛大学联手创办的大规模开放在线学习平台，目前有近百门医学课程：https：//www. edx. org/。

(3)可汗学院：由孟加拉裔美国人萨尔曼·可汗创办的非营利性教育培训平台：https：//www. khanacademy. org/。

(4)Future Learn：由英国12所大学联合发起的大规模网络开放课程平台MOOCs，可提供参加现场考试获得高级证书，有70余门医学课程：https：//www. futurelearn. com/。

(5) Canvas network：大型个性化课程 MOOC 平台，有十余门医学课程：https：//www. canvas. net/。

(6) OpenupEd：欧盟 MOOC 平台，包括 12 种语言近 170 门课程：http：//openuped. eu/。

(7) Openlearning：创建于澳大利亚的 MOOC 平台，目前有十余门医学课程，部分课程收费：https：//www. openlearning. com/。

(8) Academic Earth：创建于 2008 年，目前有 30 余门医学课程和视频：http：//academicearth. org/。

(9) FUN：法国综合 MOOC 平台，包括 50 余门医学相关课程 https：//www. france-universite-numerique-mooc. fr/。

(10) Jmooc：日本 MOOC 平台，包括 10 余门医学相关课程：http：//www. jmooc. jp/en/。

(11) 中国大学 MOOC：由高教社与网易联合创建的在线教育平台，主要推荐教育部国家精品开放课程，上线 20 余门医学课程：https：//www. icourse163. org/。

(12) MOOC 学院：由北京果壳互动科技传媒有限公司创立，有 400 余门医学相关课程：https：//mooc. guokr. com。

(13) MOOC 中国：国内优质的中文 MOOC 学习平台，包括 100 余门医学相关课程：http：//www. mooc. cn/。

(14) 网易公开课：网易公开的免费课程平台，包括 100 余门医学相关课程：https：//open. 163. com/。

(15) 爱课网：包括 70 余门医学课程：http：//www. loveke. net/index. php。

(16) 清华大学学堂在线：包括 70 余门医学课程：http：//www. xuetangx. com/。

(17) 好大学在线：上海交大 MOOC 平台，包括 100 余门医学课程：http：//www. cnmooc. org/。

二、SPOC

随着慕课的普及和发展，慕课逐渐凸显出高注册率、低完成率、低参与度、针对性不强等确定，无法满足学生在专业领域内学习的广度和深度等学习诉求，随着教育研究者对慕课深入剖析，各种不同形式的在线学习方法不断上线。针对 MOOC 实践教学中存在的许多问题，哈佛大学、加州大学伯克利分校等学校探索出了一种更为适合的新型课程形式——SPOC（小规模限制性在线课程，small private online course）。Small 一般指同一课程学生规模在几十人到几百人，针对 MOOC 中的 massivee 而言；private 针对 MOOC 中的 Open 而言，是指对学生设置一定的准入标准，达到门槛的申请者才能参加 SPOC 课程。

目前的 SPOC 课程，主要是针对在校学生和在线学生两类学习者开展。在校学生 SPOC 课程是一种结合课堂教学和在线教学的混合学习模式，是在大学课堂上应用 MOOC 的讲座视频或课件或同时应用其在线考核评价等功能，实施翻转课堂教学。其基本流程是：老师把这些视频材料或课件当做课前作业布置给学生，然后在实体课堂教学过程中与学生沟通，了解学生已经学习了哪些知识或技能，哪些尚未理解或掌握，在课堂上与学生一起完成作业、练习或其他任务。总体上，老师可以根据课程的大纲要求和学生的需求，个性化设计和调控课程的进度、节奏、内容和评价反馈。在线学生 SPOC 课程是在全球报名者中挑选一定规模(500 人以下)符合要求学生参加课程。参加者必须保证学习时间和学习强度，参与在线讨论，完成布置的作业或考试等，通过考核后，可获得课程结业证书；未申请成功的学生可以以旁听生身份参与学习在线课程，例如阅读课程 Power Point 内容，观看讲座视频，学习推荐的相关材料，做作业，参加在线讨论等，但是旁听生一般不能接受指导教师的指导与反馈，且在课程结束时不会被授予结业证书。老师设置限制性录取要求，通过要求者方可参加课程学习，这种非开放性的特点能让通过申请的学生产生占有稀缺资源的紧迫感和产生学习的责任感，从而使学生更加关注学习过程，增强学生的学习积极性。SPOC 针对性较强，可以改善单一的教学结构，教师有更多精力指导学生，更注重学生个体化差异等，从而促进学生个性化学习，实现优质教学资源的开放共享。

知名 SPOC 课程推荐：

(1)EdX：https：//www. edx. org/。

(2)Coursera：https：//www. coursera. org/。

(3)全国医科院校研究生院联盟 SPOC 平台：http：//yjsylm. fanya. chaoxing. com/portal。

(4)清华大学学堂在线：http：//www. xuetangx. com/。

(5)中国大学 MOOC 平台：https：//www. icourse163. org/。

(6)上海交通大学 SPOC：http：//sjtu. cnmooc. org/home/index. mooc。

(7)南京大学 SPOC：http：//study. nju. edu. cn/home/index. mooc。

(8)西安交通大学：http：//xjtu. xuetangx. com/。

(9)江苏大学：http：//ujs. cnmooc. org/home/index. mooc。

(10)郑州大学：http：//zzu. cnmooc. org/home/index. mooc。

(11)遵义医学院：http：//mooc. zmc. edu. cn/portal/。

(12)厦门医学院 SPOC 平台：http：//spoc. xmmc. edu. cn/home/index. mooc。

(13)温州医科大学 SPOC 平台：http：//wmu. cnmooc. org/home/index. mooc。

(14)牡丹江医学院 SPOC 平台：http：//mdjmu. cnmooc. org/home/index. mooc。

第三节　网络学习资源

为了培养医学生的综合能力、文献查阅能力、自我学习能力等，适应现代信息化学习方式，减少纸质资源的浪费，使学生学习简便易得、交流沟通更加快捷，推荐以下网络学习资源，包括医学院校、学术期刊及专著、国际及国内医疗组织或机构、医学知识论坛、医学影像资源、专利查询、人才就业、自媒体等内容。

一、医学院校

1949 年中华人民共和国成立之初，我国在名义上仅有 44 所高等医学院校，培养的医学人才远难满足全国民众的需要。中华人民共和国成立以后，我国政府大力发展公私立医学院校，培养了大批优秀医学人才。1998 年我国设有医学专业的高校共 189 所，到 2012

年增至590所，其中，中央和省地市所属医学院校分别为53所及414所，民办医学院校共123所；地域分布上东部、中部、西部地区医学院校分别为26l所、195所和134所。其中，设有医学博士学位授予点的医学院校共73所，占总院校比例为12.4%；本科和专科医学院校数量分别为304所和391所。下面附录国内知名30所大学的网站地址，可供查询学校历史、报考方式、精品课程、教学活动、交流论坛等信息。

(1)中国医学科学院/北京协和医学院：http：//www. cams. ac. cn/。

(2)北京大学医学部：http：//www. bjmu. edu. cn/。

(3)上海交通大学医学院：http：//www. shsmu. edu. cn/。

(4)复旦大学上海医学院：http：//shmc. fudan. edu. cn/。

(5)首都医科大学：http：//www. ccmu. edu. cn/。

(6)四川大学华西临床医学院/华西医院：http：//www. cd120. com/。

(7)华中科技大学同济医学院：http：//www. tjmu. edu. cn/。

(8)中南大学湘雅医学院：http：//www. xysm. csu. edu. cn/。

(9)中山大学中山医学院：http：//zssom. sysu. edu. cn/。

(10)浙江大学医学院：http：//www. cmm. zju. edu. cn/。

(11)空军军医大学(第四军医大学)：http：//www. fmmu. edu. cn/。

(12)第二军医大学：http：//www. smmu. edu. cn/。

(13)南方医科大学：http：//www. fimmu. com/。

(14)山东大学临床医学院；http：//www. medicine. sdu. edu. cn/。

(15)南京医科大学：http：//www. njmu. edu. cn/。

(16)陆军军医大学(第三军医大学)：http：//www. tmmu. edu. cn/default. aspx。

(17)中国医科大学：http：//www. cmu. edu. cn/。

(18)重庆医科大学：http：//www. cqmu. edu. cn/。

(19)哈尔滨医科大学：http：//www. hrbmu. edu. cn/。

(20)吉林大学白求恩医学部：http：//jdyxb. jlu. edu. cn/。

(21)天津医科大学：http：//www. tijmu. edu. cn/。

(22)西安交通大学医学部：http：//www. med. xjtu. edu. cn/。

(23)解放军医学院：http：//www. 301hospital. com. cn/。

(24)武汉大学医学部：http：//wsm70. whu. edu. cn/

(25)苏州大学医学部：medical. suda. edu. cn/。

(26)清华大学医学院：http：//www. med. tsinghua. edu. cn/。

(27)郑州大学医学科学院：http：//www5. zzu. edu. cn/yxkxy/。

(28)同济大学医学院：http：//med. tongji. edu. cn/。

(29)香港大学医学院：https：//www. med. hku. hk/。

(30)台湾大学医学院：http：//www. mc. ntu. edu. tw/ntucm/Index. action。

二、学术期刊、专著等搜索

20世纪以来，随着移动互联网的普及，全球飞速进入了一个知识爆炸的信息时代。

医学知识每年以 6.7%的速度递增，医学领域中各种新知识、新理论、新技术、新方法、新药物、新的研究方法层出不穷，日新月异，医学文献资料浩如烟海。医学生应尽可能广泛地搜索并阅读文献资料，特别是研究大样本对照试验或系统评价的结果，把其中最前沿、最真实可靠且有临床应用价值的科研成果甄别出来；此外，要摒弃那些无效、低效或不安全的方案，钻研探索尚未明确的诊疗方案，这些是医学生和临床医生的必备技能之一。

(1)UpToDate 数据库：创建于 1993 年，拥有覆盖 25 个专科、11600 多篇专题综述的临床医学资料数据库；超过 6900 名世界知名的医生作者严格编辑和审核现有文献，将最新的医学信息整合成合理的证据建议，更新时刻在进行。现有 170 万名 190 多个国家的医生通过该系统做出最好的诊疗策略，每天有 150 万次浏览量，每月超过 5000 万次。除了循证证据分级推荐，还有临床所需的药物信息、医学计算、原始文献链接，是临床医生的重要决策依据。网站：http：//www. uptodate. cn/。

(2)PubMed：是美国国立医学图书馆(National Libraby of Medicine，NLM)下设的国家生物技术信息中心(National Center for Biotechnology Information，NCBI)创建的免费提供生物医学方面的论文检索和摘要的数据库。应用 NCBI 的 Entrez 检索平台，其来源为 MEDLINE。MEDLINE 收录 1950 年以来的 5000 余种生物学期刊的摘要和部分全文，共 2000 余万条，科目涉及医学、护理、兽医、生物学、健康保健系统及临床科学。数据来源于 80 多个国家和地区，涉及 40 多个语种，90%左右文献原始语言为英文，70%~80%的文献有著者翻译的英文摘要，5%的文献提供免费全文，其他文献均有数据来源链接。另外，PubMed 界面还提供与分子生物学数据库的链接，包括 DNA 与蛋白质序列、3D 蛋白构象、基因图数据、人类孟德尔遗传在线等。网站：https：//www. ncbi. nlm. nih. gov/pubmed/。

(3)Springer，施普林格出版公司：创立于 1842 年，是全世界第一大科技书籍出版公司和第二大科技期刊出版公司，每年出版 6500 余种科技图书和约 2000 余种科技期刊，学科范围包括：生命科学、医学、化学、数学、计算机科学、法律、经济、工程学、地球科学、环境科学、物理学与天文学等，是科研人员的重要信息源。50%Springer 出版的期刊已被 SCI 和 SSCI 收录，网页提供集团相关书籍期刊的文献检索，共 1000 余万条文献：网址：https：//link. springer. com/。

(4)ScienceDirect，爱思唯尔出版公司：成立于 1880 年的荷兰，现已全球闻名，每年出版大量的学术书籍和期刊，大部分期刊已被 SCI、SSCI、EI 收录。其网络数据库 ScienceDirect 全文数据库已纳入来自 5000 多家出版社的 2400 多种期刊的 7300 万条文献和 39000 多本电子书，还有 490 多个临床综述提供临床策略总结，提供医学影像和 51000 多个医学相关视频。该数据库涉及学科包括：生命科学、医学、计算机科学、工程技术、能源科学、材料科学、环境科学、数学、物理、化学、天文学、商业及经济管理、社会科学等。网站：https：//www. sciencedirect. com/。

(5)Wiley：是 John Wiley & Sons Inc 的科技出版作品的在线平台，提供包括：化学化工、生命科学、医学、工程学、高分子及材料学、数学及统计学、物理及天文学、计算机科学、地球及环境科学、心理学、工商管理、法律、教育学、社会学等 14 学科领域的学术出版物。收纳 1600 多种期刊 800 万篇文献记录和 21000 本电子图书。网站：https：//onlinelibrary. wiley. com/。

(6) Web of Science：美国科技信息所(ISI-institute for scientific information，SCI)著名的科学引文索引数据库(science citation index，SCI)，可搜索来跟踪先前的研究并监控 100 年内完全索引的内容的当前发展，包括可追溯到 1898 年的 5900 万条记录和回溯文件。网站：http：//www. webofknowledge. com/。

(7)美国科学院院刊 PNAS：是美国国家科学院创办于 1914 年的官方学术期刊，是公认的全球四大名刊(Cell，Nature，Science，PNAS)之一，致力于发表高质量的科学研究成果。PNAS 出版高水平的前沿研究报告、学术评论、学科综述及前瞻、学术论文等。收录的文献涉及医学、化学、物理、生物、大气科学、生态学和社会科学，可追溯至 1915 年。PNAS 可以通过订阅获取，所有内容在半年后免费，在 123 个发展中国家免费提供全文。网站：http：//www. pnas. org/。

(8)中国知网：由世界银行于 1998 年提出，由清华大学、清华同方共同发起创建于 1999 年 6 月。网络平台上线 14000 多家国内外出版社的文献，还有会议论文、博士论文、硕士论文、报纸、行业标准、工具书、年鉴、专利、国学等内容，涵盖 10 个专辑，168 个专题共约 3000 万篇文献，专辑所涉科目包括经济管理、信息科技、医学、生命科学、哲学与人文等。网站：http：//www. cnki. net/。

(9)万方数据知识平台：是由万方数据公司开发的大型网络数据库，也是和中国知网齐名的中国专业的学术数据库，涵盖期刊、学位论文、会议纪要、学术会议论文、学术成果等。纳入了理、工、医、农、人文五大类 70 多个类目共 8000 余种科技类中文期刊和 40000 余种世界各国出版的学术期刊全文；学位论文包括中文和外文学位论文，中文学位论文可追溯至 1980 年，每年新增 30 余万篇。网站：http：//g. wanfangdata. com. cn/。

(10)维普资讯中文期刊服务平台：是重庆维普资讯有限公司开发创建的中文电子期刊数据库，收录全国自然科学、医药卫生、工程技术、农业科学、教育科学、经济管理和图书情报等学科 12000 余种期刊的 6900 余万条文献，每年增加约 250 万篇。网站：http：//qikan. cqvip. com。

(11) Google 学术搜索(Google Scholar)：是一个可以免费搜索学术文章的开放网络搜索引擎，由计算机专家 Anurag Acharya 于 2004 年 11 月开发，该索引包括了世界上绝大部分出版的学术期刊，包括大多数同行评审的在线学术刊物和书籍、会议论文、学位论文和期刊论文、预印本、摘要、科技报告以及法院的意见和专利等。网站：https：//scholar. google. com/。

(12)百度学术：是百度集团的提供海量中英文文献搜索的学术资源搜索平台，2014 年 6 月初上线。收录了 4 亿条中外学术文献，12 亿条文献全文链接，300 个学科，1 万本中文学术期刊。网站：http：//xueshu. baidu. com/。

(13) GeenMedical：整合了 Pubmed、SCI-HUB、百度学术以及 ResearchGate 的资源，可以查询期刊影响因子，根据影响因子分类排序，提供下载链接。网站：www. geenmedical. com。

三、国际医疗组织或机构

国际医疗组织或机构会不定期发布最新研究进展、药物使用说明、研究项目进展、国际救援、医护培训等资源。

(1)世界卫生组织 WHO：http：//www. who. int/en/。

(2)美国国立卫生研究院 NIH：http：//www. nih. gov/。

(3)疾病预防控制中心 CDC：http：//www. cdc. gov/。

(4)美国医疗健康服务网站 WebMD：http：//www. webmd. com/。

(5)美国食品药品管理局 FDA：https：//www. fda. gov。

(6)美国医学会 AMA：https：//www. ama-assn. org。

(7)英国医学会 BMA：https：//www. bma. org. uk。

(8)美国癌症学会：http：//www. cancer. org。

(9)国际传染病学会：http：//www. isid. org。

四、国内医疗组织或机构

(1)国家卫生健康委员会：http：//www. moh. gov. cn/。

(2)中国疾病预防控制中心：http：//www. chinacdc. cn。

(3)中华医学会：http：//www. cma. org. cn/。

(4)中国医师协会：http：//www. cmda. net/。

(5)中国药学会：http：//www. cpa. org. cn。

(6)国家医学考试网：http：//www. nmec. org. cn。

(7)国家自然科学基金委员会：http：//www. nsfc. gov. cn/。

(8)中国科学技术协会：http：//www. cast. org. cn。

五、医学知识论坛

(1)Medscape：创建于 1994 年，收录了近 30 个临床学科 25000 多篇全文文献，6200 余篇临床策略论文，分享临床患者案例；医学讲座及解剖和手术视频等；8500 多种处方药、非处方药、中草药和健康补品的用药信息；另外有药物相互作用检查工具、计算器等临床工具。拥有会员 50 多万人，其中临床医生 12 万余人，是最大的免费提供临床医学期刊全文文献和继续医学教育资源站点，有移动 APP 方便使用。网站：https：//www. medscape. com/。

(2)丁香园：丁香园连接医院、医生、科研人士、患者、生物医药企业和保险，覆盖千万大众用户，并拥有 550 万专业用户，其中包含 200 万医生用户。网站：https：//www. dxy. cn/。

(3)ScienceDaily：是互联网上最受欢迎的科学新闻网站之一，每月在全球拥有约 500 万访问者，覆盖全球受众，向读者提供有关最新科学发现的重大新闻——所有这些都可以免费获得，无须订阅费用。有超过 20 万篇关于科学，健康，科技和环境的研究文章。网站：https：//www. sciencedaily. com/。

(4)Medicalnewstoday：由医疗保健出版公司 Healthline Media UK Ltd. 拥有和运营，内容针对医疗保健专业人员和患者的受过教育的受众。编辑团队提供来自基于证据的同行评审研究的新闻，以及来自政府组织(例如 FDA、CDC、NIH、NHS)、医学学会、皇家学院、专业协会、患者团体、制药和生物技术公司等的准确、公正和信息丰富的内容。网站：https://www.medicalnewstoday.com/。

(5)科学网医学科学：由中国科学院、中国工程院、国家自然基金委、中国科学技术协会主管，提供快捷权威的科学新闻报道和丰富的实用资讯。网站：http://www.sciencenet.cn/medicine/。

(6)杏树林：由医生和互联网专业人士一起创办的创业公司，专注为医学专业人士开发移动工具。网站：https://www.xingshulin.com/。

(7)小木虫：学术科研交流平台。网站：http://muchong.com/bbs/。

(8)医学园地：http://www.medblog.cn/。

(9)医师网：《医师报》官网：http://www.mdweekly.cn/。

(10)生命经纬：为中国生命科学及相关学科的研究者提供学术交流的平台，为医生提供专业的前沿资讯，为大众提供权威的科普知识：http://www.biovip.com/。

(11)医脉通：专门面向临床医生和医学生，致力于“做医生的临床决策好帮手”。网站：http://www.medlive.cn/。

(12)爱爱医网站：是专门服务于医务人员的医学专业网站。网站：http://www.iiyi.com。

(13)医学考研网：为医学考研学子提供考研资料和信息。网站：http://www.medkaoyan.net/。

(14)好大夫在线：互联网医疗平台，包括图文咨询、电话咨询、远程门诊、预约转诊、诊后管理、家庭医生版块。网站：https://www.haodf.com/。

六、医学影像资源

医学影像技术主要是应用工程学的理论及方法，并基于工程学原理发展起来应用于临床的一项技术。医学影像技术包括普通 X 线、超声、CT、MRI、电子内窥镜、手术摄影和同位素等。它们是通过检测人体内部各器官或组织的形态或标记物的形态，诊断疾病或器官状态的重要方法。随着医疗信息技术的发展，以胶片或纸张为主要方式的储存、显示以及传递摄像结果已不能满足临床诊断和治疗的发展需求，医疗设备的数字化应运而生，全数字化影像、图像引导和远程放射医学是现代放射医学影像的重要应用方式。

(1)国际放射技师协会：http://www.isrrt.org。

(2)北美放射协会(RSNA)：http://www.rsna.org。

(3)欧洲放射学大会：https://www.myesr.org/。

(4)国际放射学学会：http://www.his.com。

(5)国际放射协会：http://www.isradiology.org。

(6)影像园：http://www.xctmr.com/。

(7)中国超声医学网：http://www.zgcsyx.cn/。

(8)中华医学会放射分会：www. chinaradiology. org。

(9)中国核学会：www. ns. org. cn。

七、专利查询

医院集中了大量高精尖人才，在临床实践中不断涌现了大量科技创新。医护人员在工作中研发出的一些优秀产品和技术体现了专业知识与创新，成果需要进行专利保护并维护自己的知识产权。专利申请不仅有利于促进科学技术的进步与创新，也有助于促进提高团队的核心竞争力。我国现有共约 120 万项医疗相关专利，包括发明专利 70 余万项，实用新型专利 40 余万项；其中有权项共 30 余万项；每年新申请 10 余万项。大量专利的研发与产权保护极大地促进了我国医疗卫生理论、诊疗技术、器械、药品及医护用品的发展。

(1)国家知识产权局：http：//www. pss-system. gov. cn/sipopublicsearch/portal/uiIndex. shtml。

(2)美国专利局：http：//portal. uspto. gov/pair/PublicPair。

(3)欧洲专利局：https：//worldwide. espacenet. com/。

(4)日本专利厅：http：//www. jpo. go. jp/。

(5)佰腾网：https：//www. patexplorer. com/。

八、人才就业

(1)中国卫生人才网：http：//www. 21wecan. com/。

(2)医药英才网：http：//www. healthr. com/。

(3)中国医疗人才网：http：//www. 120job. cn/。

九、自媒体

博客：我是医生，外科医生博客，丁香博客，中国医生网博客，医师网博客，中国医学博客，医友天下，中国医药博客，等等。

微信公众号：丁香医生，三甲传真，BioArt，第十一诊室，生命时报，医学论坛网，医学之声，重症医学，国家医管中心，医学界，中国医学论坛报，转化医学网，检验医学，医学生考研，银成医考，生殖医学空间，医学论坛网，口腔医学网，医学影像服务中心，医学生，医学界神经病学频道，弗雷赛斯，MedSci 梅斯，解螺旋，生物学霸，解说国自然，小张聊科研，等等。

第九章　学 习 管 理

第一节　学习管理部门

大学生在校学习的主要管理部门包括教务管理部门和学生事务管理部门。通常是学校的教务处(部)和学工处(部)。在综合性大学中，为保证医学教育的完整性和协调学校资源，通常还设置有专门的医学教育管理部门，如医学教务处或者在大学教务处(部)中设置专门的医学教育管理科室。

大学教务处(部)是在校长和主管教学副校长领导下主管学校本科教育教学管理工作的职能部门；同时也是学校本科教学过程管理、质量评价、学籍管理、高等教育研究、语言文字工作、教师教学发展、学生学习指导、教材建设与发展等日常教学工作的管理与服务机构。其核心职能包括如下几方面：

(1)教学常规工作。维持正常本科教学运行秩序，编制与执行人才培养方案和教学计划，监控教学过程，保证教学质量，营造全员育人的良好教学文化氛围。

(2)教学改革工作。积极组织广大教师研究高等教育人才培养规律，统筹组织实施适合本校本科人才培养的规划和教育教学综合改革方案，制订专业发展规划，加强内涵建设和质量提高，开展教学成果培育与推广应用。

(3)质量评估工作。根据各级教育行政管理部门的要求和标准，积极组织开展各级专业评估和认证工作，稳步推进教学质量保证体系建设。以评促建、以评促管、以评促改，评建结合，重在建设。

其一般职能包括：

(1)执行上级教学主管部门的政策、法规，结合学校实际草拟全校本科教学发展规划和工作计划，负责组织制定学校教学工作相关规章制度和各种教学文件。

(2)负责组织本科人才培养方案的制定与修订，负责各级各类专业申报、评审和建设；负责课程和教材建设；负责组织各级各类教学研究项目的申报、评审、管理和推荐以及各类教学奖励；负责教学质量评估和质量监控、教学质量评价体系管理。

(3)负责校历制定、课程计划的编制与落实；教师任课资格的培训与审核；排课及课表的编制、调停课管理；负责学生选课(撤课、缓考、重修等)管理及数据的统计与整理；公共课考试的安排及考试表的编制。

(4)负责学生的学籍管理；学生注册、学生证发放与补办、学业预警、转学、转专业、休(复)学、专业分流、双学位、辅修等管理工作；成绩管理、毕业及学位管理；负责本科生校际交流、研究生推免工作。

(5)负责学生实验、实习、实训等教学的管理、评估、考核工作；负责本科教学实验室、校内外实习实训基地的建设、管理、评估、考核工作。

(6)负责各级各类学生学科竞赛及大学生创新创业训练计划的组织管理工作；负责大学生科研成果管理及创新创业学分转换认定工作。

(7)负责学校语言文字办公室、测试站的日常组织管理工作。

(8)负责教材选用、组织编写、采购、发放等工作。

(9)负责教师岗前培训、现代教育技术培训和专项教学能力提升培训，组织开展日常教研活动和专题教研活动，为教师提供教学咨询和指导服务。

(10)负责学生的学务指导：为学生提供选课、学习方法、大学生科研与学科竞赛、学分转换与认定、实习实训等方面的学务指导，激发学生学习积极性与主动性，促进学生自主学习。

大学学生工作处(部)是在学校主管副书记或副校长领导下负责学生思想政治教育和学生管理工作的职能机构。其在学生学习方面的主要职责包括：

(1)负责学生思想政治工作、德育教育及奖惩；督促、检查院系贯彻执行学校学生管理制度，了解学生思想动态，负责对学生的综合测评、奖学金评定、评先评优及严重违纪处分等工作。

(2)负责学风建设；指导学生党团建设工作；组织学生开展各类第二课堂学习、社会实践和校园文化建设。

(3)负责学生的日常管理；负责学生辅导员和班主任、班级导师的选拔、考评、培训及推荐工作。

(4)负责学生管理方面的各项规章、制度、条例及有关的工作程序的拟制、修改以组织执行。

(5)负责新生的入学教育、组织新生军训、学生心理健康教育与咨询、毕业教育等工作。

第二节 学习管理制度

大学生学习管理制度包括三个层面：国家、教育部及省级教育行政管理部门、学校。国家层面主要是《中华人民共和国高等教育法》(2015 年 12 月 27 日第十二届全国人民代表大会常务委员会第十八次会议修正)。教育部层面主要是《普通高等学校学生管理规定》(教育部 41 号令，2017 年 2 月颁布)及《国家教育考试违规处理办法》(教育部令第 18 号发布，2012 年 1 月 5 日修正)。学校层面则包括各学校根据《中华人民共和国高等教育法》《普通高等学校学生管理规定》等国家法规制定的《大学章程》，以及《学生管理规定》《学籍管理规定》《主辅修专业管理办法》《学分认定与转换办法》《学生纪律处理办法》《学士学位授予工作实施细则》《本科生学科竞赛管理办法》《大学生创新创业训练计划管理办法》《创新学分实施办法》《推荐优秀本科毕业生免试攻读硕士学位工作管理办法》等一系列事关学生学习的规章制度。

《中华人民共和国高等教育法》涉及大学生学习的管理制度包括：

第十六条：高等学历教育应当符合下列学业标准：专科教育应当使学生掌握本专业必备的基础理论、专门知识，具有从事本专业实际工作的基本技能和初步能力；本科教育应当使学生比较系统地掌握本学科、专业必需的基础理论、基本知识，掌握本专业必要的基本技能、方法和相关知识，具有从事本专业实际工作和研究工作的初步能力。

第十七条：专科教育的基本修业年限为二至三年，本科教育的基本修业年限为四至五年。高等学校根据实际需要，报主管的教育行政部门批准，可以对本学校的修业年限作出调整。

第二十条：接受高等教育学历教育的学生，由所在高等学校或者经批准承担研究生教育任务的科学研究机构根据其修业年限、学业成绩等，按照国家有关规定，发给相应学历证书或者其他学业证书。

第五十三条：高等学校的学生应当遵守法律、法规，遵守学生行为规范和学校的各项管理制度，尊敬师长，刻苦学习，增强体质，树立爱国主义、集体主义和社会主义思想，努力学习马克思列宁主义、毛泽东思想、邓小平理论，具有良好的思想品德，掌握较高的科学文化知识和专业技能。高等学校学生的合法权益，受法律保护。

第五十四条：高等学校的学生应当按照国家规定缴纳学费。家庭经济困难的学生，可以申请补助或者减免学费。

第五十五条：国家设立奖学金，并鼓励高等学校、企业事业组织、社会团体以及其他社会组织和个人按照国家有关规定设立各种形式的奖学金，对品学兼优的学生、国家规定的专业的学生以及到国家规定的地区工作的学生给予奖励。

第五十六条：高等学校的学生在课余时间可以参加社会服务和勤工助学活动，但不得影响学业任务的完成。

第五十八条：高等学校的学生思想品德合格，在规定的修业年限内学完规定的课程，成绩合格或者修满相应的学分，准予毕业。

2017 年 9 月 1 日起开始实施的教育部 41 号令《普通高等学校学生管理规定》(以下简称《规定》)是指导和规范高校实施学生管理的重要规章，涉及学生的权利与义务、学籍管理、校园秩序与课外活动、奖励与处分、学生申诉等诸多方面。修订后的《规定》共分 7 章 68 条，围绕一切为了学生发展的理念，凸显了五个方面的特点：一是突出高校立德树人的根本要求；二是为学生创新创业提供制度支持；三是更加注重保护学生权益；四是促进学生自我管理；五是推进高校依法治校。

针对大学生的学习方面，《规定》鼓励高校学生创新创业并提供了制度和改革支持。采取弹性学制，如果是新生开展创新创业实践，可以申请保留入学资格，入学后开展创业，则可以申请休学。对休学创业的学生，可以单独规定最长学习年限，并简化休学批准程序，突出对学生创新思维、创业精神和创新创业实践能力的培养。同时，鼓励学校建立创新创业档案，设置创新创业学分，加强学生的创新创业教育。参加创新创业等活动以及发表论文、获得专利授权等与专业学习、学业要求相关的经历、成果，都可以折算为学分，计入学业成绩；创新实践、休学创业的学生，经个人申请学校批准，还可以转入相关专业学习，降低学生创业的机会成本，让学生在自主创业方面有更大的选择空间。

《规定》还强调，学校应当开展学生诚信教育，以适当方式记录学生学业、学术、品行等方面的诚信信息，建立对失信行为的约束和惩戒机制；对有严重失信行为的，可以按规定给予相应的纪律处分；对违背学术诚信的，可以对其获得学位及学术称号、荣誉等做出限制。同时，要求高校健全学习成绩管理制度，强调应当真实、完整地记载、出具学生学业成绩。将有关学历、学位证书管理的规定予以整合、规范。

修订后的《规定》更加注重保护学生权益，对实施奖励与处分的规则也作了进一步完善。要求学校对学生予以表彰和奖励，以及确定推荐免试研究生、国家奖学金、公派出国留学人选等赋予学生利益的行为，应当建立公开、公平、公正的程序和规定，建立和完善相应的选拔、公示等制度。同时，《规定》对学生处分的情形和程序做了补充和完善。学生违纪的情形更为具体明确，学位论文、公开发表的研究成果存在抄袭、篡改、伪造等学术不端行为，情节严重的，或者代写论文、买卖论文的，学校可以开除。在对学生的处分程序上，规定学校做出处分前，应当告知学生事实、理由与依据，学校做出的重大处分决定，应当提交校长办公室等决定。同时要求，除开除学籍处分以外，给予学生处分一般应当设置6~12个月期限，到期按学校规定程序予以解除，给予学生改过的机会。

《规定》还明确保障学生陈述和申辩的权利，专门新增“学生申诉”一章，完善申诉制度和程序。要求学校应当成立学生申诉处理委员会，学生对学校的处理或者处分决定有异议的，可以在接到学校处理或者处分决定书之日起10日内，向学校学生申诉处理委员会提出书面申诉。同时增加了教育部门对学校行为的监管措施，明确省级教育部门受理学生申诉的规则。

各高校根据《中华人民共和国高等教育法》《普通高等学校学生管理规定》等国家法规和各自的实际情况制定学校相应教育教学管理规定、实施办法和实施细则。这些规章制度都详细规定了学生在学习方面的权利和义务。大学生只有认真学习、好好领悟这些规章制度，才能在履行义务的同时享受自己应有的权利。

参考文献

1. 王秀芳. 大学生学习指导读本[M]. 北京：中国文联出版社，2000.
2. 董卫国. 临床基本技能学[M]. 第2版. 北京：人民卫生出版社，2013.
3. 孙福川，王明旭. 医学伦理学[M]. 北京：人民卫生出版社，2013.
4. 徐名额. 医学导论[M]. 北京：人民军医出版社，2013.
5. 陈瑶，景浩. 卫生法学[M]. 北京：中国中医药出版社，2014.
6. 刘昌仁，商建军. 青春之旅　携手同行——大学新生入学导航[M]. 武汉：武汉大学出版社，2014.
7. 王裕清. 大学生职业生涯规划与就业创业指导[M]. 北京：北京邮电大学出版社，2014.
8. 董卫国. 临床医学PBL教程[M]. 第2版. 北京：人民卫生出版社，2015.
9. 孙宝志. 中国临床医生岗位胜任力模型构建与应用[M]. 北京：人民卫生出版社，2015.
10. 教育部临床医学专业认证工作委员会. 中国本科医学教育标准——临床医学专业(2016版)[M]. 北京：北京大学医学出版社，2017.
11. 董卫国. 客观结构化临床考试教程[M]. 北京：人民卫生出版社，2017.
12. [美]道格·莱莫夫，艾丽卡·伍尔韦，凯蒂·叶兹. 刻意练习[M]. 黄蔚，译. 北京：中国青年出版社，2017.
13. 方杲. 当代大学生厌学现象的哲学分析——大学精神缺失[J]. 吉林化工学院学报，2011，28(08).
14. 王保国. 逻辑学在大学通识教育中的地位和作用[J]. 延边大学学报(社会科学版)，2011，44(06).
15. 韩佳瑞，左振魁，庞欣欣，张文宗，张玉峰. 中医临床教学医学人文素质的培养[J]. 光明中医，2019，34(11).
16. 刘典恩，吴炳义，王小芹. 生态医学模式及其主要特征探析[J]. 医学与哲学(A)，2013，34(01).
17. 金凤丽. 中医病因学与现代生物-心理-社会医学模式殊途同归[J]. 南京中医药大学学报(社会科学版)，2009，10(04).
18. 吕维柏. 国宣言号召审查“医学的目的”[J]. 医学与哲学，1997(04).
19. 郑延才. 论高级学习素质的养成[J]. 教学研究，2002(02).
20. 周宏军，陈登科. 十一届三中全会以来我党增强思想政治教育工作实效性成功探索[J]. 湖南环境生物职业技术学院学报，2011，17(03).

21. [英]伯特兰·罗素. 幸福之路[M]. 傅雷，吴默朗，金剑，译. 西安：陕西师范大学出版社，2006.
22. 屈林岩. 更新教育思想观念培养新世纪合格人才[J]. 高等农业教育，1999(05).
23. 刘智运. 创新性学习——面向21世纪的学习理论[J]. 机械工业高教研究，2000(03).
24. 孙宝志. 中国临床医生岗位胜任力模型构建与应用[M]. 北京：人民卫生出版社，2015.
25. 马健辉，闻德亮. 医学导论[M]. 北京：人民卫生出版社，2001.
26. 田蕾，孙宝志. 对我国七省市抽样调查临床医生岗位胜任力的现状及其评价[J]. 医学教育管理，2015，1(1).
27. Jason R. Frank. TheCanMEDS 2005 physican competency framework[R]. Ottwa：the Royal College of Physicians and Surgeons of Canada，2005.
28. 白国强. 以临床医生岗位胜任力为导向制定与实施卓越医生教育培养计划——以新乡医学院为例[J]. 重庆医学，2015，44(29).
29. 申虎威，魏武，王庸晋. 以岗位胜任力为导向，强化医学生临床技能培养[J]. 中国高等医学教育，2013(5).
30. 程博，朱彦雨，李丽芳. 新形势下地方医学院校人才培养方案修订与思考[J]. 川北医学院校学报，2010，25(1).
31. 王士霞，庞雪晨，陈娓. 医学生岗位胜任力培养机制建设探究[J]. 新乡医学院学报，2018，35(4).
32. 黄芳，吴晓海. "5+3+X"临床医学人才培养模式下的医学信息素养教育[J]. 中华医学图书情报杂志，2015，24(12).
33. 汪玲. 探索构建"5+3"临床医学人才培养模式[J]. 中国高等教育，2014，15(16).
34. 赵龙，杨秀木. 中美医学教育学制和人才培养模式比较研究[J]. 包头医学院学报，2018，34(5).
35. 莫明树，陈代娣，李熠. 英国医学人才培养模式对我国医学教育改革的启示[J]. 西北医学教育，2012，20(6).
36. 翁铁慧. 医教协同深化临床医学人才培养模式改革——上海市的改革实践[J]. 学位与研究生教育，2015(1).
37. 教育部临床医学专业认证工作委员会. 中国本科医学教育标准——临床医学专业(2016版)[M]. 北京：北京大学医学出版社，2017.
38. 谷雪明，尹剑，杨颖. 提升本科人才培养质量 探索临床医学专业课程体系国际化建设[J]. 继续医学教育，2017，31(6).
39. 惠曦，王瑶. 医学本科人文教育潜在课程构成及其内涵探讨[J]. 中华医学教育探索杂志，2011，10(4).
40. 孙宝志. 中国临床医生岗位胜任力模型构建与应用[M]. 北京：人民卫生出版社，2015.
41. 孙福川，王明旭. 医学伦理学[M]. 北京：人民卫生出版社，2013.
42. 陈瑶，景浩. 卫生法学[M]. 北京：中国中医药出版社，2014.

43. [美]Lousis，Pangaro. 医学教育的领导力[M]. 曾学军，黄晓明，译. 北京：中国协和医科大学出版社，2017.
44. 杜治政. 医学生的培养目标与人文医学教育[J]. 医学与哲学，2015，36(6).
45. 苏菲菲，石苗茜，石建. 积极推进医学通识课程教育的个性化建设[J]. 西北医学教育，2015，23(1).
46. 金仕琼，李忠，彭雷. 医学通识教育与专业教育融合的实践模式研究[J]. 医学与哲学，2012，33(454).
47. 黄坪，周慧敏，荀芯源. 基于MOOC的医学院校通识选修课建设与管理[J]. 重庆医学，2017，46(8).
48. 田丹. 五年制临床医学专业基础课程整合的研究于实践[D]. 第四军医大，2014.
49. 陈志武，郭岩，沈玉先. 临床医学专业基础医学课程整合初探[J]. 基础医学教育，2015，17(12).
50. 张文娟，郝艳华，吴群红. 我国医患关系紧张的原因及对策[J]. 医学与社会，2014，27(4).
51. 何怀安，季湘年. 试析高等院校医学生团队合作能力的培养[J]. 西北医学教育，2014，22(6).
52. 方敏，李晓雯. 以健康促进为先导的疾病预防控制机构新模式探讨[J]. 公共卫生与预防医学，2016，27(1).
53. 李英. 大学普通物理教学中对学生自学能力培养的探究[D]. 湖南师范大学，2003.
54. 董岩，李淑霞，周涛. PBL中增加TBL教学法在肿瘤专业研究生教学中的应用[J]. 大连医科大学学报，2015(1).
55. 曹净植. PBL与TBL两种教学模式之比较[J]. 教育教学论坛，2014(20).
56. 叶瑶，巩尊磊，邱佳慧. TBL教学法在医学教育中的应用及进展[J]. 中国继续医学教育，2016，8(11).
57. 周蕊，任松. TBL教学模式在医学教学中的应用及优化策略[J]. 科教导刊，2016(4).
58. 安莲华，朴美花，杜玉君. "标准化病人、模拟医学教育"结合教学在八年制临床教学中的应用[J]. 中国高等医学教育，2013(9).
59. 田春艳，浦健. CBL(Case-BasedLearning)教学方法在医学临床教学中的应用体会[J]. 齐齐哈尔医学院学报，2016，37(27).
60. [美] 安德斯·艾利克森. 刻意练习：如何从新手到大师[M]. 王正林，译. 北京：机械工业出版社，2016.